怀孕胎教百科

艾贝母婴研究中心 编著

四川科学技术出版社

前 言

当你决定怀宝宝，会发现要担心的事情竟然那么多：担心怀不上，担心怀上的宝宝不够健康，担心流产，担心腹中宝宝寂寞，担心产检出岔子，担心吃得不够营养，担心分娩会痛晕，担心宝宝出生后带不好……

问题似乎总也没有完结的时候，每天都可能冒出新的问题来，是的，生育宝宝的确是一件神奇又麻烦的事情，但千万不要着急，翻开本书，每天都会有全新的收获，让你丢开烦恼，化艰难的孕育过程为快乐神奇的时光之旅。

从备孕到怀孕、生产、胎教、育婴，本书包含了你最需要了解的孕产育儿知识，每一条内容、每一个细节都是悉心为你准备的，让你不但能知其然，也能知其所以然。

当然，我们希望能够做到让你看过这本书后不会很快忘记所看的内容，但如果你看过后忘记了也没关系，因为这是一本目录简洁明了的书，你尽可以通过快速扫一眼目录去准确地寻找你感兴趣的内容，十分方便。同时，这还是一本轻松有趣的书，语言通俗易懂，内容丰富，细节面面俱到，既能给你带来知识，又可以帮助你放松情绪。

除了全面的孕育知识，本书还收录了丰富多彩、趣味十足的胎教素材。当你高兴时，可以翻开它增进兴致；当你无聊时，也可以翻开它消遣时光；当你情绪低落时，也不妨翻开它，相信总有一些内容能够让你感到快乐。

相信吧，唯有陪伴才是最动人的爱，希望这本书能够温暖你和你的孕育之旅！

编者

2020年8月

CONTENTS 目录

Part 1 备　孕

Part 2 怀　孕

Part 3 生　产

Part 4 胎　　教

Part 5 | 坐月子与新生儿护理

备　孕

体 检

孕前体检意想不到的好处

如果夫妻双方正在备孕，那么一定不要忽视了孕前体检，因为它很可能会给你带来意想不到的好处。

● 孕前体检不等同于普通体检

孕前体检跟普通体检不一样，一般性的体检并不能代替孕前体检，一般性的体检是以最基本的身体检查为主，检查结果不能对是否适宜怀孕做出有效判断。

孕前体检包括一般性体检项目在内，但比一般性的体检更有针对性，它以检测生殖器官以及相关的免疫系统、遗传病史等为主，包括了专项检查和特殊检查，这些能够排查不宜怀孕或者需要推迟怀孕的各种不利因素。

● 孕前体检可以解决一些隐性问题

1. 孕前体检可以提示夫妇在最佳状态下怀孕，符合优生学宗旨，同时孕前体检可以减少孕期并发症，对孕期护理以及准妈妈的健康都有很大好处。

2. 孕前体检可以为准妈妈与准爸爸提供充裕的时间做备孕准备，无论从营养方面（如补充叶酸），还是从接种疫苗等方面，都能起到查漏补缺的作用，而且体检中一旦发现其他问题，也有足够的时间进行治疗。

3. 因为夫妇没有做孕前体检，从而导致怀孕后被检查出子宫内胎宝宝带有各种缺陷的现象正在日益增多。也有一些宝宝在出生后被检查出有各种不同程度的生理缺陷，如先天性心脏病、先天性近视等。

4. 无论是育龄女性，还是育龄男性，或轻或重都可能有

一些生殖系统感染。一些育龄女性存在一些症状不明显、不易被察觉的感染，通过孕前检查可以发现病原体并给出治疗意见，一些男性有不易使妻子受孕的疾病，通过孕前体检也可以及早找到原因，找到解决或治疗方法。

生活小常识

如果没有做体检，宝宝就意外到来，也不要过于担忧，在发现怀孕后，只要坚持去医院做孕期检查就可以，如果医生告知一切都没有问题，便可安心投入到孕育宝宝的生活中去。

准爸爸为何也应做体检

准爸爸忽视孕前体检的情况一定要特别引起注意，认为生育只是女性的事情是不对的，生育与男性息息相关。

孕育生命的过程中，能够与卵子结合的精子并不都是优质、健康的，精子质量不好或者数量不足，受精卵异常的概率就大,不能成功受孕或者受孕后胚胎质量不高的情况就会发生。所以，为了保证胎宝宝的健康，准爸爸也要进行必要的孕前体检，及时发现、排除一切不良因素，为孕育一个健康的胚胎做出努力。

生活小常识

通常，孕前体检应该在准备怀孕前至少三个月进行，夫妻双方最好同时进行检查。如果备孕时期进行孕前体检发现身体存在问题，一般要先处理后再受孕，如果没有问题或者问题已经解决，这个时候就可以开始正常的怀孕计划了。

夫妻双方的孕前体检项目

准妈妈的孕前体检项目

检查项目	检查目的
生殖系统检查	检查是否有妇科疾病，同时也筛查淋病、梅毒等性病，以便及时发现无症状性病患者，给予及时治疗，防止对胎宝宝造成伤害。
肝功能检查	肝功能检查目前有大、小肝功能两种，大肝功能除了乙肝全套外，还包括血糖、胆汁酸等项目。此项检查可以及时发现乙肝病毒携带者和病毒性肝炎患者，如果准妈妈有这样的情况，要根据情况，由医生给出合理的治疗建议，以降低母婴传播率。
脱畸全套检测	一般60%~70%的女性会感染上风疹病毒，因此，准备怀孕前3个月要进行风疹、弓形虫、巨细胞病毒检测，防止日后对胎宝宝造成伤害。
妇科内分泌检查	包括促卵泡激素、黄体生成素等6个项目，可进行月经不调等疾病的诊断。
尿常规检查	尿常规检查有助于肾脏疾患的早期诊断。根据肾脏病的程度和症状不同来判定是否可以妊娠、分娩。在未取得医生许可之前应进行避孕。
口腔检查	在孕前6个月应进行口腔检查，去除牙菌斑，消除牙龈炎症。避免孕期牙病治疗药物对胎宝宝的影响。
遗传病检查	有家族遗传病史或者女方曾有过原因不明的流产、分娩异常儿等历史的育龄夫妇都有必要做此项检查，如通过染色体检查等找出可能遗传的疾病，避免给胎宝宝带来缺憾。
一般体检	包括血型检查、血压测量，血红蛋白、血糖和心脏检测等，以便对基本身体健康状况进行评估。只有身体健康，才能让孕期无忧。

准爸爸的孕前体检项目

检查项目	检查目的
生殖系统检查	通过此项检查，可以排除生殖器官疾病、生殖道感染、性病等隐患。如果一方有生殖、泌尿系统感染，都应先治愈后怀孕。
染色体异常	准爸爸最好跟准妈妈一起进行染色体异常检测，排除遗传病。
精液检查	了解男性的精子活力、精子质量等状况，及时给予可能的治疗，为日后创造一个优质的胚胎打下基础。
肝功能检查	避免将肝炎传染给准妈妈，甚至通过母体传染给胎宝宝。

生活小常识

一般情况下，妇产医院、妇幼医院、产科专科医院，以及大中规模的综合医院都可以做孕前体检，具体还要根据生活所在地来选择，一定不要选择不正规的医院，也不要以一般体检代替孕前体检，也可以参照“在哪里生，就在哪里检”的原则来选择合适的医院，这样在进入孕期体检环节时生活起居也比较方便。

体检前不应当做的事

孕前检查的最佳时间一般建议在孕前3~6个月，对象包括夫妻双方。在去医院体检前，这些事情是需要夫妻双方注意的：

1 准妈妈的孕前体检通常在月经结束后的3~7天进行，准爸爸需要在同房后3~7天检验精子的质量，这期间最好不要再进行性生活。

2 体检当天早晨不要吃早饭，也不要喝水，因为一些项目需要空腹检查，但可以携带早餐，待需要空腹检查的项目完成后，再补充早餐。

3 女性避开月经期，最好不要穿带金属的衣物，不佩戴首饰，不化妆。

4 体检前一天避免剧烈运动，也不要过晚进食，保持充足睡眠。

5 精液的收集方式直接影响到检查结果的准确性，准爸爸在获取时要注意以下几个事项：

a.采集精液的前2～7天暂停性生活，并且不得有自慰的情况，还应禁烟戒酒，忌服对生精功能有影响的药物等。

b.精液采集瓶应干净、干燥、无菌。瓶子不应过大，也不应过小。

c.采集的精液必须是全部精液，不可丢失一部分，尤其是开头部分。并于采集后尽快送检，转运的途中应维持在20~37℃状态。

生活小常识

有些医院专门设置了孕前体检门诊，有些医院则将孕前体检设置在妇产科或者计划生育科，也有些医院将孕前体检设置在内科。不同的医院有不同的情况，最好是进入医院后去分诊台、服务台或者挂号处进行详细询问再行动，以免浪费精力，耽误时间。

怎样看待“不好”的体检结果

如果体检后发现有一些问题，准爸爸准妈妈会感到十分担心，认为自己不适合怀孕，这时准爸爸准妈妈千万不要惊慌失措，而是应该积极配合医生找出问题的源头，待问题解决后，便可以安心怀孕了。

一定要保持良好心态，注重心理健康

有时候，疾病本身并不会影响到怀孕，反倒是脆弱的心理影响了疾病的治疗与痊愈，也有一些一再怀孕不成功的夫妇其实双方身体都很健康，就是因为过大的心理压力造成怀孕失败。

要积极地面对任何问题

体检中即便发现问题，也不必过于担心甚至绝望，医学技术已经比以前发达得多，很多问题都是能够得到妥善解决的，更何况有些问题只是暂时的，只要付出努力，配合治疗，一般都可以把问题解决。夫妻双方应积极沟通，互相鼓励支持，共同面对问题。

遗传病检测中如果检查出问题

这时要积极与医生进行沟通，听从医生给出的合理建议，比如家族中有血友病史，可以进行胎宝宝性别筛选，降低此类风险的最好方式是在孕育宝宝之前将问题解决。

如果发现有暂时不宜怀孕的疾病

这种情况，夫妻双方要积极做好避孕准备，以什么样的方式避孕、避孕多久等可以向医生具体咨询，做适合自身情况的选择，等治疗结束后再准备怀孕。

如果一方或双方检测出有生殖系统感染等问题

这种情况也要积极治疗后再怀孕，千万不要掉以轻心，觉得不会发生什么问题，或者因为害羞而放弃治疗，要知道所有的准备都是为了日后能生出一个健康的宝宝。

如果检测出自己属于风疹、乙肝等易感人群

此时不要惊慌，多数可以通过接种风疹疫苗、乙肝疫苗等方式进行预防。准备怀孕的夫妇还要注意尽量减少到公共场所进行娱乐、用餐等活动，注意个人卫生，避免直接或间接受乙肝、艾滋病等传染性疾病的危害。

生活小常识

冬、春季节是病毒性传染病的流行季节，准备怀孕的夫妻应该积极预防。如果之前曾经接触过患有传染病的患者，如风疹、水痘、腮腺炎等，体内无抗体者要考虑暂时避孕，等隔离期过后再考虑怀孕，具体情况可向医生详细咨询。

了解遗传咨询

遗传咨询可分为婚前咨询、出生前咨询、再发风险咨询等，是由咨询医师和咨询对象（遗传病患者本人或其家属）就某种遗传病在家庭中的发生情况、再发风险、诊断和防治等各种问题进行一系列的交谈和讨论，使患者或其家属对该遗传病有全面的了解，选择最适当的决策。

需要做遗传咨询的情形

对遗传病感到顾虑，主动进行咨询的夫妻并不多，主要原因是夫妻常常自认为双方及亲属不存在被诊断为遗传疾病的因素。但遗传的情况有多种多样，遗传的方式也各有差别，遗传咨询和遗传检查其实并不只针对夫妻一方或者曾有家族病史者，凡是有下列一种或者几种情况的夫妻，都应该考虑进行遗传咨询，在医生指导下做必要的遗传检查：

1. 有某种遗传病或有遗传病家庭史。
2. 准爸爸或准妈妈患有不明原因畸形。
3. 准爸爸或准妈妈有不明原因的智力低下。
4. 准爸爸或准妈妈有原发不孕不育的情况。
5. 准妈妈有原因不明的习惯性流产、早产、死胎史。
6. 准妈妈生育过有遗传病或先天畸形患儿。
7. 准妈妈的年龄在35岁以上。

生活小常识

遗传学专业人员、遗传门诊医师、婚前检查医师、掌握遗传学知识的妇产科医师，都可以提供遗传咨询，有的医院设有遗传科，在正规医院可以挂遗传科、产前或妇科门诊。

什么是ABO血型不合

如果准妈妈是O型血，而丈夫是A型、B型或AB型的血，怀孕时就可能导致母婴ABO血型不合而发生新生儿ABO溶血症。

新生儿溶血症还可能是Rh血型系统不合引起，比如准妈妈的血型是Rh阴性，丈夫的血型是Rh阳性，第二胎就有可能出现母婴Rh血型不合的情况而发生新生儿Rh溶血症。

一定要明确，不是所有血型不合的夫妻都可能会导致新生儿溶血症，一般只在有明确证据证明不良孕产史与ABO血型溶血有关的情况下才需要检查和治疗。如无黄疸或水肿胎宝宝分娩史，无反复流产、早产、胎死宫内史，无不正规输血史，不提倡对O型女性孕期常规筛查抗A/B抗体。抗体阳性不代表一定溶血，抗体滴度和溶血程度也不绝对成正比。

生活小常识

在妊娠过程中，约有20%～25%的准妈妈会发生ABO血型不合的情况，但这种情况发生时，胎儿发生溶血症的概率也不大，仅有2%～2.5%，且症状通常较轻。所以，准妈妈们不必过于紧张。

生二胎前尽量这样做

全面二胎政策已经实施了，因此很多夫妻开始考虑要二胎，无论是否生育了一胎，如果准备要两个孩子，都应当尽量做到这些：

1. 适龄生育，无论一胎二胎，最好规划在35岁前。
2. 第一胎尽量顺产，避免剖宫产留下子宫瘢痕。
3. 做好避孕，避免人流等宫腔操作，以免继发不孕。
4. 营养均衡、适当运动，控制体重在合理范围。要二胎时，很多准妈妈的体重往往会比生第一个宝宝时重，有的准妈妈甚至肥胖，这种情况如果怀孕，很容易出现妊娠糖尿病等问题，一定要引起重视。
5. 生育一胎后，尽量每年进行全身体检，重点查妇科超声和薄层液基细胞学检查（TCT），便于有情况及时处理。
6. 若第一胎为剖宫产，建议间隔一年再怀二胎，备孕前做B超测子宫瘢痕厚度，在怀孕早期也应做个B超了解胎囊与原来子宫瘢痕位置的关系，排除瘢痕妊娠。如果胎囊附着在宫腔下段，胎盘在子宫瘢痕处则会增加前置胎盘甚至胎盘植入的风险！

生活小常识

随着年龄的增加，妊娠并发症发生的概率会增加，如果生育二胎时年龄偏大，或者本身有高血压、糖尿病等，最好能选择一家综合医院，以便于原有疾病的联合治疗和随访。

疫苗接种计划

我国目前还没有专为女性设计的怀孕免疫计划，但是有两种疫苗建议准妈妈提前接种：一个是乙肝疫苗，另一个是风疹疫苗。因为准妈妈一旦感染上这两种疾病，病毒可能会垂直传播给胎宝宝，造成严重的后果。另外还有水痘疫苗、流感疫苗、甲肝疫苗等可以酌情选择注射。

孕前可以考虑接种的疫苗		
疫苗名称	接种时间	具体情况
乙肝疫苗	孕前11个月注射	乙肝疫苗最好从孕前11个月开始注射，即从第1针算起，在此后1个月时注射第2针，在6个月时注射第3针。
风疹疫苗	孕前8个月注射	医生建议风疹疫苗至少应该在孕前3个月注射，以保证准妈妈怀孕的时候体内风疹病毒已经完全消失，不会对胎宝宝造成影响。但是为了保险起见，还是将注射风疹疫苗的时间提前到孕前8个月比较好，这样能给自己留出充足的时间，如果风疹病毒抗体消失，还可以在孕前3个月再次注射，并且应在注射疫苗2个月后确认体内是否有抗体产生。
流感疫苗	孕前3个月注射	如果准备怀孕的前3个月，刚好是在流感疫苗注射期，则可以考虑注射。注意，如果你对鸡蛋过敏，则不宜注射流感疫苗。
水痘疫苗	至少在孕前3个月注射	孕早期感染水痘，可致胎宝宝先天性水痘或新生儿水痘；怀孕晚期感染水痘，可能导致准妈妈患严重肺炎甚至致命。如果准妈妈以前没有接种过水痘疫苗，体内无抗体而准备怀孕的话，那么至少应在孕前3个月接种水痘疫苗。
甲肝疫苗	孕前3个月注射	甲肝病毒主要通过水源、饮食、接触等途径传播，准妈妈的内分泌变化较大，营养需求也比孕前多，因此肝脏的负荷加重，抗病能力会随之减弱，如果准备怀孕了，却仍然经常出差或应酬，那么最好在怀孕前3个月注射这种疫苗。

生活小常识

水痘疫苗、腮腺炎疫苗、卡介苗、乙脑和流脑病毒减毒活疫苗、口服脊髓灰质炎疫苗和百日咳疫苗等这些疫苗准妈妈都应忌用，如果备孕期间或者怀孕以后有接种疫苗的需求，应该向医生说明自己以往、目前的健康情况和过敏史等，便于医生决定该不该注射，尽可能避免接种疫苗对胎宝宝的影响，一般疫苗接种都要在孕前至少3个月进行。

如果患有乙肝

我国乙型肝炎的发病率很高，其中一部分患者是由其患乙肝的母亲传染的，正因为如此，很多患有乙肝的女性不敢怀孕，害怕生出不健康的宝宝。

能否怀孕需要看病情

对乙肝病毒携带而肝功能正常的准妈妈来说，在大多数情况下，怀孕一般无太大的危害，但如果肝脏已有“潜在性”的损害，怀孕后出现的一系列变化可能会加重肝脏的负担而引起肝脏病变。因此，患有乙肝的女性应该弄清楚自己病情的轻重程度，咨询过医生后，再决定是否怀孕。

如果属于长期肝功能正常的病毒携带者，B超检查不提示肝硬化，可以考虑怀孕。如果肝功能异常，表示肝炎正处于活动期，这时应该避免怀孕，否则肝炎不易恢复，反而容易导致重型肝炎，危及准妈妈生命。活动性肝炎患者经治疗后，病情稳定，肝功能正常半年以上，这时怀孕较为安全。

乙肝患者怀孕后应注意什么

❶ 怀孕期间应注意定期监测肝功能，一般为每月1次，以了解肝脏变化情况，如果肝功出现明显异常，身体感到特别难受，就应该经产科和传染科医生共同会诊后，决定是否要继续妊娠。

❷ 孕期用药要特别注意，尽量避免使用对肝脏有毒性作用的药物，例如降糖药物、抗结核药物、激素类药物、抗生素类药物及部分中药（如川楝子、青黛、土茯苓，等等）。

❸ 加强孕期保健，包括自我保健和定期产前检查，及时发现有无胎宝宝异常和产科异常情况，有无并发症，如妊娠高血压、妊娠贫血等发生。

❹ 注意休息，注意合理饮食，忌吸烟、饮酒和进食油腻、辛辣等食物，不要盲目进补，不要进食各种营养保健品，以防掺杂激素等有害物质。保持良好的心情。

❺ 怀孕头3个月和后3个月应尽量避免性生活，妊娠36周后，应绝对禁止性生活，防止流产、胎膜早破及宫内感染。

生活小常识

研究表明，乙肝病毒也可通过父婴传播，患有乙肝的男性，其精子中可检出乙肝病毒DNA，使后代成为乙肝患者或病毒携带者。因此，父母任何一方患有乙肝，都应积极地进行免疫阻断。

如果患有心脏病

凡有呼吸困难、易疲劳、心慌心悸症状的女性应检查心脏，确诊为心脏病的应在怀孕前进行治疗，症状不严重的，在征得医生同意之后，应选择有心脏病专业医生的医院，在医生指导下怀孕。

如果已经怀孕，应立即到医院找产科医生和内科医生进行检查，以确定心脏功能情况，分析是否能够经受妊娠和分娩所增加的负担。轻度的心脏病，心脏代偿功能尚好，在医生的指导下多能耐受妊娠；对于严重的心脏病，易并发心力衰竭，危及孕妇和胎宝宝的生命，应以身体为重，及时中止妊娠。

此外，先天性心脏病有一定的遗传倾向，为避免给宝宝带来遗憾，患有先天性心脏病的女性一定要谨慎孕育。

调 理

如果月经不调

月经不调包含的范围很广，绝不仅仅指月经周期不规律。月经不调一般包括月经周期不准、经血异常和闭经三种。月经周期不准又包括经期提前和经期延迟两种。

准备怀孕的女性，一旦发现自己月经不调，最好去医院做个检查，看是否是因为全身或生殖器疾病引发的月经不调，如果是，则必须先治好再怀孕，因为月经失调可能只是一种外在表现，它真正的原因则可能是全身或内外生殖器器质性病变。如果仅仅是因为内分泌不调引起的月经紊乱，可在医生的指导下将月经调理好。

另外，有的准妈妈并非长期月经不调，可能只是一两个月月经周期不太规律，这可能是一些外在原因引起的，如情绪突变、寒冷刺激、节食、滥用药物、环境改变等。

情绪波动

如果情绪长期压抑，喜欢生闷气或遭受重大精神刺激和心理创伤，都可导致月经失调或痛经、闭经。所以准妈妈要保持平静的心态，寻找一些减压的方法，如运动、旅游等。

寒冷刺激

研究表示，女性经期受寒冷刺激，可引起月经过少甚至闭经。所以准妈妈经期要防寒避湿，避免淋雨、涉水、游泳、喝冷饮等，尤其要防止下半身受凉，注意保暖。另外，不妨在食谱中添加大葱、豆类、南瓜、大蒜、生姜、栗子、橘子、牛肉、鸡肉等食物，对这种情况引起的月经不调有一定作用。

节食

过度节食容易导致营养不良，影响月经来潮，或经量稀少，甚至闭经。准妈妈切不可盲目节食。身体虚弱的人要多吃补气补血的食物，如红枣、猪肝、桂圆、黑木耳等，还可以找专业的中医师开一些中药调理一下。

滥用药物

滥用或经常大量使用抗生素，对女性而言可致月经失调、不排卵，这可能是药物抑制和伤害了人自身的抵抗力，导致了机体功能障碍。建议准妈妈不要随便使用抗生素以及其他可能引起月经不调的药物。

补充叶酸

叶酸可以预防胎宝宝出生缺陷，是胎宝宝大脑神经发育必需的一种营养素，对胎宝宝的细胞分裂、增殖和各种组织的生长也有着重要的作用。

● 叶酸需要提早补充

准妈妈一般要到妊娠第4周之后才能准确知道自己怀孕，怀孕早期（3～6周）又正好是胎宝宝中枢神经系统生长发育的关键时期，因此叶酸需要提早补充。

孕前体检的时候，医生会提醒你，最好提前3个月补充叶酸，因为小小的叶酸可是有着大作用。如果在孕前3个月科学地补充叶酸，可将新生儿神经管缺陷发生概率降低70%。此外，孕前及孕期坚持科学地补充叶酸，还可防止新生儿体重过轻、早产以及婴儿腭裂（兔唇）等情形的发生。

● 服用叶酸补充剂

如果准妈妈能够从妊娠前开始至孕后3个月，每天补充400~800微克叶酸，可以使胎宝宝神经管畸形降低到相当低的水平，达到一定的预防效果。

准妈妈在选择叶酸补充剂时，要在专业人员的指导下，合理选择，合理补充。最好能到医院向医生进行咨询，根据自身情况选用合格的药品，在医生指导下服用。因为个人体质不同，药品种类也不同，不同的时期药品的种类、质量也参差不齐。

● 通过食物补充叶酸

下表所列食物都含有丰富的天然叶酸，准妈妈可以在每日饮食中多多摄入：

食物种类	含叶酸丰富的食物
蔬菜	西蓝花、菠菜、芦笋、莴苣、油菜、小白菜、番茄、胡萝卜、扁豆等
水果	柑橘类、草莓、樱桃、香蕉、桃子、李子、杏、杨梅、酸枣、葡萄等
动物食品	动物肝脏、肾脏、禽肉、蛋类等
谷物类	大麦、小麦胚芽、糙米等
豆类	黄豆及其制品，如豆腐、豆浆等
坚果	葵花子、核桃、腰果、栗子、杏仁、松子等

叶酸是一种水溶性的B族维生素，遇光、遇热容易失去活性，因此在食用上述富含叶酸的食物时，一定要注意烹调方法，保证人体能真正从食物中获取叶酸。如最好食用新鲜蔬菜，勿长期储藏，因为蔬菜放置2～3天后叶酸会损失达50%；用盐水长时间浸泡的蔬菜，也会损失很多叶酸。煲汤等烹饪方法会使食物中的叶酸损失50%～95%，因此，通过食物补充叶酸时要全程注意食物的储存与烹饪。

● 补充叶酸需要注意这些问题

❶ 药物及酒精容易影响叶酸的吸收，因此，喜欢饮酒或者正在服药的准妈妈应注意：备孕期戒除饮酒习惯，正在服药者，要咨询医生，在医生指导下进行调整。

❷ 叶酸并不是补得越多越好。叶酸摄入过量不仅于胎宝宝的生长发育无益，反而会增加某些进行性、未知的神经损害的危险。大量的临床研究显示，准妈妈对叶酸的日摄

入量上限为1 000微克，每天摄入800微克的叶酸对预防神经管畸形和其他出生缺陷非常有效。

3 如果在孕前食用营养素制剂或者孕妇奶粉补充营养，一定要认真查看营养素制剂、孕妇奶粉中的叶酸含量，以避免重复补充叶酸等营养素，导致摄入过量。

4 长期服用叶酸会干扰体内锌元素的代谢，锌元素摄入不足会影响胎宝宝的生长发育。因此，准妈妈在补充叶酸的同时，也要注意适时补充锌。饮食中可以多食牡蛎、鲜鱼、牛肉、羊肉、贝壳类等以及豆类食品，包括黄豆、绿豆、蚕豆等。这些食物中都富含锌元素，其中牡蛎的锌元素含量尤为丰富。一些发酵的食品中也富含锌，如面筋、麦芽等。此外，花生、核桃、栗子等食物也含有锌。

生活小常识

如果在没有补充叶酸的情况下发现怀孕了，千万不要因此忧心忡忡，只要按时做相关孕期检查即可，临床有很多妈妈在孕前没有服用叶酸的情况下生下的宝宝非常健康，这是因为我们日常摄入的食物中，有很多是富含天然叶酸的。

提高卵子的质量

呵护好卵巢和子宫，创造条件提高卵子质量，对怀孕是十分重要的事情。

●忌烟酒

吸烟、喝酒对女性卵巢伤害很大，因为卵巢对香烟很敏感，香烟中含有的大量毒素不仅会危害卵子，而且会造成卵巢老化。就卵巢功能而言，长期吸烟的女性卵巢功能较差，生出的卵子质量也不高，长期酗酒也同样会导致卵巢的老化。两者都会使女性生育能力下降。

●月经期间的护理

月经期间，女性盆腔充血，子宫腔会形成广泛的新鲜创面，如果这时过性生活，可能会加重盆腔充血情况，并有可能从生殖器和阴道处将病菌带到体内，引发子宫炎症，造成月经量增多、月经经期延长等不利身体的情况发生。

女性在经期要防寒避湿，避免淋雨、涉水、游泳、喝冷饮，等等，尤其要防止下半身受凉，注意保暖。

●生活习惯规律

女性不要经常熬夜，因为经常熬夜会直接影响内分泌环境的平衡，一旦生物钟被打乱，激素分泌失调，卵巢功能就会发生紊乱，影响卵子的发育成熟及排卵。

受孕前的一个月，应多吃些富含蛋白质

的食物，如瘦肉、鸡、鱼及蛋类，蔬菜和水果也应多吃，身体棒了卵子自然也会更优质。

此外，还要养成早睡早起的习惯，身体应季节而动，适时调整作息是顺利怀孕的基础保障。

●吃一些补益卵子的食物

❶ 锌有助于提高卵子活力，豆类、花生、小米、萝卜、大白菜、牛肉、鸡肝、蛋类、猪肉、芝麻、核桃等都是含锌丰富的食物。

❷ 中国传统医学认为，红枣、无花果、山药等食物会让女性面色红润、月经规律，也可提高卵子质量。

❸ 富含抗氧化物质与维生素C的食物对卵子质量是有益的，这类食物包括番茄、橙子、苹果等新鲜蔬果。

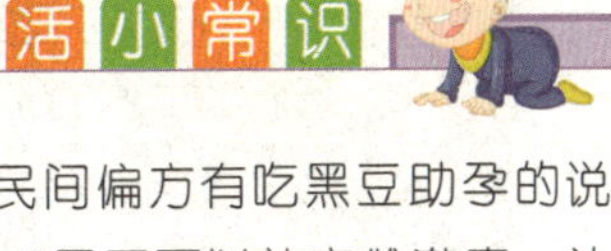

生活小常识

民间偏方有吃黑豆助孕的说法，认为“黑豆可以补充雌激素，让子宫内膜增厚，有助于怀孕”，很多准妈妈便大量吃黑豆，这对身体是很不利的，大量摄入黑豆可能引起身体不适，当然，适量吃一些黑豆对身体还是很有好处的。

提高精子的质量

与女性一生都在持续孕育一定数量的卵子的情形不同，男性的精子每30天就会更新一次，这也就是说即使男性的精子质量一时不是很理想，但只要在一个周期内合理调养，也能提升精子的质量。因此，准爸爸一定要注意孕前调理，提高精子质量，为新生命的孕育打下良好的基础。

●坚持良好的生活习惯

避免常穿紧身裤，尽量穿宽松的内裤、长裤，不要对阴囊造成挤压，也不要常把手机放在裤兜处，因为这个地方离腹股沟很近，容易提高阴囊温度，伤害精子，应选择将手机放置在上衣口袋或者手包内。

●戒烟戒酒

烟和酒是精子的大敌。香烟中的尼古丁可以杀伤精子，吸烟可以说是精子数量下降的最主要因素。据专家调查，长期吸烟的男士所产生的精子相比于不吸烟的男士所产生的精子，其畸形精子的数量较多，这是影响怀孕甚至是日后胎宝宝健康的罪魁祸首。

喝酒同样对精子有强大的杀伤力，长期酗酒的男性生殖腺功能明显降低，精子中染色体异常，极有可能造成胎宝宝畸形或发育不良。

因此，准爸爸们必须要戒烟戒酒，为了胎宝宝的健康，准妈妈在怀孕以后也要坚持禁烟禁酒。

● 忌桑拿浴，避免洗澡水温过高

高质量精子的成长需要一个低温的环境，外界环境温度低于体温1~2℃时，精子能够顺利产生，但如果气温过高则会杀死精子。常洗热水澡、蒸桑拿浴都可能使精子数量减少。所以，准爸爸们洗澡时水温不宜过高，对于桑拿浴也要慎重选择。

● 远离有害环境

男士从事高危行业的比例要高于女性，也更常接触一些有害的物质，实验人员可能会长期接触有害化学物质、放射性物质等，这些可能会干扰内分泌系统，甚至引起精子染色体畸变，导致生殖功能失常。因此，准爸爸要合理调整工作，减少接触有害物质，远离有害环境。

现代家庭都普遍注重装修装潢，如果用了含有大量甲醛的装修材料，也会伤害到准爸爸的健康。因为甲醛是一种挥发性的有机物，对细胞内的遗传物质有很强的损伤作用，因此，有装修计划或者正在参与装修工程的准爸爸要注意选择合格材料，装修后注意开窗通风，避免家居环境对自己的伤害。

● 谨慎用药，避免药物伤害

育龄男性要注意合理用药，尤其是有生育计划的男性更不要随意服药。因为不当的药物对精子产生的伤害也很大。如长期服用镇静药、抗肿瘤药、激素类药等都有可能造成精子生长障碍，损害精子染色体。

● 勤加锻炼，强身健体

阴囊是产生精子的重要器官，阴囊的健康对精子的成长至关重要。肥胖或者不当的体育运动都可能会致使阴囊处温度升高，而高温环境是精子成长的大敌。因此，准爸爸应选择合适的运动，勤加锻炼，将体重控制在标准之内，同时增强机体免疫力，保持精子活力，达到健康怀孕的目的。注意运动强度，不要选择过于剧烈的运动，以免伤害睾丸，如避免长时间骑自行车、参加马拉松等。如不能避免，则要选择穿有衬垫的短裤，选择有减震功能的自行车，为阴囊创造一个透气、健康的环境。

● 保持好心情

良好的心情可以促进男性生精，对精子的成长与活力也有很大影响。但是有不少男性容易将工作情绪等带进生活，或者因太在意性生活中的自我表现，或者过于期待怀孕而表现得情绪不佳、心情抑郁。这种不良的精神状态可直接影响神经系统和内分泌的功能，影响睾丸的生精功能，严重的会因过重的心理负担而导致早泄、阳痿，甚至不射精。因此，准爸爸在备孕期间一定要注意调适心情，保持一个良好稳定的情绪，这不仅有助于怀孕，对夫妻感情也有很大助益。

● 吃一些对精子有益的食物

1 可以多吃猪肉、鸡肉、鸡蛋、鸡肝、花生等富含锌的食物。

2 也要多补充赖氨酸，因为赖氨酸是精子成长不可缺少的成分。山药、带鱼、鳗鱼、海参、墨鱼、鱿鱼、泥鳅、银杏、冻豆腐、豆腐皮等食物含有丰富的赖氨酸。

3 多吃绿色蔬菜、水果，绿色蔬菜中含有大量维生素C、维生素E、锌、硒等利于精子成长的成分。

4 多吃粗粮，如大豆、小米、糙米等，少吃咸肉、烤串、香肠、火腿、腌菜等加工食品。

5 多吃富含叶酸的食物，男性体内叶酸水平过低时，会造成精液浓度降低，精子活力减弱，甚至会加大胎宝宝出现染色体缺陷的概率，谷类、豆类、花椰菜、芦笋、橙、葡萄、肝脏等食物中叶酸含量丰富。

生活小常识

有吸烟史或者尚未能戒烟的准爸爸，日常应多食海产品，因海产品含有多种不饱和脂肪酸，能阻断人体对香烟的反应，增强免疫力，且海产品中多富含矿物质，尤其是锌和硒对男性生殖系统具有一定保养作用。

调整体重范围

体重过重或者过轻都不是最适合怀孕的：

体重超标的准妈妈容易患高胰岛素血症，它可以刺激卵巢分泌过多的雄激素，影响排卵，导致不孕。体重超标的妈妈在孕后也容易出现其他一些症状，如孕期糖尿病、高血压等，使怀孕很辛苦，也会对胎宝宝带来影响，造成分娩困难等不利情况。

体重太轻的女性由于皮下脂肪太少致使雌激素含量降低，会出现经期不准甚至闭经的情况，影响生育，如果身体极瘦，可能会失去怀孕能力。所以要适当增肥，调整至标准体重再进行怀孕。

怀孕时的标准体重究竟多少才合适

合适的怀孕体重可以用以下公式进行计算，其中BMI为体重指数：

BMI=体重（千克）÷[身高（米）]^2

计算结果（即BMI指数）在18~25的就是正常体重；如果低于18千克/米^2，属于偏瘦，应该适当增加体重；如果高于25千克/米^2，属于偏胖，应该进行适当减重。

计划怀孕后，准妈妈每周最好都能自测体重，每次测体重时最好选择在同一时间、穿相同厚薄的衣服。一般来说，晨起、大小便后、早餐前自测体重比较好，这样测出来的结果才够准确。

太胖的准妈妈可以这么减肥

❶ 健康饮食：早饭吃饱，中午吃七分饱，晚饭尽量少吃。饮食粗细搭配适宜，拒绝油炸、烧烤、高热量等不健康食品。多喝水，每次进食多咀嚼几下，少食多餐，促进新陈代谢，减少过量饮食。注意：喝水应以新鲜开水或凉开水为宜，少喝碳酸饮料、咖啡等，每日饮水量保持在1 600~2 000毫升即可。

❷ 坚持运动：每日坚持15分钟以上的运动，时间不要太短，也不要过长，避免过度劳累。可以选择爬楼梯，以20~25阶为宜；也可以选择步行，尽可能多走路，或者慢跑半小时等；还可以选择练瑜伽，每日15分钟左右为宜。周末可以选择晴好天气多进行一些户外运动，如游泳、登山、打球等。

切记千万不要使用减肥药等盲目减肥，以免药物对身体造成伤害。也不要选择节食，如果每日营养跟不上，就会影响各部分器官的正常运作，影响生殖机能，对于女性而言，过度节食可能还会引起内分泌失调，对怀孕造成一定影响，得不偿失。

太瘦的准妈妈可以这么增肥

❶ 不挑食，一日三餐要吃足、吃好，对于过瘦的准妈妈，还可以选择适当加餐，如在下午食用适量高蛋白及高营养的点心，如三明治、豆浆、鸡蛋等。

❷ 不偏食，饮食粗细搭配，各种食物都要食用，从各种渠道增加营养。

❸ 饮食中增加适量油脂，增加热量，多食用少骨、少刺、多肉的食物，少食用多骨、多刺、费时的食物。如可多食鸡腿，少食鸡翅、鸡脚等。

❹ 调整进食顺序，如先吃饭后喝汤。多食用浓汤，取代清汤、白开水。

❺ 保证充足的睡眠，保持心情愉悦，减少压力，心情放轻松，营养吸收得也多也好。

⑥ 适度运动，增加食量，可以选择慢跑、游泳、走路等运动，使体重健康地增长。

如果出现准妈妈的体重尚未达到标准就意外怀孕的情况，也不必担心，只要在孕期注意合理补充营养，满足胎宝宝的生长需求就好。注意听从医生的建议，选择适合自身情况的方式补充营养。

生活小常识

怀孕期间，准妈妈体重具体增加的情况为：

阶段	胎宝宝生长发育期	准妈妈体重增长
孕早期（1~12周）	缓慢期	共增长1 000~1 500克
孕中期（13~27周）	16~27周为加速期	每周250~350克
孕晚期（28~40周）	28~36周为最大加速期，37周后为减缓期	每周500克

当然，很少有准妈妈的体重是完全按表中所述的速度增加的，每个准妈妈的身体情况和孕期生活都会不同，因此有一些波动是非常正常的，但是，要避免太大的起伏，稳定的营养补给对胎宝宝是很重要的。

调整不良饮食习惯

孕前的合理营养对于保证优生优育以及孕期母体的健康非常重要，再加上妊娠早期是胎宝宝器官分化形成的关键阶段，这一阶段胎宝宝的营养来源很大程度依靠母亲孕前体内的营养储备。因此准妈妈在备孕期就要调整饮食习惯，通过健康的方式补充营养。计划怀孕前的3个月至半年即可开始注意饮食习惯调整。以下是一些需要调整的不良饮食习惯。

偏食挑食

偏食的人容易缺乏某些营养，这样不仅对身体健康不利，还会影响精子和卵子的质量，不利于怀孕。所以，有偏食习惯的准爸妈，最迟在孕前10个月就要开始调整自己的饮食结构和习惯。每天吃五谷、蔬果、豆乳类和鱼蛋肉类，每周还要适量食用一些坚果、菌藻类等食物，做到营养全面均衡，以形成优质的精子与卵子，保证怀上最棒的一胎。

食品过精、过细

日常生活中，我们习惯将大米、白面等称为“细粮”，而将玉米面、小米、荞麦等称为“粗粮”或“杂粮”。多数人还是认为吃细粮比吃粗粮、杂粮好。其实，真正科学的饮食方法是粗细粮搭配着吃，特别是对于正备孕的准妈妈来说，饮食不应该太过精细，因为食物做得太精细，一是可能造成营养丢失，二是一味吃细粮以及鸡蛋、牛奶等太精细的食物，很容易导致维生素B_1的缺乏和便秘。

吃过甜、过咸、过辣

糖代谢过程中会大量消耗钙，常吃过甜食物会导致孕前和孕期缺钙，且易使体重增加；常吃过咸食物会使体内钠含量超标，从而容易引起孕期浮肿；辣椒、胡椒、花椒等调味品刺激性较大，多食会影响消化功效，引起便秘，在计划怀孕前3～6个月减少食用辛辣食物。

无节制进食

有些备孕的准妈妈急切地想把自己的身体调养好，好为怀宝宝做充分的营养准备。加强营养没错，但不可无节制地进食。无节制的进食首先对消化不利，其次容易引起肥胖，而肥胖不仅会影响内分泌功能，不利于受孕，还会增加孕期患妊娠高血压综合征、妊娠糖尿病的概率。

生活小常识

中国营养学会建议孕前每天摄入：植物油25～30克；盐6克；奶类及奶制品300克；大豆类及坚果30～50克；畜禽肉类50～75克；鱼虾类50～100克；蛋类25～50克；蔬菜类300～500克；水果类200～400克；谷类、薯类及杂豆250～400克；水1 200毫升。

生活

整理出合适的居家环境

居家环境不仅影响着人的心情，对备孕的夫妇来说，还可能影响着精子与卵子的质量，因此不妨抽空将家里打扫、整理一下，让居家环境更舒适。

整理家中物品

❶ 将可能绊脚的物品重新放置，以免怀孕时被绊倒，也能留出更多空间来。

❷ 整理一下衣柜以及厨房，将经常使用的物品放在你站立时便于取放的地方。

❸ 将你的晒衣架或者晒衣绳适当调低，方便怀孕时晾衣服。

❹ 在卫生间以及别的容易滑倒的地方放上防滑垫，在马桶附近安装扶手，方便怀孕时动作变笨拙的准妈妈坐下并站起来。

除螨灭蟑，做好清洁大扫除

螨虫、蟑螂都是令人讨厌的害虫，对人体都有危害。尤其是蟑螂，不仅携带多种病菌，传播多种疾病，还会使人出现过敏反应，如过敏性哮喘、皮炎等。所以，一定要在怀孕前将它们消灭掉，如果等到怀孕了再来除螨灭蟑，就有点晚了。除了用药剂来除螨灭蟑，给居室来一个彻底的大扫除是必不可少的，尤其是桌子、抽屉，因为蟑螂喜欢待在那里面产卵。

如果想继续养宠物

在与宠物的亲密接触中，人体很有可能会感染上一种叫作弓形虫的寄生虫。弓形虫是一种肉眼看不见的小原虫，体形比细菌大一点点，粗2~3微米，长5~6微米，因为形似月牙而得名。这种原虫寄生进入到人或动物体内就会引起弓形虫病。普通人感染上这种寄生虫问题不大，可一旦准妈妈感染上了，很容易导致胎宝宝发育畸形或智力低下。所以，在准备要下一代时，需要看看宠物还能不能继续养。

哪些动物会传染弓形虫病

几乎所有的哺乳动物与鸟类都携带有弓形虫，而又以猫最为突出。研究发现，猫与其他猫科动物是弓形虫的终宿主。当人在和小动物嬉闹时，身体的部位被小动物舔就有可能会被传染。除与小动物接触会被传染外，接触动物的粪便也会被传染。弓形虫卵囊会随着动物的粪便排出体外，干燥后形成只有通过显微镜才看得见的“气溶胶”随风飘散，经由呼吸道进入人体，之后通过血液播散到全身，使人感染上弓形虫病。不过，从小在室内圈养，不吃生食、生水的宠物，一般不会携带弓形虫，但为了保险起见，还是送去宠物医院进行弓形虫检测为好。

感染了弓形虫病会有什么症状

大部分正常的成年人感染上弓形虫病后不会出现什么症状，或是症状非常轻。只有一小部分人会发病，症状与流感相似：低烧、流涕、淋巴结肿大、头痛、肌肉关节痛以及腹痛，这些症状几天后会随着人体产生的免疫力自行消失，通常都会自愈。可是，准妈妈由于免疫力差，感染了后果就比较严重。

舍不得送走宠物要怎么做

怀孕的时候最好送走有携带弓形虫风险的宠物，如果实在是舍不得将宠物送走，那么就一定要小心谨慎，加强防范。由于弓形虫的卵在24小时之内不会传染，所以宠物的粪便以及食盘每天最少要清理一遍。同时，为宠物专门准备的饭碗要与家里别的器具分隔开；经常清洗宠物的卧具及垫布，经常给宠物洗澡，当然这些事情最好都不要由准妈妈来做；不要让宠物舔你，尤其不要舔脸；与宠物保持一定的距离，不要让宠物进入你的卧室，更不要和宠物共寝；注意宠物是否有生病的迹象，一旦发现苗头，应立即送到宠物医院医治。

生活小常识

在备孕时，准妈妈可以做TORCH化验，国内一般三甲等医院的妇科都可以做。如果TORCH检验显示已经感染过弓形虫，表示准妈妈体内已经产生了抗体，养宠物时不用太紧张；若显示从未感染过，则表示体内无免疫，存在感染风险，要加强防范；若显示正在感染，则暂时不能怀孕。

提前看一下牙医

在怀孕后，准妈妈体内的雌激素，尤其是黄体酮水平上升，会使牙龈中血管增生，血管的通透性增强，容易诱发牙龈炎，称作妊娠性龈炎，尤其孕前就患有牙龈炎或牙周炎的准妈妈，怀孕后炎症会更加严重。

俗话说“牙痛不是病，痛起来真要命”，准妈妈若孕期不注意口腔保健，一旦患有牙病又不能治疗（孕期不宜治疗牙病）

的话是非常痛苦的，所以，准妈妈最好在孕前看一下牙医，检查一下牙齿状况，如果有牙病，将牙病治好后再怀孕，并注意口腔卫生保健，减少软垢、食物残渣的堆积对牙龈的刺激。

生活小常识

有研究表明，孕妇口腔中的致龋菌可通过垂直传播感染胎宝宝，患有龋齿的孕妇，出生的宝宝日后患龋齿的概率也较大，因此，为了未来宝宝的牙齿健康，准妈妈一定要讲究口腔卫生，保护好自己的牙齿。

孕育宝宝的良好心理

怀孕会给生活带来一系列的变化，在怀孕前除了要做好物质、体力上的准备外，也要做好心理准备。千万不要小看了心理方面的准备，事实证明，有心理准备的准妈妈比没有心理准备的准妈妈孕期生活要顺利从容得多，妊娠反应也轻很多。

接受怀孕的事实，愉快地怀孕

不管你正期盼着怀孕，还是觉得顺其自然就好，或是对此充满了恐惧、担忧，又或是在你没有任何准备的情况下突然怀孕了，一旦确认怀孕，确定要孕育这个宝宝了，就要欣然接受这个事实。怀孕、生孩子是大多数女性必经的一个阶段，虽然会给自己的精神和体力带来很大的消耗，给生活带来很多不便，但同时也会带来幸福感和喜悦感。所以，要愉快地接受怀孕这个事实。

接受怀孕带来的身体变化

怀孕后，体形、体重等方面会发生很大的变化，尤其是怀孕后期，身体变得越来越笨重，行动变得越来越不便。很多准妈妈无法接收这种变化，甚至出现厌恶、憎恨的情绪，其实大可不必如此，只要你想着你肚子里孕育的是一个爱情的结晶，是一个会让自己的人生变完整的生命，你也许就会对这些变化不那么在乎了。

生活小常识

不要因为怀孕后身体走形、体重变化而感到恐惧与沮丧，体形、体重的变化只是一时的，生完孩子之后，只要积极地进行运动锻炼，体形会逐渐恢复。

不值得为生男生女而困扰

生男生女的压力一方面来自双方父母及舆论，另一方面有的准爸爸准妈妈自己偏爱男孩或者女孩，于是无形中给自己很大的压力，在实际生活中，女性承受的压力往往又比男性更大。

生男生女要顺其自然

决定孩子性别的是男性的X精子和Y精子，而男性一次提供的精子多达上亿，除非是人工授精干预，从这么大的数量中诱导一个去授精是人工无法操控的过程，与其面对这样精细复杂的过程望洋兴叹，不如顺其自然，因为生男生女而给自己压力是不值得的。

怎样化解对生男生女的压力

❶ 将自己从思想上解放出来。从根本上来说，压力往往都是自己给的，现代社会人们对男女性别有了更新的认识，再者女性地位也比以往有了明显提升，多数家庭对生男生女并不像以前那么过于看重了，因此，准妈妈自己一定要打破对生男生女的陈旧想法。

❷ 坚持自己的人生态度。来自外界的压力难以完全规避，要改变别人的观念一时之间也难以实现，在这种情况下，准妈妈不必过于纠结去改变外界，积极的态度应该是向别人解释自己的想法，并坚持自己的观点，保持平和的心态度过孕期。

生活小常识

关于男女性别比例，有一个非常美妙而又符合人类发展的现象：人类一代一代地繁衍，不管大自然发生多大的变化，男女性别的比例始终比较接近。性别一直保持比较恒定的比例，男女人口相当，这保证了男婚女嫁、繁衍后代的需要，也对于维护社会稳定与发展意义重大。

大龄妈妈的健康心态最关键

随着二胎政策放开，很多已经大龄的妈妈准备生育第二个孩子，此外因为时代的发展，30岁以后才准备当妈妈的女性也多了起来，困扰大龄妈妈的首要问题还是心理压力大。

● 健康的心态十分重要

女性年龄超过35岁，生育的难度会逐年增加，大龄女性因为这一点而担惊受怕的非常多，由于心理压力大，反而更不容易受孕，因为长期焦虑会使女性停止排卵，出现月经不调等情况，如此反复下去，会使心理上更加焦虑，甚至导致抑郁症的发生。

虽然大龄女性不比年轻时有生育优势，但绝不是说大龄女性不能生育，医学在进步，同时社会也在变化，随着越来越多的大龄妈妈出现，医院和医生也渐渐有了足够的经验来应对大龄生育问题，换句话说，只要配合规范的孕前、孕期检查，越来越多的危险因素都能够被控制住，高龄生育二胎的风险也可以降到最低。

所以大龄女性的问题多数都不在于高龄与否，而在于保持健康的心态，轻松上阵，好孕会自然降临。

● 大龄女性容易担心的事情

❶ 最担心的可能是流产，30岁出头的妈妈大约有15%的人会遭遇流产；40岁出头的妈妈，有25%的人会遇到这种情况；而45岁以后，有一半的妈妈存在流产的危险，自然流产绝大多数是自然选择，在配合产检之余，最应该做的是放平心态。

❷ 高龄产妇的宫颈一般比较坚韧，开宫口慢，自然生产困难，所以剖宫产在高龄产妇中更加普遍，目前剖宫产手术十分成熟，因此也不需要太多顾虑。

❸ 最可怕的是胎宝宝有残疾，母亲的高龄会增加婴儿先天性缺陷和无法存活的可能性，但胎宝宝期诊断的技术在一天天提高，医生已经可以在怀孕的前8个月及时发现许多先天性缺陷，其中很多情况可以在出生前或分娩后进行及时治疗。

生活小常识

在考虑准妈妈的孕育年龄时，准爸爸的生育年龄也有一定影响，男性在27～35周岁时精子质量达到高峰，而且处于这个年龄的男性智力成熟，生活经验也较丰富，能够主动关心妻子，也更愿意同妻子共同抚育宝宝。

生二胎不要忽略了大宝

许多家庭在生了第二个宝宝后才意识到大宝出现了问题，比如大宝、二宝难相处，大宝变得无理取闹，大宝总是想要黏着妈妈等。在生育二胎时，做好大宝的心理工作，让大宝不会感觉到被忽略，接受弟弟妹妹的到来，这一点是非常重要的。

● 对不同年龄段的大宝有不同的策略

❶ 幼儿：用形象、能理解的方式来沟通，比如用玩具娃娃来代替弟弟妹妹，告诉他家里多一个弟弟妹妹后会非常有趣，并且强调爸爸妈妈会一直爱他。

❷ 小童：宝宝上学后，接触的人更多，

见识更广，理解能力和包容能力也更强，这时可以给宝宝讲一些道理：如果拥有弟弟妹妹，自己就多了一个人爱；把自己的东西分享给弟弟妹妹是很快乐的，等等。

③青春期：这时的孩子有很强的自我意识，对二宝的抵触情绪往往非常强烈，不能用严厉的教育来跟孩子沟通，而应该多从孩子的角度着想，不要让他认为弟弟妹妹就是来抢自己资源的，可以告诉他弟弟妹妹长大后能够代替父母照顾他，等等。

● 在和大宝沟通时有用的小细节

①坦诚相待，不要骗孩子，孩子最相信的人是父母，如果被父母骗，孩子会非常沮丧。

②利用绘本、动画、朋友经历让大宝意识到有兄弟姐妹的好处，帮助孩子做好心理准备，减轻焦虑。

③要明确地告诉大宝，即使生了第二个宝宝，爸爸妈妈还是会一样爱他，甚至会更爱他。

④制止亲朋好友在大宝面前开这样的玩笑：“爸爸妈妈有了妹妹，以后就不要你了”“你看妈妈现在不抱你了，只疼弟弟”，并且在孩子面前纠正这种玩笑：“叔叔阿姨说得不对，你永远都是爸爸妈妈的宝贝。”

⑤管教时要公平，绝对不要一味地要求大的让小的，这会让大宝感到不公平，甚至造成大宝为了取悦父母，压抑自己的情绪，努力让自己变得“乖”起来，久而久之，在受气或感到委屈时，他们往往会苛责自己，对一生的人际关系都有影响。

⑥多和大宝聊天，观察他的情绪变化，比如是否有吃醋、嫉妒的负面情绪，多给予理解，大宝自我调节情绪的能力在这个变化过程中也会慢慢加强，最终受用一生。

生活小常识

在生二胎前，征求大宝的建议是可行的，但是家庭中是否要二胎不是一定取决于大宝的意见。有的妈妈因为大宝反对而流产的新闻，虽然这可能是极个别现象，但不可否认的是，生育二胎时会出现父母因为愧疚而宠溺大宝的现象，这很不妥当。孩子的内心是充满爱的，只要坦诚沟通、真诚关心、公平管教，大宝终有一天会比父母更爱自己的弟弟妹妹。

调整不适宜的工作岗位

如果在工作过程中会经常接触到一些不利于备孕、怀孕的元素，那么一定要在怀孕前三个月开始，一直到分娩结束都要调离工作，准爸爸同样也要注意。

工作性质	工作人群
放射线污染	放射科医护人员，核能发电站、抗癌药物研究人员，电器制造业、程控机操作人员，石材加工基地工作人员
重金属污染	化妆品研究员，美容师，理发师，电子装配工，印刷业操作员，照明灯生产工人，胶卷制造工作者
化工污染	化工基地，化学实验员，加油站工作人员，造纸、印染工人，建材、皮革生产人员

对怀孕不利的工作

如果实在没法离开工作岗位，也要想办法做好防护工作，比如，如果你是一名理发师，记得在洗发、烫发和染发的时候戴手套和口罩操作。同时要注意保持通风，尤其在喷发胶的时候，最好是准备一个风扇，将气雾吹走。

生活小常识

孕前一直在接触化学物品，意外怀孕了的准妈妈建议在孕12~20周去医院做产前诊断，包括超声波检查胎宝宝肢体和脏器发育，染色体核型分析，生物化学分析和基因检测分析，没有异常情况的胎宝宝一般就可以接受了，如果胎宝宝发育异常，可能需要中止妊娠。

如果在不利情况下怀孕了

意外怀孕的情形有很多，如服用了不合适的药品、酗酒了、烫发了等，如果并没有做好准备或者在不利的情况下怀孕了，先静下心来想想在这期间都做了哪些可能对腹中胎宝宝不利的事情，再咨询医生并做保胎与否的决定。

意外怀孕后，其中一方吸烟了、烫发了、喝酒了，等等

这些问题其实不是很大，准妈妈准爸爸在发现怀孕后要立刻禁烟戒酒，之后定期做孕期检查，安心养护胎宝宝。如果仍然不放心，可以去医院，把自己的情况告诉医生，根据医生建议，做相应处置。

服用避孕药期间怀孕了

关于避孕药是否会导致胎宝宝畸形的问题，目前还存在争议，具体的情况要及时与医生取得联系，寻求科学的帮助。不要自认为会对胎宝宝造成必然的伤害或者导致胎宝

宝畸形等，让自己心神不宁反而会对胎宝宝有影响。

这里要再次提醒准妈妈准爸爸：服用避孕药一定要定时定量，服药前也要做好各项准备、学习工作，切忌随意乱服，想起来就吃。只有这样才可以把可能的伤害降到最低。

做了胸透等X线检查

胎宝宝对外界的不良刺激是有一定抵御能力的，并不会轻而易举就受到影响或者出现问题。如果受精卵或者胚胎遭到了不能抵御的打击和伤害，会自然地被淘汰。所以，如果在不知道怀孕的情况下，做了这些检查，准妈妈不要着急惊慌，一定要保持良好的心态，去医院做相关检查，向医生咨询情况。

生活小常识

当发现意外怀孕时，首先应当是补充叶酸，同时抓紧安排去医院做一下检查，排除后顾之忧。有些在旅游途中意外怀孕的准妈妈会担心旅途生活起居不规律，影响到胎宝宝健康，大多数外出旅游的夫妻心情都比较好，反而有利于怀孕，所以不用太担心。

如果怀疑不孕不育

如果准妈妈和准爸爸从计划受孕开始一直没有采取任何避孕措施，性生活正常，而长时间未受孕，最好去医院做相关检查，一般超过一年就可确定为不孕了。

夫妻双方都要检查

不孕的原因较为复杂，要明确诊断，必须做一系列的检查。这些检查需要选择一定的时间，有时还须夫妻同做。因此，不孕者首次来医院检查应选择在月经干净后3～7天，最好是要准爸爸同来做精液化验，且检查前的3～7天夫妻不能同房。

检查项目

检查项目医生会根据个人情况来定。一般女性不孕检查包括全身检查和生殖器官检查，还要通过基础体温测定以及宫颈黏液检查或激素测定来判断有无排卵及预测排卵期。还有子宫内膜检查、内分泌功能测定、输卵管通畅检查、免疫学检查、染色体检查等。男性不育检查则主要是做精液检测，检查精液中活动精子的数量、活动力的强弱以及精子形态是否正常。这些指标都是影响精子穿透卵子的能力以及授精功能的非常重要的因素。

生活小常识

做不孕检查时，应严格按医生的约定时间，牢记自己的月经周期。因这些检查都与月经周期有一定的关系，如抽血检查性激素应在月经来潮的第3天，输卵管通水或造影应在月经干净后3～7天，监测排卵、诊断性刮宫在月经来潮前3天或月经来潮12小时内。若不遵守检查时间，会因其结果不准确而给诊断带来一定困难。

停服避孕药后

如果常年服用避孕药的话，从优生的角度考虑，最好停药6个月后再怀孕，给身体足够的时间将药物成分彻底代谢出体外，同时恢复卵巢功能和子宫内膜的周期，给受精卵成长提供良好的条件。

停服避孕药不能突然开始

如果一直服用避孕药，在决定怀孕后不能随意中断，最好是先把当月剩下的避孕药服用完，这样可以避免出现阴道不规则出血。

采用安全的避孕方式过渡

在停服避孕药后，并不是就不需要避孕了，在孕前的准备阶段，不妨选择避孕套、阴道隔膜这类不会损害精子和卵子的质量，并且可靠性也很高的方式作为过渡。

停服避孕药后要尽量停用其他药物

在停服避孕药后，如果有可能的话，要尽量停用一切不必要的药物，以免药物中含的致畸成分影响受孕，让自己的身体能恢复到最佳状态，给孩子一个更健康的生长环境。

生活小常识

避孕药物除了口服避孕药物外，还有外用避孕药物，比如避孕栓、避孕药膜等，如果一直使用这样的方式避孕，在有了明确的怀孕计划后也一定要停止使用，以免残留的化学药物危害精子的健康。

受 孕

受孕的旅程

到底精子和卵子要经历怎样的旅程才能最终相遇，并成为一个鲜活的小生命呢？受孕的旅程可以通过这样四步来窥探一二：

第1步：准妈妈排卵

在一个月经周期中，卵巢内常有几个甚至十几个卵泡同时发育，但受大脑中下丘脑和垂体分泌的激素的调节，一般只有一个发育完全成熟。大约2周后，成熟卵泡最终破裂，排出卵子，这就是排卵。一个健康的女性一生中约有200万个原始卵泡，但只有400～500个原始卵泡发育成熟，排出体外。

卵子从卵巢排出后进入输卵管，然后在输卵管中存活2～3天，以等待与精子的相遇。如果此时未能与精子相遇结合，卵子就会逐渐萎缩死亡，然后随着月经排出体外。

第2步：精子的历险

在性交过程中，储藏在附睾内的精子会随着副性腺产生的分泌物喷射出去，形成射精。一次射精会排出3～6毫升的精液，含有大约2亿个精子，但并不是所有的精子都有可能通进入子宫，与卵子相遇。这些精子必须经过重重阻力与竞争才有可能一睹卵子的娇容。

当然，就算少数精子（最后大约仅剩数十条至一二百条）有幸进入到子宫，也不一定能遇见他的“白雪公主”。因为精子在女性输卵管内一般只能生存2~3天，如果在这几天内没有与卵子相遇，便会自然死亡。

第3步：相遇

如果准爸爸和准妈妈在排卵日前后数天内性交，精子和卵子就有可能在输卵管壶腹部相遇，这时一群精子包围卵子，而最终只有一个速度最快最强壮的精子才能与卵子相遇，发生奇妙的“生命之吻”。

最为神奇的是，当一个精子进入卵子后，卵子立即就会释放一种化学物质将自己包围起来，将其他精子阻挡在外，免受打搅。然后形成一个新的细胞，这个细胞称为受精卵或孕卵，这个过程称为受精。

如果准妈妈两边卵巢同时排出两个或两个以上的卵子，并分别与精子相结合，双卵双胞胎和多卵多胞胎就诞生了。

第4步：一颗“种子”发芽了

进入卵子以后，精子的尾巴消失了，头

部膨大起来，与卵子结合形成一个含有46条染色体的细胞的受精卵。其中，23条来自父亲，23条来自母亲。数小时后，这个细胞开始复制DNA物质，并一分为二。

这颗受精卵在输卵管内膜纤毛的运动和管壁的蠕动作用下，慢慢向宫腔侵入，直至着床。这个过程需要7~8天。受精卵着床后逐渐发育成胚胎及与母体建立联系的附属物——胎盘、胎膜、脐带及羊水等，神奇的生命之旅由此开始。

生活小常识

精子离开准爸爸来到准妈妈体内之后，可以存活2~3天，而准妈妈体内的卵子也只可以存活2~3天，所以如果卵子诞生之前，精子已经来到附近，受孕成功率就会很高，如果错过了排卵期，卵子没有遇到精子，就会逐渐萎缩死亡，直到下次排卵期到来。

何时是你的排卵期

在一个月经周期中会有一个卵子发育成熟（月经来潮后的第14天左右），成熟卵泡破裂，卵子会从卵巢排出后进入输卵管，然后在输卵管中存活2～3天，以等待与精子的相遇，这个时期就叫作排卵期。

月经周期法计算排卵期

如果准妈妈的月经周期很准的话，排卵日期一般是在下次月经来潮日倒数第14天，最多不超过16天（有研究证明超过14天说明卵子质量较好）。比如：如果月经周期为28天，那么排卵日就是来月经后的第14天；如果月经周期是35天，那么排卵日就是月经过后的第21天；而如果月经周期只有21天，那么排卵日就是月经后的第7天。

排卵期定为排卵日的前5天与后4天之间，因为卵子可在输卵管中存活2~3天，精子能在女性体内存活2~3天，在排卵日的前后几天同房都可能受孕。

月经周期准的女性，在排卵日（下次月经来潮日倒数第14天）的前5天和后4天同房是比较容易怀上宝宝的。

基础体温测排卵期

基础体温是指人体经过6~8小时的睡眠后醒来，未进行任何活动（包括运动、饮食、情绪变化等改变体温的行为）之前所测量的体温。

正常育龄女性的基础体温会随着月经周期的发生而变化。在正常情况下，女性在排卵前期基础体温会稍有下降，排卵后上升0.3～0.5℃，并维持12～16天，在月经来潮前1～2天或月经来潮第1天体温降至排卵前的水平。下一个月经周期的基础体温又重复上述这种变化。所以，准妈妈要先准备一张记录基础体温的时刻表（时间为一个月经周期），然后准备一支体温计（药店和医院均有出售）。为了提高测量基础体温的正确性，应在每晚临睡前把体温计的水银柱甩到35℃以下，并把它放在床头柜上或枕头边，以便使用时随手可取，因为起床拿体温计，会使基础体温升高，影响测量的精确度。从来月经的当天开始，于每日凌晨起床前，在不说话和不做任何活动的情况下，把体温计放在口腔里5分钟，再把测量到的体温度数记录在体温记录单上。一直记录到下次月经到来之时。

如果基础体温一直处于较低的水平而无上升表现说明没有排卵，此时过性生活不会妊娠。如果基础体温维持高水平达到3周或3周以上，要立即去医院检查以明确有无妊娠。

观察身体的细微变化确定排卵期

准妈妈可以通过一些身体的变化来感知排卵日的来临，比如，当你快要排卵时白带会明显地增多，而且会由之前的浓浊、黏性大变得越来越稀薄、清亮。到排卵前1~2天，阴道会变得越来越湿润，白带不仅增多，而且像鸡蛋清一样清澈、透明，能够拉出很长的丝。这样的情况一般会持续3~5天，预示着此时正处于排卵期。排卵期过后，白带会逐渐减少，同时变得黏稠、浓浊，不再能拉丝。

还有的女性会有排卵期腹痛或下腹坠胀和排卵期出血的症状。为什么会出现这两种症状呢？因为卵子成熟后要从卵巢排出，由于包裹卵子的表面有一层薄薄的卵泡，卵子排出时卵泡破裂液体渗出可能挤压盆腔而引起轻微的疼痛，另外输卵管收缩也可能会引起不适。出血也是因为卵泡破裂、排卵后雌激素水平下降，不能维护子宫内膜的正常生长而发生内膜突破性出血。

使用排卵检测试纸确定排卵期

排卵检测试纸是一种新近发展起来的能确定排卵日期的方法，通过一个简单的尿样检查，就可以提前20~44小时准确检测排卵时间。这种检查方法可以在家里进行，其做法是：从白带开始变多开始或月经周期第10天开始，取晨起尿液，将一个试纸浸入尿液，如果体内促黄体生成素（LH）含量增加，则试纸会变颜色，这就表明即将排卵。

这种方法与基础体温法相比，直接而又简单，而且它是预测性的，在排卵之前就能知道，而基础体温法则是回顾性的，排卵后体温才会升高，这时准妈妈才知道排卵了，因此使用排卵检测试纸能在很大程度上帮助准妈妈进行性交日期和怀孕时机的选择。排卵检测试纸很容易买得到，一般药店或医院都有出售。

去医院做卵泡监测确定排卵期

如果经过各种方法都难以找准排卵日或明明找准了却仍然怀不上，建议准妈妈去医院做卵泡监测。卵泡监测能准确地测试到准妈妈排卵的日期，也能提示准妈妈排出的卵子是否为正常成熟的卵子。

女性月经来潮的首日，卵巢就要开始发育一批卵泡，经过征募、选择，最后一般只有一个卵泡可以发育成熟，其余自动凋亡。卵泡的发育是逐渐增大的，直到下次月经来潮的前14日卵泡破裂，排出卵子。卵泡监测时间一般在月经周期第9~10天，月经周期正常的准妈妈可在第10~11天按药物诱导周期要求提前1~2天监测卵泡发育。

做卵泡监测就是通过超声检查，监测卵泡的大小、数量，一般情况下，自月经周期的第8天起，每2天B超监测1次，当发现卵泡直径达17毫米时，应该改每天监测1次，必要时一天可以监测2次，当卵泡发育成熟直径达20毫米时，即为成熟卵泡了，可以排卵了。一旦监测出排卵就可马上同房，此时受孕成功率非常高。

一般来说，排卵期轻度腹痛或下腹坠胀和排卵期少量出血属正常现象，无须治疗，也并不影响健康和受孕，但如果疼痛严重，或者持续时间较长，特别是非排卵期下腹部也经常出现疼痛，则需要去医院检查是否还有其他病症。

这样做更易受孕

除了排卵期同房可以提高受孕概率外，合适的性生活技巧也能辅助提高受孕概率。

性生活要适度且有规律

有些夫妻想要宝宝时，有意识增加性生活的次数，认为这样可以尽快怀孕，但结果往往适得其反。因为夫妻性生活频率过高，就会导致精液量减少和精子密度降低，使精子活动率和生存率显著下降，精子并没有完全发育成熟，与卵子相会的“后劲”大大减弱，受孕的机会自然降低了。正常的性生活次数应适量，且要有规律，并在双方愉快的情况下进行。

使用双方都舒适的性爱姿势

感觉舒服的性爱姿势可以让人比较放松，或比较容易达到高潮，对受孕有帮助。比如后入位、屈曲位、并排侧卧、骑马体位等，都是对受孕有帮助的性交姿势。总之，夫妻双方较喜欢、较熟悉的性交姿势就是有利于怀孕的最佳性交姿势。

备孕准爸妈在性生活时，不要被怀孕的压力所困扰，在享受性爱的同时受孕才是最佳状态。

女性性高潮能增加受孕概率

性生活的好坏直接影响受孕。性反应越好的女性在性生活后，子宫颈里的精子数目越多，怀孕概率也就越大。女性达到性高潮时，脑垂体会释放催产素进入血液，从而刺激肌肉出现强有力的、有利于把精液吸入子宫的波浪式肌肉收缩，使进入子宫的精液增多。同时，小阴唇充血膨胀致使阴道口变紧，阴道深部皱褶伸展变宽，便于储存精液，子宫颈口也松弛张开，使精子更容易进入。因此，女性性交时若能达到性高潮，能大大提高受孕的概率。

验 孕

最早何时能验出怀孕

一般同房后最快10天可以用早孕试纸检查出是否怀孕，不过，早孕试纸测试法容易因为操作不当而误查，所以为了保险起见，准妈妈到医院做血液人绒毛膜促性腺激素（HCG）检查是最准确的，也是能最早验出怀孕的，比早孕试纸检查能提前3天左右。如果不太心急的话，建议再等一等，月经推迟7~10天时，早孕试纸检测的结果准确率会很高。

生活小常识

很多备孕的妈妈都急切想知道自己有没有备孕成功，同房完第二天就开始验孕，这就太着急了，假如受精成功，体内人绒毛膜促性腺激素（HCG）最快需要6~7天才能产生，所以早孕试纸测试越早准确率越低，越晚准确率越高。

尿液验孕法只用于初步判断

尿液验孕法是通过利用验孕试纸或验孕棒检测尿液中的HCG水平来确定是否怀孕的验孕方法。

尿液验孕法可自己在家中进行，操作快速、简便，私密性高，但是准妈妈在家里做怀孕自我测试，没有任何外界的指导，一般测试结果只有50%~98%的精确率，这可能与是否晨尿、检测时间、尿液浓度等有关系。

所以一般尿液验孕法只用于初步判断，想要知道确切结果以及排除宫外孕等意外情况，最好还是到医院做进一步检查。

生活小常识

医院会有尿液检查和血液检查两种，其中尿液检查与早孕试纸检查原理是一样的，只不过用的设备不一样，医院的设备相对精准度要高很多，结果也可靠很多。

验孕试纸的正确操作方法

操作时间

月经推迟1周后。

操作方法

尽量采用早晨的第一次尿液进行检测，因为这个时候的尿液浓度高，其中的HCG最容易检测出来。如果做不到，可采取在膀胱中保留4个小时的尿液用来检测。

检测时，首先用干净的杯子收集尿液，然后打开验孕剂包，取出试剂水平放置于干燥的地方，用滴管吸一滴尿液滴至测试卡的凹槽中。等候5分钟左右，等测试卡中的尿液完全被吸收之后，取出测试片，就可以知道是否怀孕。

验孕结果怎么看

未怀孕：只出现一条对照线，表示没有怀孕。

怀孕：出现两条线，即对照线和检测线都显色，且检测线明显清晰，表示已经怀孕；如对照线明显清晰而检测线显色很浅，表示可能怀孕，最好隔两天用新的验孕棒采集晨尿重新检测。

无效：5分钟内无对照线出现，表示检测无效或失败。

注意事项

❶ 一定要到正规的药店购买验孕试纸或验孕棒，并保证在有效期内使用。

❷ 开始检测之前要仔细阅读说明书，严格按照上面说明的每个步骤去做。由于一些药物可能影响测试结果，所以一定要仔细阅读说明书。

❸ 不要为了增加尿液而喝过多水，这会降低尿液浓度，使其中的HCG不容易被检出。

❹ 怀孕的结果1分钟左右（最快30秒钟）可以显示出来，未怀孕的结果必须在3分钟（或5分钟）后才能确定。所以，检测时如果不是很快出现两条线，必须等足3分钟（或5分钟）。

生活小常识

验孕结果呈阳性反应（两条线）不一定是正常怀孕，还有可能是异位妊娠或葡萄胎等情况，所以，用尿液验孕法检验出怀孕后仍然有必要去医院进一步检查确定。

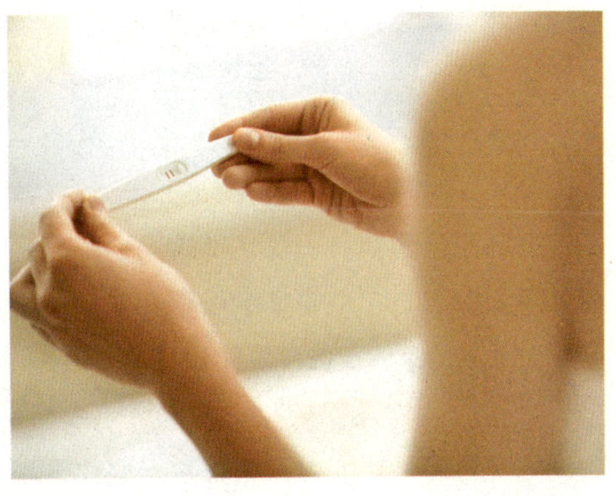

血液验孕法要去医院进行

血液验孕法是通过检测血液中的HCG水平来判断女性有没有怀孕的检测方法，血液验孕法必须到医院才能完成，检测结果的准确率很高，几乎为百分百。

检测时间

性生活后7～10天即可到医院进行血液检验（需要抽血）。一般当天可拿到结果，即使当天结果没出来，第二天也可以拿到结果。

血液验孕需要空腹吗

不需要空腹。

月经没来，检验结果是阴性的

如果月经没来，验孕结果却是阴性的，最好等一周左右再到医院进行一次检测。因为，如果准妈妈体内还没产生足够的HCG，血液中的HCG值就会偏低，怀孕讯息就会比推测的时间出现得晚，等一段时间再进行检测，才能保证检验结果的准确可信。

什么情况下进行血液验孕

如果操作正确，验孕剂能正常发挥作用，尿液验孕的准确率可以接近百分百。由于尿液验孕一般也能得到结果，加上血液检测费用较高，血液验孕通常是在特殊的条件下采用的，例如不育问题或者怀疑出现问题的时候，一般情况下没必要专门进行血液验孕。

验孕结果怎么看

通过血液检测，如果怀孕，HCG水平在开始几周内每隔两天都会翻倍；如果HCG水平没有上升，说明可能没有怀上；如果HCG水平特别高，可能怀的是双胞胎。

生活小常识

不同的医院做血液验孕收费标准不一样，一般收费为几十元到一百元，可根据实际情况进行选择。

最早会有什么身体反应

在等待验孕的日子里，准妈妈会十分好奇，希望知道自己的身体会出现哪些可能的变化，最早的身体反应会是什么呢？

月经延期

怀孕的最早反应为月经延期，假如平时月经比较规律，那么当月经延期10天时应怀疑妊娠。

基础体温居高不下

基础体温是指清晨睡醒后尚未起床时所测得的口腔内的温度，正常妇女的体温一般在36.8～37.1℃，如果月经延期，基础体温也降不下来，也许准妈妈是有喜了。

疲倦

感觉随时都会打瞌睡，有些准妈妈更是在起床后数小时便又倒回床上，继续大睡。而有些准妈妈一到下午已力不从心，需要闭目养神一会儿才能继续工作。

感到恶心、呕吐

一般来说怀孕三十五六天（怀孕的天数是按照末次月经的第一天算起的）才会有妊娠反应，像恶心、呕吐等都是早期怀孕征兆，主要是因为怀孕后激素增加所致。

乳房

怀孕一个月左右，准妈妈的乳房由于受到雌激素和孕激素的刺激，两侧乳房与乳头均会有所变大，不时地发胀伴以轻微的刺痛，以及乳晕的颜色加深。

一些特别的反应

一般女性在怀孕之后都会出现一些比较特别的反应，比如：特别偏爱某类食物，总是觉得喝不够橙汁，特别想要吃某些以前从来不碰的食物，油腻或者烟味会让你觉得不舒服等。

体重不会有太大变化

孕期体重变化主要出现在孕中期和孕晚期，在头三个月里，体重变化并不明显，一般来说，孕早期体重增加1~2千克是正常的，如果体重增加过快，反而需要引起注意。

尿频

怀孕早期由于子宫胀大，压迫膀胱，会造成小便次数增加，这多数在8~12周时表现最明显，但也有的准妈妈在等待验孕的日子里就感到了频繁的尿意，只要尿频并不伴随尿痛、血尿等问题，就属于正常。

Part 2 怀孕

孕1月

胎宝宝身体发育和准妈妈身体变化

胎宝宝身体发育

• 胎宝宝1～2周：胎宝宝还没形成

孕龄是从妈妈末次月经第一天算起的，所以怀孕1～2周时的胎宝宝实际上还不存在，他还是在爸爸体内养精蓄锐的精子和在妈妈体内茁壮成长并正经历竞争的卵子。所以，此时的准爸爸妈妈应该摄入丰富均衡的营养，补益他们，以便使他们更加强壮，达到"精壮卵肥"的佳境，这样孕育出来的宝宝就会更健康。

• 胎宝宝3周：胎宝宝只是一个受精卵

这一个时期，也就是妈妈月经后的第二周，是受孕的黄金期，正在备孕的准妈妈和准爸爸要把握好。可以在这段时间隔天同房或每天同房，以提高受孕的概率。

准爸妈同房受孕成功之后，准爸爸3亿个精子中的一个会幸运地与准妈妈排出的卵子结合，形成一个新的细胞——受精卵，也即孕卵，这时胎宝宝就正式存在了。当然，有时也会有2个或2个以上的精子同时进入卵细胞中，那么很幸运的准妈妈就拥有了一个双胞胎或者多胞胎，需要加倍地吸收营养来滋养宝宝。

• 胎宝宝4周：胎宝宝正式安家落户

这一周，胎宝宝（暂时还是受精卵）会在子宫内"安家"——着床。

受精卵着床一般在受精后6～7天开始，于11～12天完成，也就是说，第4周是受精卵着床的关键期。这个时期胎宝宝的大脑已经开始发育了，在卵子受精后1周，受精卵不断地分裂。此后，胚胎细胞将以惊人的速度分裂，细胞数量急剧增长，并逐步分化成不同的组织和器官。

最激动人心的是，胎宝宝的心脏开始跳动了。

准妈妈身体变化

身体发生轻微改变

由于胎宝宝刚刚开始形成和发育，准妈妈的身体在孕期第1个月不会发生很明显的变化，只有些轻微的外观改变。

❶ **皮肤红润或灰暗。**皮肤的变化因人而

异。有些准妈妈的皮肤变得更加细柔，且焕发妊娠的红光；有些则会在面颊、鼻子、眼部周围出现黄褐斑，外阴、肚脐周围和下腹部皮肤颜色加深，小而红的蜘蛛痣也可能出现在身体的任何地方。

2 **头发和指甲长得快了。**头发和指甲可能会变得比以前任何时候都生长快速。一些以前从未生出过毛发的部位，如腹部、脸部会有毛发长出。

3 **子宫变大。**子宫开始增大、变软，逐渐成为球形，子宫血管变粗，弹性增加，子宫颈变软。最终，子宫容积会比孕前增加一千倍左右。

4 **乳房变大、乳腺增生。**受雌激素的影响，准妈妈的乳房会在受孕后明显增大，乳晕颜色变深，乳腺管和腺泡也会开始增生，为以后哺乳打下基础。

5 **阴道伸展性增强。**阴道黏膜开始变得肥厚、充血，阴道壁组织逐渐变得松软，伸展性逐渐增强。

6 **轻微尿频。**由于新陈代谢加快，肾脏负担加重，准妈妈会发现自己的小便次数增多了，少数准妈妈还会因此发生肾盂肾炎。

7 **胸闷、气短。**由于胎宝宝的发育需要消耗氧气，准妈妈身体对氧气的需要量大大增加，有些准妈妈会在此时感到胸闷、气短、容易疲劳，有些准妈妈则没有感觉。

8 **注意力不集中，情绪不稳定。**怀孕后，准妈妈会觉得精神很难集中，甚至出现健忘、情绪不稳定的情况。如果准妈妈有经前综合征的话，那么怀孕期间情绪不稳定的情况会更加严重，很容易时哭时笑，也很容易对准爸爸无缘无故地发脾气。

体内变化“翻天覆地”

虽然准妈妈感觉不到变化，但在准妈妈体内，多种激素的水平却在逐渐升高。怀孕引发的激素变化会“告诉”身体暂停排卵和月经。

因此，到本孕月的第4周末，月经规律的准妈妈如果没有来月经，那就有可能是怀孕了。

怎样吃才更营养

按时定量补叶酸

补充叶酸可以防止贫血、早产，防止胎宝宝畸形，这对妊娠早期尤为重要，因为早期正是胎宝宝神经器官发育的关键。准妈妈应继续按照孕前的指导，坚持口服叶酸来保证每日所需的叶酸。

此外，还要注意多吃富含叶酸的食物，如深绿色蔬菜（苋菜、菠菜、油菜等），动物的肝脏（鸡肝、猪肝、牛肝等），谷类食物（全麦面粉、大麦、米糠、小麦胚芽、糙米等），豆类、坚果类食品（黄豆及豆制品、绿豆、豆制品、花生、核桃、腰果等），以及新鲜水果（枣、柑橘、橙子、草莓等）。

生活小常识

叶酸一般提倡从计划怀孕开始补充，并一直补到怀孕后三个月，因为叶酸必须每天连续补充400微克，一直补充一个月，体内血液里的浓度才能达到预防神经管疾病发生的目的。当然，整个孕期都坚持补充也是可以的，因为叶酸还可以起到预防贫血等其他作用。

规避日常饮食中的致畸因素

孕期开始后的3～6周，正是胚胎中枢神经系统生长发育的关键时期，也是最易受到致畸因素影响的时期，因此，准妈妈在这一段时间尤其要注意避免致畸物的影响。

1 受铅污染的水

老旧的水管中含有的铅也可能会进入自来水里，所以从自来水管中接饮用水之前，最好先打开水龙头放几分钟水，或者使用自来水过滤器。另外，如果准妈妈家中有热水管道，不要直接喝热水管道里的水，或用热水管道里的水来做饭，最好将凉水烧开。

2 用含铅的餐具盛的食物

如含铅的玻璃制品和含铅釉的瓷器，这些餐具中的铅会慢慢溶解到食物中，准妈妈长期使用的话，就会影响到自身和胎宝宝的健康。

3 含汞的鱼

日常生活中，准妈妈接触汞的最主要途径是吃了受汞污染的鱼类。位于食物链终端的大型鱼体内的汞含量最高，比如剑鱼、金枪鱼，以及一些生活在被酸雨污染的湖泊里的淡水鱼（鲈鱼、鳟鱼、梭子鱼等）。吃以上鱼类，最好每周不超过一次。

4 食物中的弓形虫

弓形虫可通过准妈妈的血液、胎盘、子宫、羊水、阴道等多种途径，使胚胎或胎宝宝感染，引起流产、死胎或心脏畸形、智力低下、耳聋及小头等畸形。弓形虫除了可能隐藏在小动物身上外，也会隐藏在蔬菜、水果表面，生肉类食物中，特别是猪肉、牛肉和羊肉。所以，准妈妈食用蔬菜、水果前一定要清洗干净，最好不要吃未熟的肉，加工生肉后、吃东西前都要洗手，切生肉和内脏的菜板、菜刀，要与切熟肉和蔬菜水果的菜板、菜刀分开。

生活小常识

在做家务时，如果遇到要使用洗涤剂、洗衣液等日用洗化用品，要记着戴上手套，同时避免直接接触有浓烈气味或有严重警示标签的产品，比如炉灶清洁剂、卫生间瓷砖清洗剂等，同时避免接触杀虫剂、杀菌剂。

怀孕后并没有特别多忌口

不少准妈妈都被告知怀孕之后不能吃山楂，不能吃螃蟹，不能吃桂圆、荔枝，还有薏仁、甲鱼等也不能吃，这样一数，孕期需要忌口的食物还不少。大家认为不能吃的原因是认为这些食物会引起流产，其实这些都是以讹传讹，并没有科学根据。

不过，一般建议准妈妈不要吃未熟透的鱼、肉、蛋，因为未完全煮熟的鱼类、肉类、蛋类很有可能带有大量细菌，准妈妈食用之后容易受到感染，进而影响到胎宝宝的健康发育。

其他烧烤、油炸、腌制食品等不健康的

食品，即使是未怀孕的人群，建议也不要过多食用，这类食品吃多了对健康不利。孕期准妈妈本身身体负担较重，过多食用不健康食品可能会加重孕期的不适。

总之，孕期饮食并没有那么多忌口，大部分食品都可以吃，但要注意，未熟透的食品尽量不要吃，不健康的食品不宜过量食用。

生活小常识

孕期不吃生的东西很容易做到，但容易被忽略的还有一些西式点心，例如提拉米苏，其制作中包含不易被发现的生蛋液，因此，一些不经高温烘焙的西式点心也要多注意。另外，不应当抛开剂量谈毒性，不要因为不小心吃了汞含量超标的深海鱼而惶惶不可终日，只吃一两口不会有太大问题，下次注意就可以了。

有助于增强免疫力的吃法

免疫力是指机体抵抗外来侵袭，维护体内环境稳定性的能力。我们每个人都具有免疫力，区别的只是免疫力的高低，比如有的人动不动就感冒、腹泻，或者特别容易疲劳，这些都是免疫力低下的表现。

免疫力的高低跟遗传、饮食、习惯、环境很有关系。只要准妈妈的日常饮食能保证摄入均衡营养，并坚持运动，保证睡眠，免疫力自然就高了。

单从饮食营养方面来说，最重要的就是保持合理的饮食结构，摄入均衡的营养，让每一种营养都各司其职，并协同作用，保持免疫细胞的活力。一份合理的饮食结构，应该包括每天摄取主食约300克，牛奶2杯，蛋、鱼、肉、豆类约200克，新鲜蔬菜约400克，水果200克左右，油脂约20克。

生活小常识

充足的睡眠也是提高免疫力的法宝，正常人平均每天应睡够7.5小时，准妈妈建议睡足8个小时，生活应尽量规律，不要长期挑灯夜战，牺牲自己的健康。

一定要重视早餐

有的准妈妈平时作息不规律，晚睡晚起，没有吃早餐的习惯；有的准妈妈怀孕前就不注重早餐，觉得吃早餐太麻烦，而且由于并不觉得不吃早餐有所不适，于是怀孕后依然不吃早餐，这些认识和习惯都是对身体不利的。

● 早餐对准妈妈来说非常重要

怀孕后，准妈妈的身体负担逐步加大，不仅自身需要及时的营养补充，腹中的胎宝宝也需要从母体处吸收更多的营养来生长发育，准妈妈以为自己不吃早餐没有什么不适，但胎宝宝会在这种长期的不规律的饮食环境中受到伤害。不吃早餐还很容易引起准妈妈低血糖，导致头晕，到了孕晚期直至分娩，准妈妈分娩时需要一定的体力，这都需要前期的营养和能量的储存。因此，准妈妈怀孕后更加要注意早餐质量，不仅要吃早餐，而且还要保证质量。

● 怎样保证早餐的质量

准妈妈的早餐应该吃温热的食物，以保护胃气。可以选用热稀饭、热燕麦片、热奶、热豆花、热面汤等热食，这些都可以起到温胃、养胃的作用，尤其是在寒冷的冬季，这点特别重要。北方的准妈妈还要注意需要改掉早餐吃油条、油饼的习惯，炸油条、油饼使用的明矾含有铝，铝可通过胎盘侵入宝宝大脑，影响宝宝智力发育，因此准妈妈要尽量少吃油条、油饼。

有些准妈妈由于之前没有吃早餐的习惯，在乍一开始吃早餐后，可能会存在些许不适，吃不下早餐，这时可以选择食用一碗杂粮粥、一个水煮蛋，再加上一些清淡小菜，慢慢调整胃口。

有些准妈妈会有晨起恶心的症状，这往往是由空腹造成的，这种情况下，早晨醒来后可以先吃一些含丰富蛋白质、碳水化合物的食物，如温牛奶加苏打饼干，这样可以缓解恶心症状，然后再去洗漱。

生活小常识

一日早餐推荐：牛奶1杯或豆浆1碗，馒头或面包片2片，鸡蛋1个，少量蔬菜，另可适当搭配果酱或蜂蜜，做到营养均衡。

怎样做才更健康

使用手机不妨多用外音

现在人们使用手机的频率越来越高，很多准妈妈都会担心手机会不会影响到胎宝宝发育，目前医学上并没有手机引起胎宝宝异常的说法，因此不必因为使用手机而感到忧虑，不过，手机的确存在一定辐射，使用时不妨多留心。

羊水会减弱来自手机的辐射

有这样一个实验：将手机用保鲜膜包好后放入水中，其通信会受到阻碍，由此可以知道，水可以起到减弱扰乱信号的效果。

胎宝宝在准妈妈子宫里是生活在羊水中的，羊水的主要成分是水，准妈妈或者周围的人在使用手机时，被羊水包裹着的胎宝宝几乎不会受到影响，尤其是在怀孕中后期羊水越来越充足后。所以，平时准妈妈是可以正常使用手机的，不必过分忧虑。

这样使用手机更安心

1. 孕早期是胚胎组织分化、发育的重要时期，也是流产高峰期，准妈妈容易受内外环境的影响，所以为了防止意外，准妈妈可减少手机的使用时间。

② 手机在接通时，产生的辐射比通话时产生的辐射高20倍，所以准妈妈可等手机接通后再放置耳边通话或使用耳机听电话。

③ 当手机在接通阶段，准妈妈可以使用免提功能，用外音通话，因为避免将手机贴近耳朵可以减少80%～90%的辐射量。

生活小常识

虽然用座机打电话的人越来越少，但是用座机打电话比用手机更舒适，并且几乎没有辐射，只是座机需要经常消毒，尤其是使用率高的座机。由于每个人说话时口腔都对着话筒，黏附在电话机上的细菌和病毒可能达480种之多，平时每周使用75%酒精棉球擦拭电话机就可以起到一定的消毒效果。

内衣、内裤须勤换

不管是孕前还是孕后，准妈妈都应当养成勤换内衣、内裤的习惯，尤其是内裤，最好每天都更换，尤其是在细菌容易繁殖的夏天。

● 不可忽视的内裤细菌

世界各国的微生物学家都对此进行过研究，一条脏内裤平均带有0.1克粪便，排泄物中有沙门菌、大肠杆菌等病菌，即使正确清洗、晾晒，上面的细菌也不可能完全被杀死。

1克粪便中含有1 000万个病毒、100万个细菌、1 000个寄生虫包囊和100个虫卵。尽管有的细菌和病毒对人体有利，但大多数细菌和病毒对人是有害的，尤其是当粪便污染水源、食物、餐具和衣物之后，大多数有害微生物都会进入人体，对人造成伤害。

● 内裤需要勤换勤洗

准妈妈怀孕后应该购买几条纯棉透气的内裤，不要再穿孕前穿的非纯棉内裤，并做到每天晚上用清水清洗下身，然后换上干净的内裤。

换下的内裤尽量单独洗，并在清洗时添加专用的消毒液，然后再放在阳光下暴晒消毒。另外，内裤最好单独放置，可以买一些专门的收纳袋，或者装进干净的塑料袋中，以免沾上灰尘和细菌，影响健康。

准妈妈怀孕期间很容易患上霉菌性阴道炎，这时要将穿过的内裤扔掉，消毒后在阳光下暴晒，在炎症发作期间建议穿一次性内裤，可随时丢弃，以免细菌交叉感染。

● 内衣可以按照洗澡频率换洗

内衣可以不必像内裤一样一天一换，根据洗澡的频率来比较合适，孕期洗澡有个体差异，还要看季节。

有条件的情况下，不妨每天一洗，因为怀孕后新陈代谢逐渐增强，汗腺及皮脂腺分泌也比常人旺盛，容易出汗，代谢的细胞脱落得比较多，皮脂腺分泌得也比较多。

如果天气比较冷，可以三四天洗一次；如果夏天太热，也可以每天洗两次。不过，即便天气再冷，也应当尽量每天洗外阴。

生活小常识

卫生巾背后的粘胶，可以让卫生巾牢牢地粘在内裤上，但是这个胶不会因为洗涤完全从内裤上清除，准妈妈不妨准备专门用于孕期穿着的干净内裤，孕前经期则建议穿只用于粘卫生巾的内裤，孕期还应当少用护垫，如果因为外出防漏尿需要，也穿专门用于粘卫生巾的内裤。

看手机、电脑、电视的正确方式

手机、电脑和电视是平时生活与工作必不可少的设备，很容易因为使用不当而造成眼睛疲劳，甚至影响身体健康，使用时应当注意：

❶ 看手机的距离不要太近，要保持20厘米以上，不要在马路上或是行走时低头看手机，每次看手机的时间要有节制，看10分钟左右就要休息。

❷ 看电脑的距离不要太近，最好是50厘米以上，每使用电脑30分钟就应该休息一下，每天不要超过8个小时。

❸ 喜欢长时间看电视的准妈妈要改变一下爱好，看电视时应注意休息，不要过度用眼，还要注意不要距离电视太近，与屏幕之间的距离最好在3米以上。

❹ 使用完手机、电脑、电视后，在睡前应当用清水洗脸洗手，注意个人卫生。

❺ 吃太饱后不要坐下来玩手机或是看电视、电脑，以免使食物积压，可以先出去散散步。

生活小常识

一定要注意养成良好的用眼习惯，平时不要在光线暗弱及阳光直射下看书、写字。不用脏手揉眼，每目视1小时左右，就应该闭目休息一会儿，或远眺一下，以缓解眼睛的疲劳，使眼睛的气血通畅。

住家环境的改善建议

卧室的气氛、通风效果、房间装修等，都会影响到准妈妈的健康，更重要的是关系到体内胎宝宝的健康和生长发育、智力发育，所以需要保持良好的居住环境。

将卧室打扫干净

准妈妈可以选择一间通风效果最好的房间作为自己的卧室，然后将整个屋子清理干净，如果在屋内发现蟑螂应及时将它们全部清除掉，可使用蟑螂药，但必须由家里其他人执行，使用后要保持室内通风，使药物气味完全散尽后准妈妈才能进入。

另外，还有一种螨虫的分泌物能引起过敏性哮喘、过敏性鼻炎和过敏性皮炎等变应性疾病，严重危害准妈妈和胎宝宝的健康。所以，准妈妈一定要将日用品和卫生死角清扫干净，因为地毯、枕巾、浴室中的湿毛巾和屋子角落的灰尘是螨虫栖息的良好场所。还有地毯，最好收起来暂停使用。

处理劣质家具

将屋子彻底打扫干净后，再按你的喜好将家具摆好，劣质的家具中一般含有苯、甲醛、铅、汞等对人体有害的化学物质，会散发出一种刺鼻的味道，严重时会使人产生头晕、恶心、流泪、流涕等症状。如果家中有这类家具，最好不要使用。如果要购买新家具，应尽量购买真正的原木制品。也可在家具外面喷一层密封胶，以防甲醛气体的散发。

搭配喜欢的色彩

另外，不管是家具的颜色还是墙纸的颜色，都最好选择淡而暖的色调。在怀孕后，准妈妈对色彩的反应会变得很敏感，会发现自己尤其偏爱某些颜色，而讨厌另一些颜色。

注意居家温度和湿度

居室的温度最好控制在20～22℃，超过25℃易使人感到烦躁不安、精神不振、头昏脑涨；低于10℃则会使人懒于活动，精神抑郁，不利于胎宝宝生长发育。

居室最适宜的湿度为50%左右。若相对湿度太低，人会口干舌燥、喉痛、流鼻血或便秘等；湿度太高则衣被易发潮，可引起皮肤过敏、肢体关节酸痛、浮肿，甚至还会出现消化功能失调。在空气干燥的秋冬季节，可在室内放一盆水或不时在地上洒点水，也可使用空气加湿器。湿度太高时，可打开门窗通风换气，以散发潮湿气体，并移去室内潮湿的东西。

生活小常识

如果是新装修的房子，要3个月以后才入住，因为装修材料中的有害物质，如甲醛、甲苯、乙苯、氨等，无法在短时间内完全散发掉，会增加胎宝宝先天性畸形、白血病的发病率，为了确保安全，在入住前也可以请专业机构进行甲醛检测。

孕期护肤品重在清洁、保湿

怀孕后皮肤也麻烦多多，变得敏感，容易长痘、干燥或出油。要避免这些问题，最重要的是清洁和保湿，一定要针对自己的皮肤状态选择护肤品，而且要减少护肤流程，护肤品用得越少越好，多让皮肤处在自然呼吸的状态。

准妈妈在怀孕期间可以暂时停止使用以前的那些含化学成分较多的美白祛斑类的美容产品，一些适合孕期使用的护肤品有：

护肤品名称	推荐理由
婴儿油、婴儿霜	婴儿护肤品一般含化学添加剂少，性质温和，刺激性低，具有基础的保湿润肤效果
纯植物护肤品	纯植物护肤品用料比较天然，很少有过敏的情况发生，但市售此类护肤品鱼龙混杂，在购买时一定要用心辨别，选择正规厂家的正规产品
药妆	药妆一般不含防腐剂和香料，比较温和，但洁面产品的清洁力不强，不太适合油性和混合型的肌肤
孕妇专用护肤品	这类护肤品是专门针对孕妇设计的，专业性强，安全无刺激，整个孕期基本上都可以安心使用

生活小常识

比起昂贵的品牌护肤产品，准妈妈也可以选择一些性质温和的自制面膜、手膜、唇膜等来护理肌肤，效果可能更突出。蜂蜜、香蕉、冬瓜、胡萝卜、橄榄油、维生素E等是准妈妈可以放心使用的保湿护肤品，蜂蜜+香蕉+维生素E或橄榄油，蜂蜜+冬瓜+维生素E或橄榄油，胡萝卜+橄榄油等都是最佳搭配，准妈妈可以将少许这些材料搭配好后用榨汁机搅拌成泥状即可使用。

谨慎使用的几种美容护肤品

准妈妈怀孕后要慎用下表中的美容产品：

护肤品名称	禁用理由
美白祛斑霜	这类美容产品中一般都含有铅和汞，长期使用会严重危害人体的神经、消化及泌尿系统
口红、唇彩	口红和唇彩中的羊毛脂具有很强的吸附力，能将空气中的有害物质吸附在嘴唇上。你在喝水、吃东西时容易将这些有害物质带入体内，危害胎宝宝的健康
指甲油	指甲油中含有高浓度的甲醛、苯二甲酸酯、钛酸酯及化学染料等有害的化学物质，很容易穿透你的甲层，进入皮肤及血液，对胎宝宝不利
染发、烫发剂	染发剂大多含有硝基苯、苯胺、铅等有毒的化学物质，冷烫精容易对胎宝宝的神经系统发育造成不良影响
脱毛剂	脱毛剂是化学制品，可能影响胎宝宝健康

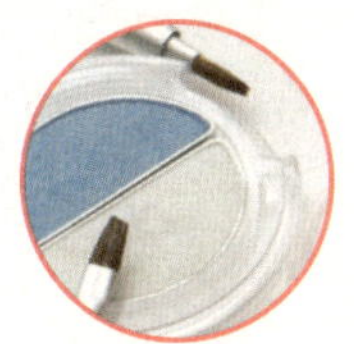

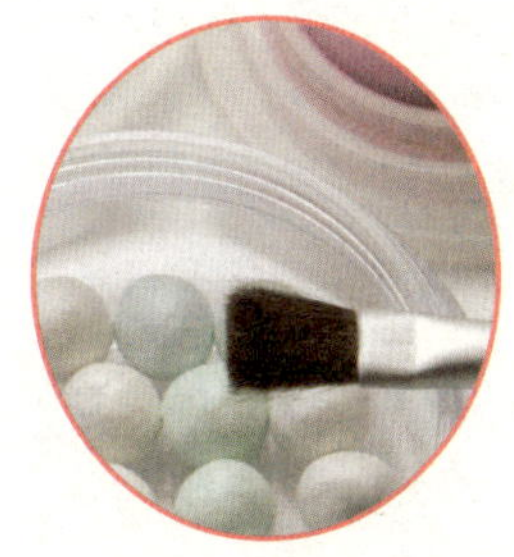

生活小常识

冬天用润唇膏很常见，但是准妈妈建议少用，润唇膏本质上是外用护肤品，各个厂家的选料、配方、制作技术都不同，虽然有些产品标明适合孕妇使用，但实际上大部分唇膏是合剂，成分多样，给判断能否使用该种物品带来较大困难。如果冬天嘴唇干裂，可以选用天然的维生素E或蜂蜜来滋润嘴唇，还可以通过补充花生油等天然植物油来改善嘴唇干裂的症状。

孕期性生活提示

很多准妈妈怀孕后担心进行性生活会引发流产，其实，只要注意一些问题，进行性生活完全没问题，准妈妈不用过于紧张。

孕早期

孕早期胎盘尚未发育成熟，与子宫壁的连接还不紧密，流产风险较大。此时同房要注意次数尽量少，且应避免采取太深入或太压迫腹部的性爱姿势。其实女性阴道最敏感的部位是阴道的前1/3，所以没必要深入。性交时动作要轻柔缓慢，不要过于激烈，以免使子宫受到震动，造成危害。

孕中期

进入孕中期（4～7孕月）后，胎盘已经形成，早孕反应也过去了，准妈妈的身心都进入了相对稳定的时期。因此，孕中期可以说是孕期的最佳性爱时机。不过，进入孕7月后，要适当减少性生活的次数，以免引起宫缩导致早产。

孕晚期

孕晚期腹部膨大得很快，准妈妈往往感到腰痛，性欲减退，所以孕晚期的准妈妈一般都对性生活兴趣不高。

这时期建议夫妻双方以温柔的拥抱和亲吻来表达爱意，如果准妈妈身体感觉良好，没有子宫收缩的不良刺激，也可以有性生活，但是往往都不能再和从前一样持久，动作也相对慢，并且需要准爸爸帮助保持重心稳定。

最好不要过性生活的情况

1. 曾有流产史的准妈妈。在怀孕的前几个月最好禁止性生活，直到流产的危险期过去为止。
2. 有阴道炎或重大内科疾病的准妈妈。在性交时会将病菌传染给胎宝宝，在彻底治愈之前，应禁止性生活。
3. 胎盘异常的准妈妈。如果准妈妈有前置胎盘，或胎盘与子宫连接不紧密时，性交可能会导致流产，应暂时停止性生活，等情况稳定后才可恢复性生活。
4. 子宫异常的准妈妈。如果准妈妈发现自己子宫收缩太频繁，为了避免发生早产，还是要避免性生活，并找医师检查一下。子宫闭锁不全时，随时都有流产的危险，应避免性生活。

给准爸爸的几点提示

1. 在怀孕早期，准妈妈可能会因害喜而性欲减退。因此，如果孕早期准妈妈对性生活没有兴趣的话，准爸爸应该理解，不能勉强，并更好地照顾好准妈妈的身体和情绪。可以选择彼此互慰的方式满足性需求，以免影响夫妻感情。

② 在性生活前，准爸爸一定要将包皮垢及龟头冲洗干净，以避免准妈妈的阴道遭受病原微生物的侵袭，从而诱发宫内感染，危及胎宝宝的生命。

③ 进行性生活时应该使用避孕套，以防精液刺激导致子宫收缩而引起腹痛或流产。

④ 怀孕后准妈妈的乳房非常敏感，对爱抚的反应更加强烈，虽然这种变化对性生活有提升作用，但过分的抚摸、挤压可以引起乳房内部损伤，引起乳腺增生等。因此，准爸爸不要过多地刺激准妈妈敏感的乳房，尤其是在怀孕早期或晚期。

生活小常识

做好个人卫生是任何时候过性生活时都必须注意的，不注意卫生会容易引发细菌感染。手部的卫生往往最容易被忽视，不清洁的手与性器官接触，和性器官一样会导致细菌感染，因此准爸妈都要充分对手掌以及指甲等进行清洗，并且要养成勤剪指甲的习惯。

怀孕日记可以记录什么

写怀孕日记可以加强准妈妈和医生的合作，为医生诊断提供依据，也为自己，为家庭和胎宝宝留下一份珍贵的记录，从怀孕开始，便可以养成写怀孕日记的习惯。

怀孕日记可以记录的内容

怀孕日记除记述准妈妈自己的情感感受之外，还可详细记录妊娠期发生的事情，方便医生询问时作为备查资料，这些事情可以包括：

① 末次月经日期。这一日期可以帮助医生计算预产期，并依此判断胎宝宝生长发育情况。

② 早孕反应。记录早孕反应开始的日期及发生的程度，饮食调理的方法、进食量，以及医生治疗的情况等。

③ 第一次胎动日期。胎动大多开始发生在妊娠18～20周。胎动日期可帮助计算预产期和判断胎宝宝发育情况。还应记录每日胎动计数，以监测胎宝宝发育。

④ 阴道流血。妊娠期出现阴道流血，大多是先兆流产，也可能是异位妊娠等原因。应记录血色、血量及有无其他物质排出。

⑤ 接触放射线等有毒有害物质情况。各种放射线均对胎宝宝不利，如果在孕期做过X线检查或接触过其他放射物质，应记录照射部位、剂量和时间。如果孕期准妈妈曾喷洒过农药，在化学制剂污染严重的环境中工作，也应记录。

⑥ 性交情况。在妊娠期的早期和晚期是不提倡甚至禁止性交的，在孕中期性交次数也不要过频。每次性交应有记录。

⑦ 体重。准妈妈要注意自己的体重变化，一方面供医生参考，一方面可根据体重变化调节饮食。

⑧ 产前检查情况。每次产前检查后，可记录检查情况和日期，记录血压、尿蛋白、血红蛋白检查结果。要记录有无水肿及宫底高度等。

生活小常识

当准妈妈感到心情不佳时，不妨多翻翻怀孕日记，不仅可以转移焦躁的情绪，还能够沉淀准妈妈心中的点滴幸福，过一段时间再来翻看回味无穷，也可以让准爸爸充分了解自己的孕程和想法。

除了散步，怀孕后还可以做这样的运动

散步是孕期最安全、最值得推荐的运动方式，它让准妈妈的心脏和肌肉得到锻炼，并且危险性很小。

如果准妈妈的身体不能承受更多的运动，就每天到外面散散步即可；如果准妈妈身体还不错，在征得医生的建议后，还可以做一些别的运动，适合孕期做的运动还包括：

游泳

这是一项没有碰撞的运动，提供全身性的训练。孕早期浸在水池中尤其是个好选择。不过，入水时要当心：跳水会造成太大的腹部撞击，因此，一定要选择最舒适的方式入水。另外，蛙泳的动作会引起一些准妈妈骨盆肌肉的不适感，蛙泳本身也有可能导致腰痛，应避免。还有游泳的不确定因素较多，危险性较高，建议不会游泳或孕前很少游泳的准妈妈不要轻易尝试。

瑜伽

瑜伽可以让准妈妈保持健康、灵活，而且可以通过沉浸在冥想中得到极大的放松。准妈妈可以参加一个孕期瑜伽训练班来适应日益隆起的腹部。保持姿势的时候要当心，防止拉伤。专家建议准妈妈应该不费力地做每个伸展动作并且不要伸展到最大极限。孕早期过后，应避免做背部弯曲、需要用背部或腹部平躺的动作，跳跃动作和倒转的姿势。

有氧运动

一些准妈妈有规律地去健身房坚持上有氧运动课的习惯，怀孕后也可以坚持下去，直到预产期。不过，去健身房锻炼时一定要与孕前有所区别，大多数专家建议：孕中期应把运动量降低，特别是当准妈妈膝盖或关节疼痛的时候。

比如你非常喜欢踏板操，怀孕后应把踏

板的高度降低，最好不超过10厘米，孕晚期时，则应避免做跳跃或爆发性动作以保护踝部和膝部韧带。

生活小常识

有些小区有专门的健身区域，里面的体育设施不是专门针对孕妇设计的，而且多为铁制器材，容易磕碰到，所以保险起见，不建议准妈妈使用小区里的健身器材锻炼身体。

口腔卫生一定要坚持做

孕期口腔卫生保健需要坚持做下去，准妈妈至少要做到这样几点：

1. 早晚刷牙，每次至少持续3分钟，这样才能彻底有效地清除口腔细菌，对于一些难以清除的部位还可以用漱口水和牙线配合清洁。睡前刷牙，哪怕是在中午的午休前，以避免食物残渣在口内发酵。
2. 饭后及吃水果后漱口（清水或淡盐水都可以）。
3. 采取正确的刷牙方法：牙刷和牙齿呈45°，上下轻刷，在牙齿咬合面前后轻刷，每个刷牙位置至少应该轻刷10次。

生活小常识

很多人都认为漱口水方便又管用，刷完后口腔感觉清凉而干净。实际上，漱口水不提倡天天使用和长期使用。因为口腔里也有多个菌群群落，这些菌群平衡才能有效防治各类口腔疾病的发生。准妈妈使用药用漱口水最好遵医嘱，在口腔炎症治好后最好不要再使用药用漱口水作为日常护理用品，最好的口腔护理还是天天坚持刷牙。

怎样护理才安心

注意月经是否按时来到

如果月经没有如约而至，可能意味着怀孕，这个时候可以先准备市售的早孕试纸，等待月经过期后可以测一测，一般一周左右会有明显的结果，即使操作正确，月经刚刚延期时早孕试纸结果会不明显，之后才会越来越清晰。

由于每位女性的排卵周期不尽相同，有人是28天，有人则是35天以上，若周期较长，则验孕的时间就要往后延。

如果来了月经，但月经比平常来得少，也可作为判别怀孕的可能，若有出血或是茶色分泌物的出现，就要注意，很多准妈妈误以为是下一次月经的来潮。

如果想要确切地得知是否怀孕，需要去妇产科请专科医师检查。医生在初次检查时会问诊。“问诊”对第一次到妇产科检查的女性而言极为重要，如果不主动告知，原本35天一次月经的女性，可能会被医师误以为是28天来一次月经，孕周以及预产期都会因此不准确。

对于月经周期为28天的女性来说，从最后一次月经算起，直到预产期，整个孕期约为280天。女性平时若是35天的月经周期，那么以最后一次月经来潮日算起，预产期要再多加7天（亦即287天）。

生活小常识

没有施行避孕，或有妊娠可能性的准妈妈，无论是否验出怀孕，都要注意药物的服用和X线的照射，在为别的问题看医生时，也一定要事先告知医生妊娠的可能性，注意不可以任意服用市面上所卖的成药。

建档时间不妨先打听一下

建档，就是在医院建立怀孕档案，此后准妈妈的每次产检都会详细记录在案。

建档的作用

❶ 能够更全面地了解准妈妈身体状况和胎宝宝的发育情况，以便更好地应对孕期发生的状况。

❷ 临产时医生会根据档案中的记录和你的身体状况来决定是顺产还是剖宫产，万一有特殊情况也可以在短时间内作出准确的判断。

❸ 分娩后，领取宝宝出生证时也会需要。

何时建档

建档的医院一般是之后产检与分娩的医院，但有时候也会遇到医院不如意，中途想更换的情况，离家最近的正规妇产医院或者综合性医院也是比较合适的选择。

从前是何时产检就何时去建档，但是医院有可能因为资源紧张而不再收人，比如有的医院只收孕8周前的，遇到某一年生宝宝的人很多，这个日期还可能提前，在部分三甲医院，甚至出现怀孕5周就已无法顺利建档的情况。

如果本打算在某家医院产检与分娩，因为不能建档而必须放弃未免闹心，所以建议准妈妈知道怀孕后尽快打听一下医院的情况，确认产检医院后及时咨询有关建档孕周的规定。

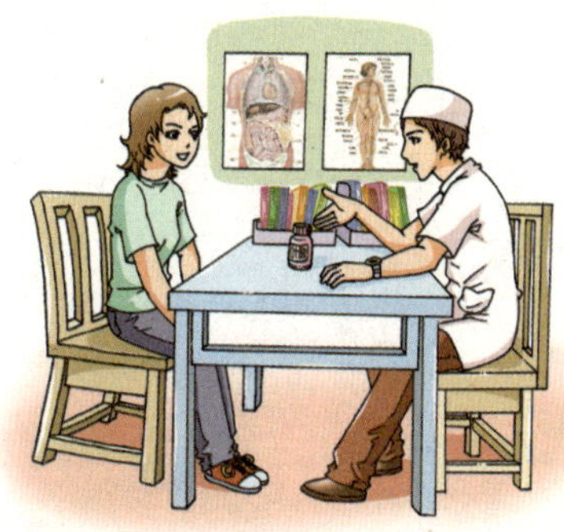

生活小常识

建档时各个医院要求带的证件也有不同，比如有的医院建档需要准生证，有的医院是生完孩子出院时才需要，有的医院可能需要提供在基层卫生服务机构建立的母子健康档案才能建档等，这些都需要事先咨询清楚。

流血、腹痛极少数是异常妊娠

早孕期间出现腹痛、阴道流血，可能是流产、葡萄胎、异位妊娠等异常妊娠的表现，应及时去医院确诊。

流产

孕早期的流产一般发生在孕12周之前，特点是先阴道出血后腹痛。血为鲜红色，如果血液呈现咖啡色，你不用过于担心，咖啡色的血液多表示出血已经停止，所以会氧化成咖啡色，只要多加休息并且避免运动就可以。腹痛则是阵发性的下腹疼痛。

鲜红色的血液对于准妈妈而言是比较不好的，必须立刻到医院做处理；若阴道分泌物呈咖啡色，则建议先去医院，再卧床休息。一般而言，出血情况可以获得改善，但是不论血液呈现咖啡色或鲜红色，都必须让医师知道，才能适时地给予协助。

准妈妈要注意一点，不论血液颜色，只要出现不正常出血现象，一定要根据医生的建议安胎，绝对地卧床休息三天，避免仰卧起坐等会运用到腹部的运动，同时避免憋尿、便秘等会造成腹内压增加的情况。

宫外孕

如果准妈妈怀孕后常有不规则阴道出血，颜色为深褐色，量少，一般不超过月经量，总是不干净，还常出现一侧下腹撕裂样疼痛，这种情况可能是宫外孕，准妈妈要引起重视，赶紧去医院诊断。

葡萄胎

怀葡萄胎的准妈妈首先会有停经、恶心、呕吐等类似早孕反应，但在停经2~4个

月后发生不规则阴道流血，出出停停，最初出血量少，为暗红色，后逐渐增多或继续出血，如仔细检查，有时可在出血中发现水疱状物。可伴有阵发性下腹痛，腹部呈胀痛或钝痛，一般能忍受，常发生于阴道流血前。另外，子宫会比正常妊娠的子宫大但无胎动感，听不到胎心音，通过妇科及B超检查可确诊。

确诊后也不必过分紧张，因为葡萄胎多是良性疾病。不过，良性葡萄胎有10%~25%的可能恶变为侵蚀性葡萄胎而危及生命。所以，一旦确诊为葡萄胎，应立即刮宫，对于年龄大的准妈妈，还应考虑全子宫切除，以防止恶性病变。有葡萄胎孕产史的女性，2年内应采取切实可靠的避孕措施，不能再次怀孕。

生活小常识

很多准妈妈怀孕后十分小心，可仍然会流产，这可能不是人为因素引起的，不必因此感到恐慌，因为孕早期有15%~20%的孕卵发生自然流产，大多不是人为的外界因素造成的，而是胚胎本身有问题，是人类繁衍遵循优胜劣汰的自然规律。

要特别留意感冒

怀孕后抵抗力变弱，多数准妈妈都会被感冒光顾，当然，如果准妈妈在孕前接种过流感疫苗的话，这种概率会小一些。

普通的感冒对胎宝宝的影响不大，但是如果体温长时间持续在39℃左右，就有可能出现畸胎、早产或流产，因此，准妈妈一定要特别留意，尽量别感冒，如果不小心有了轻微的感冒，一周后一般会自愈，这期间一定要做好护理工作：

❶ **勤洗手。** 手会经常接触各种用品或物体，难免被感冒病毒污染。如果不经意中用手接触口、鼻子，感冒病毒就会侵入上呼吸道，从而引起感冒。准妈妈要注意勤洗手，特别是乘坐公交车、地铁，或去了超市、菜市场等人流量较多的地方后要及时洗手。

❷ **经常做搓手动作。** 手上有很多经络及穴位，经常搓手会促进手部的血液循环，从而疏通经络，增强人体的免疫功能，提高抵抗感冒病毒的能力。

❸ **常用盐水漱口。** 每天清晨起床洗漱后，用盐水漱口，再喝半杯白开水，不但可预防感冒，还对齿龈的健康有好处。

❹ **热水泡脚，避免足部着凉。** 每晚用较热的水泡脚15分钟，水量要没过脚面，泡后双脚要发红，如果脚部受凉，身体虚弱，容易受到感冒病毒侵扰。

❺ **经常开窗透气。** 无论天气多寒冷，都必须经常开窗透气，尤其在房间密闭的写字楼办公室内，以免流感病毒传播。

❻ **每天注意收看天气预报，及时按气温变化增减衣物。** 空调房间与外面环境的温差不可过大，以免引起感冒。

❼ **流感流行期间要少去或不去人群密集的公共场所。**

❽ **感冒期间不要擅自服药。** 如果感冒较为严重，可以在医生的指导下合理用药，并注意多喝白开水。

生活小常识

怀孕初期，身体的不适感有点类似月经期，如果不是特别敏感的准妈妈，往往难以区分，通常都没什么感觉，或许在最后几天里，会出现类似感冒的症状：身体疲乏无力、发热、畏寒、嗜睡等，另外乳房可能会像从前月经前后一样胀痛，这些都很难引起异样感觉。

孕2月

胎宝宝身体发育和准妈妈身体变化

胎宝宝身体发育

胎宝宝5周：酷似可爱的小海马

外观：到现在为止，受精卵已经在准妈妈的肚子里住满4周了，此时，小胚胎像颗绿豆大小（8周之前的胎宝宝叫胚胎），虽然只约6毫米长，1克重，但却有个约占了身长一半的大脑袋，还有一条小尾巴，酷似一只可爱的小海马。

三胚层：这个时候是小胚胎重要的“变身”期，它的外胚层会变成神经系统、眼睛的晶体、皮肤表层、毛发和指甲等；中胚层变成肌肉骨骼、结缔组织、循环系统和泌尿系统；内胚层则变成消化系统、呼吸系统的上皮组织和有关的腺体、肝脏、膀胱等。

胎宝宝6周：小胚胎像个蜷缩的“C”

外观：怀孕进入第6周了，小胚胎漂浮在准妈妈充满羊水的子宫中，身体蜷缩成一个“C”字。

肝、肾、心脏等器官形成：初级的肝、肾、心脏等主要器官都已经形成，心脏甚至已经会有规律地跳动了，只是结构和功能还很不完善。神经管开始连接大脑和骨髓。

四肢出现：四肢也开始不规则地出现，医学上称它们为“胚芽”。

胎宝宝7周：胎宝宝已经像一粒豆子了

外观：此时胎宝宝分裂成长仍然很快，到第7周末时，胚胎像一粒蚕豆大小了。

头：此时的胚胎有一个特别大的头。

五官：眼睛位置有两个黑黑的小点，鼻孔开始形成，耳朵的部位明显隆起，还有小舌头也逐渐形成了。

手、腿：手臂和腿开始萌出，手指也是从现在开始发育的。

心脏：心脏在此时会分化出左心房和右心室，心跳每分钟达到150次。

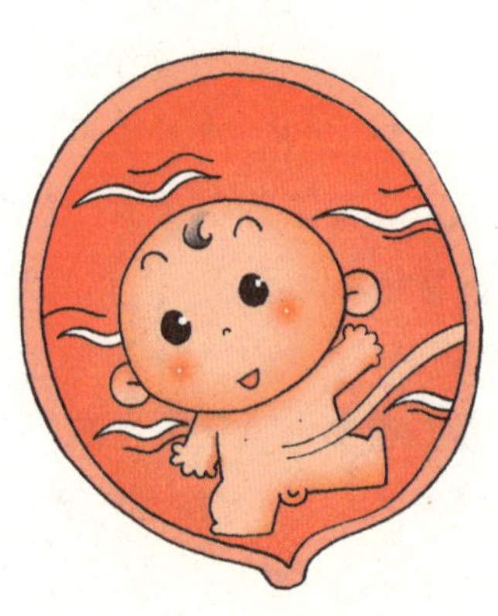

胃和食管：此时胎宝宝的胃和食管正在长成。

● 胎宝宝8周： 胎宝宝初具人形，像颗葡萄

外观：进入第8周，胚胎已经初具人形，个子已经长到了14~20毫米，像一颗葡萄，但是还带着一个小尾巴，这个小尾巴需要再过几周才能消失。

心脏：现在，胚胎的心脏已经发育得非常高级，非常复杂，心脏的上方有少量的弯曲。

五官：胎宝宝眼睑出现了褶痕，鼻子开始倾斜，耳朵也正在成形，牙和腭也开始发育。

手、脚：胳膊在肘部变得弯曲，手、脚还会轻柔地动，在羊水中进行类似游泳的运动。

准妈妈身体变化

● 早孕反应逐渐明显

怀孕的第2个月，大部分准妈妈早孕反应逐渐明显。约半数准妈妈在停止月经6周左右会出现低烧、头晕、乏力、嗜睡、流涎、食欲不振、喜食酸物、厌恶油腻、恶心、晨起呕吐等，这就是“早孕反应”，在第8~10周反应最重。

● 子宫开始慢慢膨胀长大

准妈妈虽然外观上仍然看不出什么变化，不过子宫已经开始慢慢膨胀长大，从孕前的5厘米左右，增大到拳头大小了。

● 乳房变敏感

细心的准妈妈可能还会发现乳房变敏感，有胀痛、乳头触痛等，这在初次怀孕的准妈妈身上表现得会更明显，这是乳房正在为以后的哺乳做准备。

● 尿频日益明显

由于子宫压迫膀胱以及孕期内分泌变化，大部分准妈妈会出现尿频症状且日益明显，部分准妈妈还会有身体发热的感觉，这是正常的妊娠反应。

怎样吃才更营养

爱吃酸、辣时，这样挑食物

准妈妈怀孕后会出现择食的现象，会突然爱吃酸的东西或辣的东西，这些都是正常现象，无须过分在意。

为什么会突然有口味改变

怀孕后，胎盘分泌的某些物质有抑制胃酸分泌的作用，影响胃肠的消化吸收功能，从而使准妈妈产生恶心欲呕、食欲下降等症状。酸味食物可刺激胃液分泌，促进胃肠蠕动，改善孕期内分泌变化带来的食欲下降、呕吐以及消化功能不佳的状况。

还有些准妈妈会在怀孕之后偏爱吃辣味食物，这也是准妈妈在孕期的生理变化所导致的。这种口味喜好的转变，可以刺激准妈妈对食物的进食欲望，让孕期的准妈妈有个更好的进食胃口，保证对营养的摄入量。

喜欢吃酸、辣时，可以这样挑食物

如果喜欢吃酸性食物，最好选用一些带酸味的新鲜瓜果，这类食物含有丰富的维生素C，维生素C可以增强身体的抵抗力，促进胎宝宝正常生长发育，如番茄、青苹果、橘子、草莓、酸枣、话梅、葡萄、樱桃、杨梅、石榴等都是不错的选择。还可以多喝一些酸奶，酸奶富含钙、优质蛋白质、多种维生素和碳水化合物，还能帮助人体吸收营养，排泄有毒物质，不但营养价值高，而且对厌食症状有一定的治疗作用。

准妈妈要尽量少吃米醋、酸酒、腌制酸菜以及酸性较大的刺激性食物。另外，山楂或山楂片有刺激子宫收缩的成分，可能会引发流产，不要多吃。

如果是变得喜吃辣，要特别注意食物的选择，而且要比酸味食物更加适量，微辣的食物，比如青椒、红椒、大蒜是首选，那些特别辛辣的食物一定要少吃，否则不但会影响肠胃消化功能，还会加重孕期便秘。

生活小常识

其实“酸儿辣女”的说法是没有科学根据的，在受孕的那一刻，胎宝宝的性别已经由精子中的性染色体决定了。爸爸的精子所携带的性染色体有两种，一种是携带X染色体，另一种携带Y染色体。受精时，携带X染色体的精子与卵子结合，宝宝就是女孩；若携带Y染色体的精子与卵子结合，宝宝就是男孩，所以，生男生女可以说完全是随机的。

害喜不至于影响胎宝宝发育

对绝大多数的准妈妈和胎宝宝来说，孕吐都不会产生什么后遗症，除非孕吐太严重，否则准妈妈不必太担心胎宝宝会营养不良的问题。

因为胎宝宝需要大量营养是在孕28～36周，此时体重增长最快，而怀孕初期，胚胎主要处在细胞分化阶段，准妈妈并不需要额外增加热量的摄取，只要体重没有减轻太多，或出现脱水、电解质不平衡或酮酸中毒的现象，就不必担心会影响到胎宝宝的生长。

生活小常识

有许多经验表明，预先认定自己一定会害喜的话，那么多半会因为看到别人孕吐自己就恶心起来，或者想到会孕吐就真的呕吐了，尤其是在坐车或者坐船的时候，无论你是否害喜了，都不要暗示自己“我要呕吐了”，也有一些准妈妈一直到分娩都不觉得有孕吐反应的。

孕吐时不妨试试这些吃饭窍门

在孕吐期间，正餐吃不下或者吃得很少的情况很常见，这时要考虑改变进食方式，试试这样一些技巧或许有用：

一定要吃早餐

孕吐期的准妈妈大部分都会有晨起恶心的症状，这多是由于很长一段时间没有吃东西导致体内血糖含量降低造成的，因此，准妈妈早晨起床之前应该先吃点含蛋白质、碳水化合物的食物，如温牛奶加苏打饼干，再去洗漱，就会缓解症状。

此外，清晨不要太着急起床，起床太猛了会加重反胃的情况。

少量多餐，干稀搭配

准妈妈的进食方法以少食多餐为好。每2~3小时进食一次，一天5～6餐，甚至可以想吃就吃。恶心时吃干的，不恶心时吃稀汤。进食后万一呕吐，可做做深呼吸动作，或听听音乐、散散步，再继续进食。晚上反应较轻时，食量宜增加，食物要多样化，必要时睡前可适量加餐。

水果入菜，增加食欲

呕吐剧烈时可以尝试用水果入菜，如利用柠檬、脐橙、菠萝等做材料来烹煮食物的方法，来增加食欲；也可食用少量的醋来增添菜色美味；还可以试一试酸梅汤、橙汁、甘蔗汁等来缓解妊娠的不适。

生活小常识

剧烈而持续性的呕吐（表现为全身困倦无力，消瘦、脱水、少尿甚至酮症酸中毒等危重病症），对母子健康影响很大，应及时请医生治疗。还有一种情况需要引起注意：虽然吃得多，人却越来越瘦了，这可能不单纯是孕吐造成的，需要咨询一下医生。

食，如果准妈妈由于食量、习惯等，仍难以获得满足胎宝宝生长及自身健康的诸多营养素，尤其是钙、铁等，可以在医生指导下把所需的牛奶换成孕妇奶粉，来弥补营养不足的情况。

但是最好不要将孕妇奶粉和牛奶一起喝，因为孕妇奶粉是在牛奶的基础上，再进一步添加孕期所需要的营养成分，包括叶酸、铁质、钙质、DHA等，如果准妈妈又喝普通牛奶，又喝孕妇奶粉，反而会增加肾脏的负担，对健康不利。

孕妇奶粉不应作为孕期标配

孕妇奶粉是各种专门为准妈妈准备的一种奶粉，它在牛奶的基础上，特别添加了叶酸、钙、铁、DHA等各种孕期所需要的营养成分。

● 孕早期还不必喝孕妇奶粉

准妈妈孕早期可以不用喝孕妇奶粉，到了妊娠中、晚期可以将牛奶换成孕妇奶粉，以保障充足的营养。

孕早期胚胎较小，生长比较缓慢，准妈妈所需热能和营养素基本上与孕前相同。并且怀孕后，准妈妈会比较注意饮食营养，而早期所需的营养又和普通人一样，所以在孕早期不需要马上食用孕妇奶粉，再加上早孕反应，准妈妈可能也喝不下孕妇奶粉。

● 并非每个准妈妈都需要喝孕妇奶粉

到了妊娠中期，随着恶心、呕吐等不适慢慢减退、消失，准妈妈的胃口越来越好，胎宝宝所需的营养也越来越多了，即便均衡饮

生活小常识

孕妇奶粉一般都偏甜，有糖尿病的准妈妈慎选，吃孕妇奶粉还需要有节制，否则很容易发胖。另外，孕妇奶粉的口味通常难以被接受，建议先买试用装或者小剂量装。

喝奶是补钙的良好途径

胎宝宝的骨骼和牙齿在孕2月就开始钙化了，到第8个月后突然加速，准妈妈最迟需在怀孕第2个月时开始补钙，并注意整个孕期都要补充足量的钙质。

孕早期准妈妈每天需要800毫克的钙，孕中期每天需要1 200毫克的钙，孕晚期及哺乳期每天需要1 500毫克钙才能满足需要。

喝奶是最简便的补钙方法，准妈妈孕早期最好每天喝250～500毫升奶，孕中期每天喝

500～750毫升牛奶，孕晚期每天喝750～1 000毫升奶。在一天24小时中，血钙水平会变动，半夜2～3点钟是最低的。准妈妈临睡前要喝一次奶，保证夜间血钙稳定，预防抽筋。

我们常吃的日常食品也是补钙的好帮手，如：

鸡蛋、豆腐含钙丰富，口感又软又嫩；

鱼肉、虾皮虾肉等含钙丰富，还可促进胎宝宝大脑的发育；

鲜奶及酸奶、奶酪等奶制品含钙丰富，易于吸收；

花椰菜、甘蓝、西蓝花、荠菜等深绿有叶蔬菜含钙很多；

大豆、菜豆、芸豆等豆类可以同时补充钙和蛋白质；

海带、木耳、紫菜、芝麻等含钙量远高于一般食品。

生活小常识

准妈妈补钙的同时还应多做户外活动，多晒太阳，以利于钙的吸收利用。

口腔异味与食物的关系

准妈妈口腔有异味的主要原因是胃肠功能减弱，导致食物在胃肠道内滞留时间过长，食物异常发酵引起。

一般来说，此种现象最容易发生在怀孕第6周到第3~4个月，之后因为激素分泌逐渐减少，情况会有明显的改善，当然也会因人而异。

如果想要预防和改善口腔异味，准妈妈可以这样做：

1 **时常漱口、喝水。**你可以时常漱口，将口中的坏气味去除。另外，上火也会引起口腔异味，这时你可以准备一些降火的饮料，或茶水、果汁等，以除去口腔中的异味。

2 **清洁舌苔。**当嘴巴出现异味时，在刷牙后可以顺便清洁一下舌苔，并彻底清除残留在舌头上的食物，这样有助于消除口腔内的异味，并可恢复舌头味蕾对于味道的正确感觉，而不至于对食物口味越吃越重。

3 **避免食用辛辣、生冷食物。**为了顾及你口味的改变和爱好，各式酸、甜、苦、辣的食物，孕期都可以酌量食用，但应避免食用过于辛辣的食物，以免令肠胃无法负荷。

生活小常识

孕期口腔异味也可能是牙龈炎症引起的，或上呼吸道、支气管、肺部发生感染也可引起口腔异味，而患有糖尿病，肝或肾有问题的准妈妈，也会有口味改变的问题。如果准妈妈有特殊疾病史，或发生口气及味觉显著改变的情形，最好去医院请医生诊断鉴别。

怎样做才更健康

仍然可以快乐地做家务

为了肚子里胎宝宝的健康安全，准妈妈一怀孕便被家人悉心呵护着，什么家务活也不让做，其实，孕期并不是什么事都不能做的，相反，准妈妈在妊娠期间适当地做些家务活，对母子的健康都是有益的。

● 孕期适当做家务益处多多

1 适宜的家务劳动可增加准妈妈的活动量，防治孕期最容易出现的便秘，既能增进准妈妈的食欲，又可改善准妈妈的睡眠，同时，适当的家务活动还有助于预防发胖。

2 适度的家务劳动还能增强准妈妈体质，提高免疫功能，有效地防止多种疾病的发生，这不仅有利于准妈妈的健康，对体内胎宝宝的顺利发育也是非常有益的。

● 孕期做家务需要注意的事情

1 做饭。尽量不用手直接浸入冷水中，以免受寒引起宫缩。早孕反应较重时，不要到厨房里去，因油烟和其他气味可加重恶心、呕吐。另外，清洁剂中的化学剂，对准妈妈和胎宝宝有严重影响。研究表明，在怀孕早期，洗涤剂中的某些化学物质还有致畸的危险。准妈妈应注意自我保护，尽量减少接触化学品的机会。使用清洁用品时戴上橡胶手套。

2 打扫卫生。做一般的擦、抹家具，扫地、拖地等家务是可以的，但不能登高，不能搬抬笨重家具，更不可以蹲着压迫肚子，同样应避免直接接触冷水。

3 洗衣服。不要使用冷水，不宜用洗衣粉，更不可用搓板顶着腹部，以免胎宝宝受压。晾晒衣服时不要向上伸腰，晾衣绳可放置得低一些。

4 购物。出去购物对准妈妈有许多好处，比如可以使准妈妈心胸开阔，也可以锻炼身体，因为购物走路相当于散步。但也要注意，行走时间不宜过长，速度不宜快，不要穿高跟鞋；购物不宜过多，不能太重，一般不超过5千克为宜；避免在人流高峰时间去挤公共汽车，不宜到人群过于拥挤的市场去。另外，在寒潮、大风等天气时不宜外出。特别是在流感和其他传染病流行时，不要到人群密集的地方去。

生活小常识

准爸爸要多考虑某些家务活是否会要求使用到腰腹部力量，主动承担这类家务，做好后勤工作，有时间的时候更应该多做点，以免准妈妈过于劳累。

布置软硬适中的睡床

准妈妈孕期既不宜睡太软的席梦思，也不宜睡硬板床。

虽然席梦思床柔软舒适，但会让人感觉更疲劳，且由于腹部增大，容易造成慢性腰肌劳损，而且太软的床还不易翻身，对准妈妈和胎宝宝均不利。

睡硬板床也不妥当，因为床太硬会使准妈妈缺乏对身体的缓冲力，从而转侧过频，多梦易醒。

建议将卧室的床布置成棕垫，也可以在硬床上铺9厘米厚的棉垫，或者选用质量上乘的席梦思，软硬适度，才不至于使人感到太难受。

生活小常识

准妈妈的床上用品最好都是棉制品，不宜使用化纤混纺织物作被套及床单，需要注意的是，冬天最好不要睡电热毯，以防伤害胎宝宝。

每天睡个小午觉好处多多

准妈妈的睡眠时间应比平常多一些，如平常习惯睡8小时，妊娠期以睡到9小时左右为好，增加的这一个小时的睡眠时间最好加在午睡上。

即使在春、秋、冬季，也要在午饭后稍过一会儿躺下舒舒服服地睡个午觉，睡午觉主要是可以使准妈妈神经放松，消除劳累，

恢复活力，对胎宝宝的成长发育有益。

午睡时间长短可因人而异，因时而异，半个小时到一个小时，甚至再长一点均可，总之以休息好为主，平常劳累时，也可以躺下休息一会儿。

有工作的准妈妈如果睡不了午觉，晚上要多睡一会儿，白天在工作岗位上也不要太疲劳。

生活小常识

午睡时，要脱下鞋子，把双脚架在一个坐垫上，抬高双腿，然后全身放松，特别是感到消化不良或血液循环不好时，可以任意选择舒适的睡姿。

暂时收起身上的首饰

怀孕后需要放弃一些美丽的装饰品，尤其是首饰，如戒指、手镯、金属项链等，这是为了健康与安全着想。

手指、胳膊会因为怀孕变粗

怀孕期间，准妈妈体内新陈代谢改变，

手指、胳膊、下肢等都会相应变粗、变大，如果一些戒指、手镯怀孕时不取下来，等到手指、手臂在不知不觉中变粗、变大时，再想取下来就很困难了。

孕期手指变粗后，戒指太紧了会影响肢体血液循环，而手镯也会发生同样的问题，由于肢体变粗，原先可以活动自如的手镯勒住腕部无法拿掉，也会给待产带来许多不必要的麻烦，如妨碍输液、静脉穿刺等。

金属饰品可能造成皮肤过敏

像项链之类的金属饰品也需取下，夏天佩戴金属项链，由于汗渍等容易造成皮肤过敏，会给准妈妈带来不能预期的麻烦。

另外，还需注意一些特殊材料制成的首饰，如坊间流行的磁石和锗粒，以及其他声称有磁疗作用的首饰，因材制采用带有辐射的金属或矿石，虽然经过加工处理，正常人佩戴没多大影响，但是胎宝宝是很敏感的，准妈妈最好不要佩戴。

生活小常识

戒指、镯子等定了形的首饰戴得时间长了可能会难以取下，可以用肥皂水润滑帮助取出。

孕期并非要穿平底鞋

几乎所有怀孕的准妈妈都知道怀孕后不应该再穿高跟鞋了，于是就将高跟鞋全部换成平底鞋，其实这是有些矫枉过正了。

不管是孕早期还是孕中、晚期，准妈妈确实都应该避免穿高跟鞋，孕早期避免穿高跟鞋是为了防止不小心磕绊摔倒，而引发流产；孕中、晚期避免穿高跟鞋是因为在孕中、晚期，腹部增大，身体重心向前移了，而上身微向后仰，整个脊椎不能像平时那样保持稳定，高跟鞋会加重这种不稳定，而使准妈妈感觉吃力。

可是，不穿高跟鞋并不意味着要穿平底鞋，而应该穿有2厘米左右厚鞋跟的平跟鞋，这是由人足部的构造来决定的。

人的足部并不是扁平的，足心带有足弓，穿平底鞋就会使重心向后，使人有向后仰的感觉。怀孕后上身已经向后仰，这样一来就会感觉很不稳定，如果穿上平底鞋，走路时产生的震动会直接传到脚跟，产生足跟痛。

所以，建议准妈妈穿有2厘米左右厚鞋跟的鞋子，这种高度的鞋底造型也正好符合正常人的足弓，可使脚掌受力均匀，准妈妈无论是站立还是行走都不会感到很累。

生活小常识

无论怀孕的什么阶段，都不要穿易打滑的鞋，也不要穿不跟脚的拖鞋或凉鞋。另外，由于脚部水肿的可能性很大，所以鞋子需要稍稍宽松，不宜挤脚，并且尽量购买正规厂家生产的好品质鞋子，保证鞋的整体舒适感。

常常给屋子通风换气

屋子经常通风换气，呼吸点新鲜空气，对胎宝宝和准妈妈都十分有利。

室内空气污染的程度远远超过室外，尤其是在密不通风的房间里，准妈妈很快就会感到全身不适，出现头晕、出汗、咽干舌燥、胸闷欲吐等症状。

室内空气如果能保持流通，新鲜空气就会流动起来，空气中的细菌会减少许多。通常人容易得病，尤其易感冒等都与空气中细菌过量有关，空气中细菌含量稀薄，人就不容易得病。怀孕后准妈妈身体抵抗力会变得比较脆弱，因此，保持新鲜空气对准妈妈是十分必要的。

生活小常识

在雾霾天气，屋子不宜开窗，有条件的家庭可以购买静音的空气净化器。此外，在室内摆放一些适宜的绿色植物也有利于改善空气质量，如仙人掌、吊兰、龙骨、常青藤、芦荟等。

怎样护理才安心

建档的一般流程

建档（有的地方也叫建卡或建册）是指准妈妈在孕早期建立孕产妇保健手册，并在医疗保健机构进行系统的检查，同时发给准妈妈一本《孕产妇保健手册》，以后每次产检都要携带，用以记录整个孕期、分娩期、产褥期及产后42天母婴健康检查情况，相当于一个孕期档案。

建档的流程每个医院会有所不同，但是大同小异，大致是：

1 挂号，向工作人员说明自己要建档。

2 到妇产科门诊，说明自己是来建档的，并按照医护人员要求提供相关的资料。

3 资料准备妥当后，医生会发一本保健手册，同时对准妈妈进行一次全面的健康检查，包括询问基本情况、病史、测量基础血压、基础体重及开具产检化验单等。

4 将产检化验单拿去划价、打单，然后到相关部门配合化验，取得结果。

5 将化验结果拿到产检医生那里，由医生对准妈妈的情况和胎宝宝的情况作出评估，同时提供孕期指导与建议，并将检查结果记录在保健手册上。

第一次产检时间与项目

在确定怀孕后，准妈妈应尽快去医院进行检查，最迟不要超过怀孕第3个月，以便准确估计怀孕的时间，并建议孕期保健档案（手册或卡片）。

第一次产检项目

例行项目： 体重、身高、血压、宫高、腹围、四肢浮肿情况、胎心。

特殊项目： 尿常规、血液检查（验血）、阴道检查、心电图、颈后透明带扫描（NT，检测胎宝宝唐氏综合征，怀孕11～13周进行）、绒毛活检（检测胎宝宝唐氏综合征，怀孕11～13周进行）。

验血项目： 血常规、凝血功能、血型（ABO、Rh）、甲乙丙肝抗体、艾滋病抗体、梅毒抗体、肝功能、风疹病毒、弓形虫抗体、巨细胞病毒等。

有以下情形的准妈妈，除了做常规产检以外，还需要进行相关的产前咨询：

1 对胎宝宝的生长发育有任何疑问或发现任何异常现象。

2 高龄准妈妈，即35岁以上的准妈妈。

3 曾有过病毒感染、弓形体感染，或接受大剂量放射线照射、接触有毒有害农药或化学物质、长期服药等情况的准妈妈。

4 已生育过先天愚型儿或其他染色体异常儿的准妈妈。

5 有糖尿病、甲状腺功能低下，患有肝炎、肾炎等疾病的准妈妈。

生活小常识

产检前一天晚上要休息好，第二天才有体力排队等待，把想要向医生咨询的问题提前列在纸上，以免遗忘。带上背包、笔、卫生纸和小点心，这些都会有用的。另外，准妈妈第一次去医院检查，一定要空腹以便采血。同时建议准妈妈穿易于穿脱的衣物，并带好社会保障卡。

初次产检医生会了解的事情

产检时，医生一般会针对性地询问一些问题，准妈妈最好事先了解一下并做好准备，以使产检进行得更加顺利。以下几个问题是医生比较常问的问题：

1 孕妇的一般情况：年龄，孕次（第几次妊娠），产次（曾经分娩过几次），月经初

潮，月经周期，月经量，末次月经，前次月经。

2 有没有“害喜”的情况出现，如果有的话，大概是什么时候。

3 是否接触有毒有害物，如：汞、铅、苯。

4 以前有没有生产过？如果有的话，以前怀孕的时候有没有出现过什么问题？

5 对药物有没有过敏史？

6 现在是不是正患有某种疾病，还在治疗当中？

7 过去是否患有严重疾病，如：肝炎，结核，心，肺，肾，脑疾病，高血压，糖尿病等，是否做过手术。

8 家族中有无遗传病史、双胎史、肿瘤病史。

生活小常识

在回答医生的问诊时，尽量不要隐瞒情况，完整的信息能帮助医生对自己的情况作出准确的判断。

整个孕期的产检安排

整个孕期的产检安排，一般在怀孕12周左右检查1次，然后13～28周每月检查1次，29～36周就要每半月检查1次了，36周以后至分娩每周检查1次。

在整个妊娠过程中，进行孕期检查的具体时间可参考下表：

检查时间段	检查次数	检查目的
孕12周左右	检查1次	以及时识别早孕症状，尽早开始保健
孕13～28周	每月检查1次	以及时筛选高危妊娠，发现有高危因素应酌情增加检查次数，并给予必要的纠正治疗
孕29～36周	每半月检查1次	以及时发现影响正常分娩的各种因素及妊娠期并发症
孕36周以后至分娩	每周检查1次	以密切观察准妈妈和胎宝宝的情况，以便更好地为生产做好准备

生活小常识

如果因特殊情况延迟了去医院检查的时间，则应向医生说明在没有检查期间所发生的一切情况，如有无腹痛、阴道出血、发烧、有毒物质接触、头痛、头晕、眼花等，有无胎动异常、阴道流液等。

并非每个准妈妈都会遇上“害喜”

在医学界，孕吐的大名叫作“NVP”，意思是指怀孕期间(Pregnancy)的恶心(Nausea)和呕吐(Vomiting)现象，它一般突然出现于妊娠第5或第6周，又在妊娠3个月后突然消失。

妊娠剧吐主要与三个方面有关：

1. 准妈妈体内激素迅速升高。
2. 孕期嗅觉变得更灵敏。
3. 准妈妈肠胃变得脆弱敏感。

不过，孕吐反应因人而异，对于某些准妈妈来说，她们的孕吐反应是几乎没有或者反应很小，这就极有可能是由于准妈妈体内的孕激素水平偏低造成的。

如果本身就是过敏体质的人，在孕期产生孕吐现象的可能也会偏大，也有很多准妈妈本来身体素质较好，孕期的孕吐反应也不明显，大大咧咧地度过了孕期。

无论是否遇上“害喜”，只要没有出现见红、疼痛难忍的症状，基本就不属于胎宝宝的问题，只要按时产检，然后放松身心，注意休息和饮食就可以了。

生活小常识

研究报告指出，剧烈孕吐和遗传可能有关，妈妈如果怀孕时妊娠反应强烈，女儿后来怀孕时也出现这一症状的可能性是一般人的3倍。

孕吐不是病

不管怀孕后为什么会引起孕吐，准妈妈要相信，一般的孕吐不是病，也不需要求医，不会对胎宝宝及自身的健康造成危害。

缓解孕吐不适，准妈妈可以多试试这样做：

❶ 保持心情轻松，心情愉快了，才有信心度过怀孕初期的反应期。

❷ 保持适量活动，整日卧床只能加重孕吐反应，轻缓的散步、做孕妇保健操等都可减轻孕吐反应，尤其是饭后应该避免平躺，以免胃酸逆流造成恶心感。

❸ 注意饮食，少食多餐。多吃富含碳水化合物(如苏打饼干)及蛋白质的食物，避免油腻、辛辣；多喝水，多吃一些应季的蔬菜水果，防止便秘(便秘可加重孕吐反应)。

❹ 有几种食物是过来人特别推崇的，你不妨试试看：

一般早晨起床后最容易感到恶心，起床后可以先吃一些苏打饼干、馒头或是面包。

如果医生允许，可服用维生素B_6，以每月50毫克的剂量为上限，可有效改善恶心感。

喝姜汤，吃姜糖，嚼话梅，这些都是传统的可用于治疗恶心呕吐的食物。

生活小常识

民间有“妊娠反应越大孩子越健康”的说法，这不是一定的，与妊娠反应有关的激素可能促进胎宝宝大脑发育，但如果孕吐反应特别严重，呈持续性呕吐，甚至不能进食、进水，呕吐物除食物外，还有黏液性泡沫，也可能有胆汁或血性物，这种情况必须及时去医院就诊，排除危险情况。

眼睛可能容易干涩、敏感

怀孕期间，胎盘激素会使准妈妈的眼角膜干燥和更敏感，会产生眼睛有异物感和比平时敏感、充血或产生较多的黏性分泌物，这些变化会让准妈妈经常性地感觉到眼睛干干的，不舒服。

孕期眼睛干涩可以使用眼药水，不过在选购眼药水的时候要谨慎，不要选择含氯霉素、四环素的眼药水，可以在医生的指导下选择红霉素类眼药水，这类眼药水相对比较安全。

除了使用眼药水缓解眼睛的干涩，平时做好护眼措施也是很重要的：

❶ 减少用眼时间，如减少阅读、看电视及使用电脑的时间，如必须用眼，中途休息，多看远方。

❷ 经常洗手，不要用手揉眼睛，减少眼角膜刮伤及感染。

③ 加强防晒，因为阳光不仅会加速孕斑的产生，也会伤害眼球，出门不妨佩戴太阳镜。

④ 尽量不要熬夜、日夜颠倒。

⑤ 吹空调时放一杯水在身边，以避免室内过度干燥。

⑥ 不要在干热的室外待太久。

⑦ 减少吹风机的使用。

⑧ 禁止抽烟，可以减少干眼症的不适感。

⑨ 热敷眼睛，每天3～4次，每次5～10分钟，注意眼睑边缘的清洁。

生活小常识

按压眼球法可以帮助缓解眼睛疲劳，准妈妈可以试试做：闭着眼睛，用食指、中指、无名指的指端轻轻地按压眼球，也可以旋转轻揉。不可持续太久或用力揉压，20秒左右就停止。

牙出血常出现于孕早、晚期

许多准妈妈都有这样的烦恼，平时口腔没什么毛病，但怀孕2个月以后，每天早晨刷牙时牙齿都会出血，照镜子看看，原本是淡粉色的牙龈开始变成暗红甚至紫红，还有轻微的肿胀感，这是很普遍的，也是正常的生理现象。这是由于准妈妈体内雌激素、黄体酮、绒毛膜促性腺激素分泌较多造成的，一般到分娩后才逐渐恢复到正常水平。

孕期牙龈炎有两个高潮期，一个是孕早期的前3个月，另一个是在怀孕的最后3个月。准妈妈若出现了牙齿疼痛，不可强忍着，应去医院进行保守治疗，否则会给母子健康带来危害。

孕期牙病的治疗

一般是做暂时性的症状治疗，拔牙或任何侵入性治疗可后延至产后再进行。在孕早期，正是胎宝宝的各种器官发育与形成的关键时期，脑神经、心脏、血管、五官、四肢等器官都在这个阶段成形，所以最易受外来影响。服用药物不当或X线照射，都有可能导致流产或胎宝宝畸形。所以你在孕早期口腔有什么不适，医生一般会建议以清洁口腔为主，一些非治不可的疾病可以等到相对安全的孕中期，但仍是一些暂时性的治疗，比如龋齿填补。

认真刷牙非常重要

不管有没有牙齿疾病，怀孕后你都要认真地刷牙，这在孕期非常重要，牙齿干干净净，细菌也就没什么机会了。

生活小常识

孕期牙齿疾病是看口腔科还是产科呢？一般来说，准妈妈看牙挂号时要挂口腔科，很多准妈妈不知道这一点，不管身体哪儿不舒适一律往产科跑，结果多走冤枉路。

孕3月

胎宝宝发育和准妈妈身体变化

胎宝宝身体发育

胎宝宝9周：小胚胎正式升级为“胎宝宝”

外观：从本周开始，胚胎的小尾巴消失了，正式升级为一个真正的胎宝宝。

手脚：他的胳膊已经长出来了，两手的腕部呈屈曲状，并在心脏区域相交。腿在变长而且脚已经长到能在身体前部交叉的程度。手指和脚趾发育完毕，过一段时间就会抓东西玩了。

皮肤：胎宝宝的皮肤现在还是半透明的，可以从外部看到皮下血管和内脏，像隔了一层毛玻璃。

动作：胎宝宝此时就开始不断地动来动去了，会不停地变换着姿势，不过准妈妈现在还感觉不到。

胎宝宝10周：身体所有部分已经初具规模

外观：短短10周，胎宝宝身长达到了30～42毫米，重量也有5～10克。胎宝宝现在越来越像个小人儿了，身体所有部分已经初具规模，包括胳膊、腿、眼睛、生殖器以及其他器官。这些器官还处于发育阶段，都没有充分发育成熟，但是已经做好了生长发育的准备，不久就会迅速地发育并逐渐成熟。

内脏器官：胎宝宝的许多内脏器官已经认真工作并不断地完善着自己。胃能够产生一些消化液，肝脏也开始制造血细胞。肠管“搬”进了腹腔，肾脏迁移到上腹部。尤其是心脏此时已经发育完全，并以每分钟140次有力搏动着。

胎宝宝11周：小家伙开始运动起来了

外观：进入11周，胎宝宝身长达到45～63毫米，体重8～14克，其身体和脑袋差不多大，整个胎宝宝的大小已经和大人手掌的一半差不多了。

手指、头发：这周，胎宝宝的手指甲和绒毛状的头发（是胎宝宝最初的头发）已经开始出现。

脊柱：胎宝宝脊柱的轮廓已经很明显，脊神经开始生长。

生殖器官：睾丸或卵巢已经长成了，肠子在脐带与胎宝宝连接的地方发育，并且可以收缩。

动作：这时候胎宝宝已经变得不安分起来，在温暖而充足的羊水里频繁地活动身体，不时改变身体的方向和位置，还喜欢做吸吮、吞咽和踢腿的运作。他会经常津津有味地吸吮自己的拇指、大脚趾、小脚趾。只是动作幅度仍然较小，准妈妈还感觉不到。

胎宝宝12周：可爱的大头宝宝

外观：本周过去后，孕早期就要安全结束了。现在胎宝宝的脸看上去漂亮了点，更像新生儿了，不过仍然是个头部占了很大比例的“大头宝宝”，这种情况还要持续一段时间。

手脚：这个时候，胎宝宝的手指和脚趾已经完全分离，一部分骨骼开始变得坚硬，并出现关节雏形。

内脏器官：内脏器官对周围的环境已经很熟悉了，开始投入到轰轰烈烈的工作中。肝脏制造胆汁，肾脏向膀胱分泌尿液，并排泄到羊水里。

肌肉：肌肉逐渐发达，并会“鼓动”胎宝宝做各种动作，如握拳、屈曲脚趾、皱眉、噘嘴、张闭口等，乐此不疲。

胎盘：胎盘正在形成，从此时开始，在未来6个月，胎宝宝的主要任务就是努力地通过胎盘从母体中汲取养分，然后茁壮成长，到有能力脱离温暖舒适的子宫，就会出生，来到外面的世界。

准妈妈身体变化

子宫增大

本月，准妈妈的子宫持续在膨大，到本月最后一周，用手轻轻触摸耻骨上缘，可以感觉到子宫的存在。

膨大的子宫会压迫膀胱、直肠，以致尿频现象更严重些，便秘、胃灼热、胀气的身体不适感可能也在继续。一些准妈妈还可能觉得有些腰酸，这可能是由于盆腔充血扩张所致，平常多注意休息。

腰围逐渐变粗

细心的准妈妈会发现腰围变粗了，饮食状况良好的准妈妈到此时体重可能增加了，也有害喜重的准妈妈没有增重，甚至体重减轻，一般都没什么大问题，不用因此担心胎宝宝出现发育问题。等早孕反应减轻，食欲变好，体重会长上来的。

另外，仔细观察会发现臀部开始变宽，腰部、腿部、臀部肌肉增加，脂肪也开始增厚，且结实有力，这都是为将来分娩所做的准备。

小腹部会有胀满的感觉

这个月，准妈妈可能已经有了真实的怀孕感受了，比如小腹部会有胀满的感觉，或者突然变换姿势的时候，会感觉腰际有轻微、短暂刺痛感，这是因为子宫比以前扩张得更大了。腹中的小胎宝宝在提醒妈妈，做动作要轻柔些，不要伤害到他。

乳房持续增大

乳房仍在持续地增大当中，乳晕的颜色也变黑了，上面还长了很多小疙瘩，乳房上

的静脉血管也清晰可见，如果感觉内衣有些紧了，就换大号的内衣穿。

皮肤色素沉淀加深

由于激素在继续起作用，大多数准妈妈皮肤都有色素沉淀加深的现象（可能会出现妊娠斑）。另外，激素也对头发和指甲产生影响，准妈妈的头发长得更快，指甲变脆，易折断或龟裂。

妊娠反应开始减轻

孕早期快要结束了，孕吐、疲劳、嗜睡、胃灼热的症状也会逐渐好转，进入孕4月之后，准妈妈的精力会大大恢复。这是因为准妈妈体内激素分泌量将逐步稳定下降而趋于缓和。也有些准妈妈的害喜反应会更晚结束，因人而异，不过都会逐渐减轻。

怎样吃才更营养

一定要喝足量的白开水

怀孕后身体代谢量加大，容易出汗，排泄功能也会加强，这需要足够的水分来参与代谢，准妈妈在孕期应该保证充足的饮水量。

孕期喝什么水最好

孕期喝白开水最好，白开水就是烧开的自来水。自来水含有许多人体所需的矿物质，尤其是烧开后自然冷却的凉开水，其分子很容易透过细胞膜，促进新陈代谢。因此，准妈妈应该把白开水作为主要饮料。

如何喝水

准妈妈可以根据季节、体重、工作性质等来决定每日的饮水量，通常情况下，每天至少要补充2 000毫升的水（包括蔬菜、水果和汤中的水）才能满足身体的需要。

另外，还要掌握好喝水时间，早晨起床后喝一杯水，能够补充睡眠中丢失的水分，利尿通便；日间活动或工作过程中，每隔1～2小时喝一次水；晚饭后2小时喝点水。不要等到口渴才喝水，口渴说明细胞脱水已经达到了一定程度，体内水分已经失衡，是缺水的结果而不是开始。

生活小常识

现在市售的桶装纯净水，基本都是自来水过滤之后得到的，虽然过滤掉了许多杂质，但同时也将对身体有益的矿物质过滤掉了。长期饮用会导致身体营养失衡，对健康极为不利，孕期最好不喝或少喝。

不要一次吃大量这几类食物

妊娠期间，准妈妈注意营养摄入的同时，也要注意避免食用容易对自己或者胎宝宝产生不利影响的食物。下表中列出的都是对保胎、安胎不利的食物，供准妈妈参考。

名称	存在影响
薏米	对子宫平滑肌有兴奋作用，可促使子宫收缩，因而有诱发流产的可能
桂圆	性温味甘，极易助火，动胎动血。准妈妈食用后可能会出现燥热现象，甚至引起腹痛、“见红”等流产症状，甚至引起流产或早产
杏、杏仁	味酸性热，有滑胎作用
芦荟	芦荟含有一定的毒素，准妈妈若大量饮用芦荟汁，会导致骨盆出血，甚至造成流产
螃蟹	性寒凉，可用于活血祛淤，也因而对准妈妈不利，尤其是蟹爪，易引发流产
甲鱼	性寒，有滋阴益肾的功效，但同时还有着较强的活血散淤作用，准妈妈若误食容易造成流产

生活小常识

准妈妈如果不慎摄入以上食物，不要过于惊慌。如果食用量很小，一般不会出现危险。如果食用量很大，或者饮食后感觉身体不适，要及时去医院进行咨询。

戒掉咖啡和浓茶

很多准妈妈都有喝咖啡和浓茶的习惯，怀孕之后这些都要远离。

咖啡内的咖啡因会通过改变女性体内雌、孕激素的比例，间接抑制受精卵在子宫内的着床和发育。

如果在孕期饮用咖啡因饮料，准妈妈可能会出现恶心、呕吐、头痛、心跳加快的症状。咖啡因还能够通过胎盘进入胎宝宝体内，刺激胎宝宝兴奋，甚至会影响其大脑、肝脏、心脏等器官的正常发育。

茶叶的好处不少，还含有丰富的锌，准妈妈饮适量淡茶所生婴儿的血液中含锌量也较高。可每次用3～5克茶叶泡水，同一杯茶冲泡2～3次即可，还能减轻口中不适。孕期切忌喝浓茶，浓茶中的单宁酸会与铁结合，降低铁的正常吸收率，易造成缺铁性贫血。大量的单宁酸还会刺激胃肠，会影响其他营养素的吸收。

生活小常识

菊花茶是可以在整个孕期都喝的茶，每次取3~5朵，用200毫升开水冲泡即可。菊花茶不但可以明亮眼睛，而且还可以缓解孕晚期经常出现的胃灼热或消化不良的症状，可以适量饮用。

充分保留食物营养的技巧

为了保证食物中的营养物质尽可能地不流失，准妈妈在日常生活中应做到以下几点：

❶ 冲牛奶时不要用开水冲，最好用40～60℃的温水冲，这样既不会破坏牛奶的营养，又可保持牛奶的口感。

❷ 买回来的新鲜蔬菜不要放得太久才吃。制作时应先洗后切，最好一次吃完。炒菜时应大火快炒，3～5分钟即可。煮菜时应水开后再放菜，可以防止维生素的丢失。做馅时挤出的菜水含有丰富营养，不要丢弃，可以用来做汤。

③ 淘米时间不宜过长，不要用热水淘米，更不要用力搓洗。米饭以焖饭、蒸饭为宜，不宜做捞饭，否则会使营养成分大量流失。熬粥时不要放碱。

④ 水果要吃时再削皮，以防水溶性维生素溶解在水中，以及维生素在空气中氧化。

⑤ 烹制肉食时，最好把肉切成碎末、细丝或小薄片，大火快炒。大块肉、鱼应先放入冷水中用小火炖煮烧透。

⑥ 合理使用调料，如醋可起到保护蔬菜中B族维生素和维生素C的作用。

⑦ 吃面条、饺子的时候应尽量多喝些汤。因为面粉常用的加工方法有蒸、煮、炸、烙、烤等，制作方法不同，营养素损失程度也不同。一般蒸馒头、包子、烙饼时，营养素损失较少，而煮面条、饺子时，大量的营养素（如维生素B_1、维生素B_2和烟酸）会流失到面汤中。

生活小常识

微波炉是现在常用的电器，而且较之其他烹饪方法能更好地保留营养，有的准妈妈会担心微波辐射的问题，其实，合格的、没有损坏的微波炉在使用过程中不会泄漏出能够伤害人体的微波来。我国的标准是在距离微波炉大约5厘米的地方，每平方厘米的功率不超过1毫瓦，50厘米的地方就降低到了0.01毫瓦，几乎不会对任何人造成危害。

水果可口又方便，但要注意方法

很多准妈妈由于妊娠反应剧烈，往往依靠吃水果来减轻妊娠反应，或者在没有胃口的时候选择用水果代替正餐。其实这些行为都是不对的，准妈妈在孕期吃水果一定要适量，并且食用方法也需要注意：

1. 每天食用水果不要超过300克，并且要尽量选择含糖量低的水果，如柑橘、小番茄等，不要无节制地食用荔枝等高糖分水果。
2. 吃水果最好在两餐之间。
3. 水果中含有发酵糖类物质，因此吃后要漱口。
4. 进食瓜果一定要注意饮食卫生，生吃水果前必须洗净外皮，不要用切生肉的刀削水果，避免将寄生虫卵带到水果上。

生活小常识

非常喜欢吃水果的准妈妈最好在怀孕第24~28周时去医院进行定期血糖测定，随时监控，避免妊娠糖尿病的发生。

如果是吃素的准妈妈

缺乏肉类的饮食会使素食准妈妈在优质蛋白质、脂肪、矿物质的补充方面遭受很大损失，需要通过合理饮食来进行弥补。

素食准妈妈的热量来源

热量的主要来源来自碳水化合物、蛋白质和脂类。普通人热量摄入的标准值为10 046千焦。准妈妈从妊娠4个月开始，则要在普通热量的基础上，每天增加837千焦的热量。

素食准妈妈的蛋白质来源

在孕早期的3个月，准妈妈的蛋白质摄入量为80克每天，到妊娠12周增加为85克每天，妊娠13周到27周，增加为95克每天，妊娠28周之后增加为100克每天。素食准妈妈的蛋白质来源如下：

谷物杂粮：主食是主要来源，豆类，包括青豆、红豆、黑豆、扁豆、豌豆、蚕豆、绿豆等及其制品都含量极高，其中，以黄豆为主。

蔬菜水果和干果：如黄花菜、口蘑、松子、杏仁、花生、瓜子、芝麻、干果、干货等。

要摄取足够的热量及蛋白质，如果有摄取不足现象，可增加全谷类制品或植物性蛋白奶粉，如豆奶粉。

素食准妈妈的补钙食物

谷物杂粮：玉米、大麦、荞麦。上述豆类及其制品，仍以黄豆为主。

薯类：淀粉、藕粉。

蔬菜类：菜心、油菜、芥菜、甘蓝、萝卜缨、苋菜、野苋菜、荠菜、金针菜、白沙蒿、茵陈蒿、口蘑、木耳、海带、发菜最高。

水果干果类：酸枣、沙棘、柠檬、核桃、松子、杏仁、瓜子、芝麻最高。

素食准妈妈的其他矿物质补充

补锌：大麦、黑豆、饭豆、干辣椒、笋干、干蘑菇、口蘑、松蘑、木耳、核桃、松子、杏仁、腰果、花生、瓜子、芝麻、黑芝麻较高。

补碘：海带、碘盐。

补铁：芝麻酱、蘑菇、豆类、紫菜、绿色蔬菜、粗加工谷物、全麦面包、坚果类食物。

生活小常识

为使胎宝宝能有更充足的营养来源，建议素食准妈妈广泛地选择食物，利用各类食物所含不同的营养素之间的互补作用，获得充足的热量、维生素、矿物质及较完全的蛋白质。如果是蛋奶素食的准妈妈，则应多喝些牛奶，多吃蛋类。

怎样做才更健康

白带增多，注意清洁卫生

怀孕期间，体内激素分泌增多，刺激子宫腺体增生，阴道上皮细胞及宫颈腺体分泌旺盛，再加上胎宝宝的增大对骨盆等组织的压迫，出现血管和组织充血，白带等分泌物就会增加，这属于正常现象，准妈妈只需注意必要的清洁和护理即可：

❶ 每天用干净的温开水（或在温水中加少许盐）冲洗外阴2～3次，温度要适中，最好是100℃的开水冷却到45℃左右后再使用。清洗用的盆具要专用，不能用来洗别的东西。每次用完后将盆洗净擦干，收在干燥通风的地方。

❷ 不要自行使用任何护理液，以免打破阴道内的酸碱平衡，从而导致致病菌的侵入和繁殖。

❸ 选择面料柔软、透气、吸汗的内裤，最好是棉质的，较不容易引起皮肤过敏。另外，内裤边缘不能太紧，以免紧勒下腹部及大腿根部，引起血流不畅。保持内裤的清洁卫生，每天更换，并单独手洗。先用开水或消毒液浸泡清洗内裤，然后在阳光下暴晒干燥，最好不要阴干。

❹ 不要经常使用护垫，否则会透气不良，容易滋生细菌。

❺ 在洗澡后别急着穿上内裤，可穿上宽松的长衫或裙子，等阴部干燥后再穿上，这样可以有效地预防阴部痛痒。

生活小常识

正常的白带无臭味，呈无色透明如蛋清样，也不会引起瘙痒，如果白带性状、气味改变，就很可能是患上了某种妇科疾病。为了方便判断白带的颜色及状态，最好穿浅色的内裤。

· 如果白带较多、气味难闻或阴部瘙痒，就应该怀疑是否被细菌感染。

· 如果白带量增多并且呈乳酪状，伴有阴部剧烈瘙痒，可能感染了白色念珠菌。

· 如果白带恶臭并呈水状，阴部瘙痒或疼痛，可能感染了滴虫。

· 如果白带呈脓样且气味难闻，可能感染了衣原体。

一旦发现白带性状、颜色、气味出现异常，应及时去医院就诊，以免影响到胎宝宝的健康发育和自身的健康。

可能需要更换文胸了

有的准妈妈听说孕期戴文胸会影响乳房发育，对以后哺乳不利，怀孕后就想不戴文胸，但因为乳房越来越沉，不戴又担心乳房下垂。

其实，孕期是需要戴文胸的，不但是为了防止乳房下垂，更重要的是，戴上文胸可以庇护乳头，防止乳头磨伤和碰疼。

注意选择合适的材质

怀孕后最好选择舒适的孕妇专用文胸。怀孕时，乳房是从下半部往外扩张的，增大情形与一般文胸比例不同，因此，应该选择专为孕妇设计的文胸，这类文胸多采用全棉材料，肤触柔软，罩杯、肩带等都经过特殊的设计，不会压迫乳腺、乳头。

但要注意，并非所有的为孕妇准备的文胸都是合格的，在选择时应尽量选择品牌信誉高的产品。购买文胸时应仔细查看文胸面料的成分标签，“三无”产品或可疑产品不要购买。另外，夏季要更换质地轻薄透气的薄棉文胸。

注意选择合适的尺码

准妈妈可根据自身乳房的变化随时更换不同尺寸的文胸，尺寸合适的文胸在穿戴时，乳房既没有压迫感，也不会感到大而无当。

在选购文胸前，要先测量自己的胸围，量胸围的正确方法是：

上胸围：围绕乳房隆起的最高点测量一圈。

下胸围：围绕紧贴乳房隆起处的下缘测量一圈。

上下胸围与孕妇文胸的尺码对照可参考下表：

文胸尺码	70C	75C	80C	85C	90D	75D	80D	85D	90D
下胸围尺寸(cm)	70	75	80	85	90	75	80	85	90
上胸围尺寸(cm)	85	90	95	100	105	93	98	103	108

生活小常识

孕期要勤换文胸，勤洗澡，晚上睡觉的时候要脱掉文胸，穿纯棉宽松的睡衣睡觉，使乳房得到放松。

如果练习瑜伽

孕期能否练习瑜伽，应视准妈妈的个人情况而定。如果准妈妈孕前就一直坚持练习瑜伽，孕早期就可以进行较简单的瑜伽练习；如果准妈妈此前从未练习过瑜伽、不常做锻炼或曾经有过流产史，那么必须到孕中期才能开始练习瑜伽。

孕妇练瑜伽的好处

1. 可以增强体力和肌肉张力，增强身体的平衡感，提高整个肌肉组织的柔韧度和灵活度。
2. 可以刺激控制激素分泌的腺体，增加血液循环，加速血液循环，还能够很好地控制呼吸。
3. 有益于改善睡眠，让人健康舒适；可以帮助准妈妈进行自我调控，使身心合二为一。

练习瑜伽的注意事项

在孕期练瑜伽最好请有教授孕妇练习瑜伽方

面经验丰富的合格瑜伽教练指导，不宜在家中自己随意练习。

练习时，所有姿势都要量力而行，不要勉强。

在练习瑜伽前、后30分钟内不宜进食、进水。

有心脏病或是哮喘的准妈妈不宜练习瑜伽，因为患有哮喘的人是没有办法合理调息的，而对于心脏病患者，老师因无法随时准确掌握练习者的心跳频率，没有办法给予准确的指导。

生活小常识

如果准妈妈有一直坚持的运动习惯，那些相对轻松和舒缓的有氧运动也可以在孕期继续坚持，比如瑜伽、游泳、散步、做操、打太极拳等，但是像慢跑、打球、跳舞、跳绳这类就不宜继续了，必须有取舍。

注意避开易引发孕吐的东西

怀孕后，准妈妈的嗅觉变得很灵敏，闻到异味或浓烈的气味会觉得恶心（严重时会引起呕吐），此外一些食物也容易引起恶心。

气味

1. 尽量少进厨房。
2. 如果做饭时厨房飘出来的气味味道太浓烈，就加强厨房的通风状况，打开窗户或排风扇。
3. 少看、少接近卖生肉的地方，少接近烧烤摊。
4. 少用化妆品。
5. 不住新装修的房屋。
6. 少在通风不好的建筑物里停留，少到车流量比较大的马路上去。
7. 如果出行需要坐汽车，坐在靠窗的位置，并把窗户打开。
8. 洋葱、薄荷的气味也会使准妈妈感到恶心，应尽量少吃。

食物

1. 油炸、烧烤、味道过重的食物：容易造成恶心或心悸。
2. 过于油腻的食物：油腥味最容易引起恶心反应。
3. 咖啡、浓茶：不仅容易引起恶心、呕吐，对胎宝宝也没好处，应尽可能远离。

生活小常识

对于孕吐已经开始的准妈妈来说，整个孕3月都可能是妊娠反应最严重的时候，人因此会变得格外不舒服，因此也更需要家人的关怀。

谨慎使用风油精、樟脑丸、精油等

准妈妈在怀孕期间，最好少接触风油精、樟脑丸、精油之类的东西，它们的成分复杂难控，并且容易渗透进身体，必须引起注意。

● 少用风油精、樟脑丸

普通情况下，风油精、樟脑丸一类的东西，其挥发的气体分子很容易透过鼻孔、嘴巴、皮肤等进入体内，与人体内的葡萄糖磷酸脱氢酶结合，变成无毒物质，然后随小便一起排出体外，但妊娠前三个月如使用风油精、樟脑丸，这些分子就会通过胎盘屏障进入羊膜腔内作用于胎宝宝，会对胎宝宝产生不良影响。

● 使用精油要慎重

精油的渗透力很强，能迅速进入人体循环系统，会对胎宝宝造成一定影响，这跟准妈妈不能随便吃药一样。

鼠尾草、穗花薰衣草、欧薄荷、牛膝草等精油含有具有毒性的酮，怀孕时使用很可能导致早产、流产，所以不宜长期、高剂量使用。

但精油对准妈妈来说也并不是绝对禁止的，有的精油只需要怀孕早期避免，如薰衣草。怀孕中期的准妈妈可以使用适量薰衣草精油来预防妊娠纹，温和的橘子精油也比较适合孕妇使用。

如果对精油功效不了解，准妈妈还是谨慎使用精油为好，或者干脆不用。

生活小常识

虽然一直在强调不能用某些日用品，但是偶尔涂擦一两次也不要紧，只要没有别的异常现象，不用忧心忡忡，以后不再使用就好了。

不要在人多的地方逗留太久

怀孕后，准妈妈应避免长时间在公共场所长时间逗留，比如商场、农贸市场、游乐园等，这些地方人多嘈杂，对腹中的胎宝宝有不少危害：

拥挤

公共场所一般都是人来人往，十分拥挤，稍不留神准妈妈的腹部就会受到挤压和碰撞，可能会因意外而诱发流产，而且这种拥挤的感觉还会使得准妈妈情绪紧张。

氧气不足

公共场所人流量大，因此空气也异常混浊，氧气明显不如其他场所，长时间处在这种环境中，准妈妈容易感到胸闷、气短，这对胎宝宝脑部的发育不利。

疾病传染

公共场所中传染疾病的机会比一般场所要大得多，对准妈妈和胎宝宝更容易造成伤害。传染病流行期间，准妈妈更要注意少去或不去公共场所。

生活小常识

婚丧嫁娶活动如果不是十分必要，准妈妈最好不要参加，这样的活动场面大、人员多，非常耗费精力，不利于准妈妈和胎宝宝休息。

怎样护理才安心

尿频虽然麻烦，但不要总憋着

由于子宫增大，压迫位于前方及后方的膀胱和直肠，准妈妈这个月会出现尿频的症状。孕期尿频是正常的妊娠反应，可以适当地采取一些方法来缓解。

帮助缓解尿频的方法

❶ 可以调整饮水时间，白天保证水分摄入，控制盐分，为避免在夜间频繁起床上厕所，可以从傍晚时就减少喝水。

❷ 晚上少吃利尿食物，如西瓜、茯苓、冬瓜、海带、玉米须等。

❸ 坚持锻炼骨盆底肌肉的张力，利于控制排尿。

骨盆放松练习： 四肢跪下呈爬行动作，背部伸直，收缩臀部肌肉，将骨盆推向腹部，并弓起背，持续几秒钟后放松，这有助于预防压力性尿失禁。注意做这个动作时要量力而行，不可勉强。

❹ 休息时要注意采取侧卧位，避免仰卧位。侧卧可减轻子宫对于输尿管的压迫，防止肾盂、输尿管积存尿液而感染。

❺ 还可以在医生的指导下适当服用补肾中药，以保持内分泌功能正常。

尽量不要憋尿

准妈妈有了尿意应及时排尿，切不可憋尿，有的人会因为憋尿时间太长而影响膀胱功能，以至于最后不能自行排尿，造成尿潴留，需要到医院行导尿术。

另外，由于准妈妈怀孕后的膀胱壁比之前更容易水肿，也比一般人更容易受伤或感染，所以千万记得不要憋尿，有了尿意就赶紧去上厕所。

生活小常识

准妈妈出现尿频时要注意判断是正常尿频还是异常尿频，通常尿频只是小便频繁，身体不会出现其他症状和不适。如果准妈妈在小便时出现疼痛或烧灼感等异常现象时，应立即到医院做检查。

感到困倦很正常

一般正常成年人每天需要不少于7小时的睡眠时间，准妈妈由于各方面生理变化容易疲劳，所以有时准妈妈即便睡足8个小时，却仍然感觉困倦，这也属于正常。如果有这种情况发生，准妈妈可考虑再增加一些睡眠时间。有妊娠高血压综合征或有先兆早产、胎宝宝宫内生长迟缓的准妈妈，都应适当增加睡眠时间。

生活小常识

睡眠是养足精神的不二法宝，所以按时睡觉很重要，建议每天尽量在10~11点睡觉，睡前不要再玩平板电脑或者手机，可以读半小时散文，与爱人聊聊天等，促进睡眠。

腹胀感多半是怀孕导致的

很多准妈妈会出现腹胀现象，有时还会有食欲不振、便秘、失眠、作息失调等伴随症状，是常见的孕期不适症状。

孕期腹胀多数是由于体内激素水平变化、子宫压迫肠胃等原因造成胃肠道积存气体过多，导致胃肠充气、腹部有饱胀感的现象产生，这种现象从怀孕初期到中期都会存在。

要缓解孕期腹胀，应该从了解腹胀产生的原因开始。准妈妈可以和医生一起分析自己的身体和生活情况，找出导致腹胀的主要和次要因素，然后设计合理的应对方案和切实可行的实施措施。

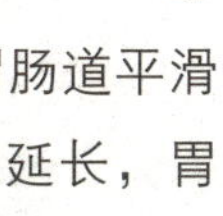

导致腹胀的三个主要因素

1. 激素水平变化。孕激素使胃肠道平滑肌松弛、蠕动无力，肠胃排空时间延长，胃肠道内的食物在细菌作用下发酵，就会产生大量气体，使准妈妈产生饱胀感。

2. 子宫压迫肠胃。怀孕3个月后，逐渐增大的子宫自然压迫肠胃，影响肠胃内容物及气体的正常排解，使准妈妈出现腹胀。

③ 便秘。怀孕后，大部分孕妇的活动量会有所减少，再加上大量高蛋白、高脂肪食物的摄入，容易出现便秘，使腹胀变严重。

● 预防、减轻腹胀的方法

① 少量多餐。每次吃饭记得不要吃太饱，不妨将一日三餐改为一天吃6~8顿，以减少每餐的进餐量，给自己的肠胃减负。

② 少吃产气食物。太甜或太酸的食物、辛辣刺激食物、豆类及豆制品、蛋类、油炸食物、红薯、土豆等食物应少吃或不吃。

③ 细嚼慢咽。吃饭时尽量不说话，吃东西时要细嚼慢咽，避免用吸管喝饮料，不要经常含酸梅或咀嚼口香糖。

④ 多喝水。每天至少要喝1 500毫升水，促进排便，预防便秘。每天早上起床后先喝一大杯温开水（可加入一勺蜂蜜），效果更佳。

⑤ 增加运动量。可在饭后30分钟至1小时内到户外散步20～30分钟，帮助排便和排气。

生活小常识

孕早期胀气可使用简单的按摩方法：温热手掌后，采取顺时针方向从右上腹部开始，接着以左上、左下、右下的顺序循环按摩10～20圈，每天进行2～3次。但不要在用餐后立刻按摩，要稍微避开腹部中央的子宫位置，孕中期以后建议不再使用此法。

只要生活习惯好，一般不易流产

对于刚怀孕的准妈妈来说，最应该注意的是流产，虽然早期流产多与胎宝宝的先天性异常有关，但准妈妈的生活习惯或行为也可能造成早期流产。因此，为了避免发生早期流产，准妈妈要做到：

① 定期产检：定期产检能得知胎宝宝的发育成长状况、健康与否，避免发生早期流产。

② 禁止抽烟、喝酒、喝咖啡：准妈妈如果抽烟、喝酒、喝咖啡，流产概率会提高。

③ 正常作息：怀孕早期，准妈妈应尽量避免工作太过劳累、熬夜等，维持正常的生活作息，并保持心情愉悦。

④ 避免危险动作：准妈妈应尽量避免爬高、提重物或弯腰拿东西，以免造成腹部不适或受到碰撞，导致流产。

⑤ 留意可能的流产征兆：一般来说，腹痛、阴道出血都是流产的征兆，如果出现流产征兆，准妈妈要尽快与医院沟通，不可盲目保胎，因为有些流产是胚胎发育异常导致的。

生活小常识

过去曾有过1次或2次流产的情况一般不会影响生育能力，只要准妈妈怀孕早期不做剧烈运动，多休息，安心等待胎宝宝安定下来即可。

孕4月

胎宝宝身体发育和准妈妈身体变化

胎宝宝身体发育

胎宝宝13周：宝宝开始长胎毛了

五官：进入孕中期，宝宝的身体在迅速成长，他的眼睛突出在头的额部，两眼之间的距离在缩小，耳朵也已就位，大大的脑袋与身体的比例也将从原来的1/2降至1/3，使得其外形看上去更协调，更像一个漂亮娃娃。

牙胚：胎宝宝的20颗乳牙胚已经形成并悄悄待在了牙床下。

指纹：胎宝宝的指尖已出现了具有唯一性的指纹。

胎毛：本周胎宝宝的全身会长出非常细小的绒毛，叫作“胎毛”（又叫胎发），这是胎宝宝所独有的，让胎宝宝看起来可爱至极。出生后胎毛就会逐渐消失。

胎宝宝14周：宝宝会做鬼脸了呢

外观：14周时，胎宝宝身长达到85～92毫米，体重为30～43克。

基本构造形成：本周胎宝宝的所有基本构造（包括内部的和外部的）都已经形成，尽管仍然非常小，但“麻雀虽小，五脏俱全”。

动作：现在的胎宝宝已经可以做许多动作，像双手握紧、眯着眼睛斜视、皱眉头、做鬼脸、吸吮自己的大拇指等，这些动作可以帮助胎宝宝大脑更好地发育。

排尿：从现在开始，胎宝宝已经可以正式地排尿到羊水里去了（这对准妈妈和胎宝宝都是无害的），并在水里练习用肺呼吸等。

胎宝宝15周：宝宝开始打嗝了

外观：本周胎宝宝的发育远远超过了前几周，身长约10厘米，重60～70克，之后还会经历一个生长小高峰。

五官：通过几个月快速地生长发育，这时胎宝宝长得已经越来越像个小人儿了，耳朵几乎“移”到了正确的位置，但还是有点偏低；细小的眉毛开始长出来。

头发：胎宝宝的头发已在头顶显出萌芽状态。

手、腿：胎宝宝的腿长开始超过胳膊了，手上的指甲完全形成，指部的关节也开始运动了。

打嗝：还有一个特别有意思的变化就是：胎宝宝开始打嗝了，这是呼吸的前兆。不过，因为胎宝宝的气管中充斥流动的液体，所以准妈妈无法听到这个声音。

胎宝宝16周　小家伙越来越调皮了

外观：胎宝宝现在的身长有12～15厘米，体重达到了120～150克。看上去还是非常小，正好是可以放在妈妈的手掌里的大小。这一阶段的胎宝宝，虽然头部以及四肢的比例看起来越来越协调了，但整体的外形却仍然像一个可爱的“梨”。

动作：这个可爱的“梨”要开始调皮了，会开始抓起脐带来玩，有时甚至将脐带拉紧到只能有少量空气进入。但是准妈妈不必担心，胎宝宝已经学会保护自己了。

准妈妈身体变化

妊娠反应消失

随着体内的激素分泌量下降并趋于平稳，准妈妈进入了最美好的怀孕阶段——孕中期。进入相对稳定的孕中期，一直困扰准妈妈的呕吐、疲惫、晕眩等孕早期妊娠反应会大大减轻或者消失。

腰疼

由于子宫日渐膨隆，使得准妈妈的腹部向前突出，骨盆前倾，身体的重心前移，这会加重准妈妈背部肌肉的负担，所以这时候可能会常常感到腰痛。此外，准妈妈可能还会觉得容易疲倦，并且可能有便秘、胃灼热、消化不良、胀气和浮肿等症状，偶尔还会出现头痛或晕眩、鼻塞、牙龈出血等。

乳房继续增大

准妈妈的乳房也会变得更大，而且形状也有所改变——乳房的下端向两侧扩张。乳房处的静脉在皮肤下清晰可见，乳晕颜色明显变深，面积也增大。触摸乳房的时候，还可能感觉有瘤状物体，这是由于乳腺管为产乳做准备引起的。

体重上升，能看出孕相了

不少准妈妈的体重现在开始明显上升，身材开始变得丰满，腰围也有所增加。

随着子宫的继续膨大，大多数准妈妈的肚子都有些“显山露水”了，眼尖的人估计可以隐约猜出准妈妈有身孕了。

日渐容光焕发

随着体内血容量的增加，血液循环速度的加快，加上本身体温比普通人略高，准妈妈现在皮肤看起来红润许多，再加上妊娠反应的逐渐减轻，准妈妈整体看起来越来越容光焕发起来。不过，由于激素的影响，皮肤色素沉着更多，肤色原本就比较黑的准妈妈，可能会看起来更黑了。等到分娩之后，沉积的色素才会逐渐褪去。

怎样吃才更营养

怀孕并不意味着大吃大喝

食物的摄入量取决于准妈妈的自身热量需求，而热量则随孕期变化改变。

一般女性每日的热量摄入为8 790千焦，孕早期保持这种摄入量即可；到孕中期，准妈妈每日所需热量为9 627千焦，孕后期准妈妈的热量摄入为每日10 883千焦。

从以上的营养学数据可以看出，怀孕之后，准妈妈的每日所需热量并没有增加太多，所以，怀孕之后没必要大吃大喝。

吃多少不是重点，吃均衡才是重点，我们的身体在完成各种代谢活动时，需要蛋白质、脂肪、碳水化合物、水、各种维生素、矿物质和必需的微量元素，还需要纤维素等40多种营养素，没有任何一种食品具备这么多的营养素。所以，准妈妈每天的饮食结构重点在于全面、合理。

孕中期准妈妈每日应摄入的食物量举例：

主食：包括大米、面，400～500克。

蛋类：包括鸡蛋、鸭蛋等，1～2个。

牛奶：250～500毫升。

肉类：100～150克。包括畜肉、禽肉及动物内脏和水产类，各类肉食可交替食用，建议多吃鱼。

蔬菜：400～500克，其中绿叶蔬菜应占约2/3的比例。

豆类及豆制品：50～100克。

水果：100～150克。

烹调用油：15～20克。

生活小常识

孕中期（孕4～7个月）胎宝宝的骨骼肌肉开始发育，不过体重增长仍然比较缓慢（相对于孕晚期而言）。整个孕中期，每周胎宝宝的体重大约增加85克，因此准妈妈要注意控制体重，不能增长过快。

少吃多餐是孕期吃饭法宝

进入孕中期，准妈妈食欲会大增，可随着孕期的继续，准妈妈的子宫不断增大，胃的位置也相应提高，胃的容量也因此受到限制，按照正常的食量会使胃部过于饱胀。因此，准妈妈一次不能吃得过多、过饱，否则会引起腹胀。

孕中期应该将原来的一日三餐改成每日5~6餐，一餐不要吃得过饱，尽量选择体积小、营养价值高的食品。

可以在早餐、中餐之后的两个小时分别加早点、午点，不过三餐应尽量保证之前的饮食原则，如早餐吃好，午餐吃饱，晚餐吃少。加餐则主要是补充机体容易缺乏的营养素，如钙、铁、碘、维生素等。比如在早餐后两个小时吃点海苔，可补充碘元素；在午餐后两小时吃个苹果，可补充铁和维生素等。

生活小常识

搭配食物的两个技巧：

1.粗细粮搭配：精白米和精白面类精制食品中缺乏B族维生素。粗粮中含有丰富的B族维生素，两者可以相互弥补，使营养摄入更全面。

2.荤素搭配：荤菜可以提供胎宝宝生长发育所需要的蛋白质、脂肪等营养素，但缺乏素食中的维生素和膳食纤维，故要互补搭配。

牛奶不妨与酸奶交替着喝

孕中期是胎宝宝骨骼成型的关键时期，准妈妈对钙的需求量大增，奶类是天然钙质的极好来源，一般建议准妈妈每天喝300～500毫升牛奶(1～2袋)，牛奶和酸奶是准妈妈常喝的两种奶类，它们各自有各自的特点。

牛奶的特点

牛奶不仅是优质蛋白质的来源，而且是含钙丰富的食品，每100毫升牛奶含钙量达120毫克，建议准妈妈每天喝250～500毫升的牛奶，以满足孕期对钙的需求量的增加。

牛奶还有不错的安神功效，准妈妈在睡前喝一杯，可以减少失眠的困扰。

酸奶的特点

酸奶是鲜奶经过乳酸菌发酵制成的，在营养价值上和鲜牛奶一样，且相对而言，酸奶中的钙、磷等矿物质更容易被人体吸收。

酸奶还含有益生菌群，对肠道非常有好处，准妈妈适当饮用可以加强肠胃的消化吸收功能，缓解孕期便秘症状。

交替喝效果更好

在妊娠中后期，准妈妈每日需要的钙摄入量增加，最好牛奶和酸奶交替喝，这样不仅可以有效满足身体对钙的需求量，还能起到安神、缓解便秘等两者所具有的功效。

由于酸奶的pH值较低，有的准妈妈喝酸奶可能会出现反酸情况，这时应避免进食酸奶，有的准妈妈可能有乳糖不耐反应，喝了牛奶之后会发生腹泻，这时最好就用酸奶来代替牛奶。

生活小常识

在晚上睡前喝一杯牛奶是很好的习惯，这样可以维持半夜血钙正常，防止腿抽筋。如果在喝孕妇奶粉，则一定要按照说明调制、饮用，不要贪图营养而擅自加量，以免引起上火或肥胖。

不要长期吃单一种类的食用油

准妈妈要多吃植物油，少吃动物油，植物油种类繁多，每种油所含营养成分不一样，在孕期可将几种适合准妈妈食用的油换着吃，以保证营养的均衡摄取。

适合孕期食用的油

1 大豆调和油

用法：具有良好的风味和稳定性，且价格合理，最适合日常炒菜及煎炸之用。

2 花生油

用法：它的热稳定性比大豆油要好，适合日常炒菜用，但不适合用来煎炸食物。

3 橄榄油

用法：橄榄油可用来炒菜，也可以用来凉拌。其缺点是维生素E比较少。

4 菜籽油

用法：菜籽油风味良好，耐储存，耐高温，适合作为炒菜油和煎炸油使用。

5 精炼葵花油

用法：葵花油适合温度不高的炖炒，但不宜单独用于煎炸食品。

6 玉米油

用法：玉米油可以用于炒菜，也适合用于凉拌菜。

7 芝麻油

用法：芝麻油在高温加热后失去香气，因而适合做凉拌菜，或在菜肴烹调完成后用来提香。

8 亚麻籽油

用法：亚麻籽油有特殊风味，多不饱和脂肪酸含量非常高，不耐热，属于保健用油，适合用来做炖煮菜和凉拌菜。

9 核桃油

用法：核桃油用于煎、炒、凉拌均可，开盖使用后需放入冰箱冷藏。

10 黄油

用法：黄油适合煎食物、炒青菜。

生活小常识

许多准妈妈会对某种食用油格外敏感，吃这种油做的菜时感到很不舒服，比如平常人闻不出异常的葵花油，有的准妈妈一闻便知，可以请家人换一个品种试试。

这些杂粮可以常常换着吃

杂粮与精粮搭配着吃有利于营养均衡，同时杂粮也要多换着吃，准妈妈可以常常吃的杂粮包括这样一些：

小米：小米有滋阴补虚、健脾养肾、除湿利尿之用。孕吐时，用小米煮粥，对减轻恶心、呕吐非常有用。

糯米：糯米味甘性温，能暖补脾胃、益肺养气。糯米比大米性黏，消化得慢一些，因此脾胃虚弱者不宜多食，以免引起胃胀与消化不良。

燕麦：燕麦味甘性平，有健脾益气、补虚止汗、养胃润肠的功能，经常食用有降血脂、调节血糖、防止便秘的作用。

荞麦：荞麦味甘性凉，有开胃宽肠、下气消积的功效，可用于大便秘结，湿热腹泻等。建议用荞麦面代替一般面条，也可在早餐或加餐时将荞麦粉冲入牛奶中食用。

高粱：高粱性温味甘涩，有健脾胃、消积止泄之用。当准妈妈消化不良、脾胃气虚、大便溏薄时，可以适当食用。

红薯：红薯味甘性平，有补脾养心、益气通乳、去脏毒之用，能促进肠道蠕动，刺激排便。但红薯中糖类较其他粮食多，妊娠糖尿病患者不宜多食。

生活小常识

孕期吃粗粮适量即可，不要因为食用粗粮有一些益处，使用粗粮代替细粮，主食仍然以细粮为主，在熬粥或者煮饭时少量掺入粗粮的做法非常好。

不要随意服用蛋白粉

服用蛋白粉不当容易使身体一下子摄入过多蛋白质，加重肾脏负担，可能使准妈妈出现四肢浮肿、血压升高、头疼、眼花等不良症状。如果长期服用过量，还可能会致使一些准妈妈出现蛋白尿的情况，损害肾脏功能，威胁到身体的健康。

准妈妈只要注意合理调整饮食，每天保证喝一杯豆浆或牛奶，吃一个鸡蛋，再进食适量的肉类与豆制品，就完全可以满足身体对蛋白质的需求，并不需要额外服用蛋白粉。

生活小常识

如果确实需要通过服用蛋白粉来补充蛋白质，一定要向医生进行咨询，在专业的指导下科学服用，以避免产生危害。

怀孕·胎教·百科

怎样做才更健康

减少噪声对胎宝宝的影响

胎宝宝的耳蜗和其他组织还未达到结构和功能上的成熟，听力系统非常敏感，极易受到损伤，如果长时间受高强度的噪声影响，有可能在出生前听力就已经受到损害。

外界的噪声可通过腹壁传入子宫，胎宝宝的内耳受到噪声的刺激，易使大脑部分区域受损，严重的还会影响宝宝出生后的智力发育。

在生活中应尽量规避这些噪声影响：

1. 尽量少去商场、超市、饭店、菜市场、KTV等人多声杂的地方；过年时要同持续震耳的鞭炮声保持距离；看电视时也要将音量调小。

2. 如果居住在比较嘈杂的地段，就要检查居室门窗的密封性是否良好。塑钢中空玻璃窗的密封隔音效果比较好，同时还可以挂上质地比较厚的窗帘，这也可以消减一部分噪音。

3. 各种家电的摆放不要过于集中，同时要错开使用时间，有故障的家电要及时修理。

4. 可以在居室内摆放一些花草，因为植物具有一定的吸声作用。

生活小常识

短时间接触强噪声一般不会对胎宝宝产生明显的影响，准妈妈不要因忧虑、担心而使自己过分紧张。

护理乳房，防止变形

有些年轻的新妈妈发觉孩子生下后乳房开始“缩水”，松松垮垮耷拉下来，那多半是因为孕期没有重视对乳房的保养造成的，为了乳房的健康与美丽，准妈妈一定要学会护理乳房。

孕期护理乳房从以下几个方面着手：

1. 无论乳房以前如何坚挺，为防患于未然，你必须每天穿戴文胸给乳房提供良好的支撑。选择合适的文胸十分重要，戴得太紧会压迫乳房，影响乳腺的正常发育；戴得太松则起不到效果——它依旧会下垂。

2. 每天用手轻柔地按摩乳房，促进乳腺发育。按摩的方法是：准妈妈取坐位，用双手手掌在乳房周围轻轻按摩1~3分钟，然后用五个手指轻轻抓揉乳房10~20次。

3. 经常清洗乳头。怀孕6个月后每日用温水擦洗乳头一次，每次擦30~40下，擦洗时不要用力过猛。经常擦洗乳头能增强乳头皮肤的韧性，可防止产后乳头皮肤破裂。在怀孕后期，准妈妈的乳房偶有初乳溢出，如果有结痂形成，准妈妈可用植物油（橄榄油、麻油、豆油）或矿物油（液状石蜡）涂敷乳头，使乳头表面的积垢和痂皮变软，再用肥皂和热水洗净。

4. 对怀孕中乳房出现的肿胀甚至疼痛的情况，可以采用热敷、按摩等乳房护理方式来缓解。

生活小常识

碱性清洁用品会洗去乳房上的角质层和油脂，使乳房表皮干燥、肿胀，不利于乳房的保健，要想充分保持乳房局部的卫生，最好还是选择用温开水清洗。

勤做凯格尔运动，对分娩有利

凯格尔运动也叫骨盆底收缩运动，是以妇科医生阿诺德·凯格尔的名字来命名的，凯格尔早在20世纪40年代就推荐出现小便失禁或膀胱控制减弱的妇女进行这套练习，生过孩子后，这两种情况都有可能会发生。

凯格尔运动的作用

❶ **打开盆骨**：骨盆底肌肉锻炼可以锻炼准妈妈骨盆底的肌肉，增强肌肉的弹性，可以让准妈妈骨盆在分娩时能够充分地打开，让胎宝宝顺利娩出。

❷ **提高宫缩力**：准妈妈骨盆底肌肉弹性的增强，还能够提高准妈妈子宫的伸缩力，使准妈妈的分娩能够顺利。

❸ **缓解漏尿**：由于胎宝宝的重量不断地增加，准妈妈会感到沉重并且不舒服。到了孕后期，准妈妈甚至可能会有漏尿症状。骨盆底肌肉锻炼法可以避免这种现象的发生。

凯格尔运动随时可以开始

凯格尔运动不仅限于孕期，即便是孕前及产后，也可以一直进行，孕期无论哪个阶段都可以开始练习。如果准妈妈还没有开始做，那么从现在开始坚持练习并不晚，建议你一直坚持下去，成为伴随一生的好习惯。

凯格尔运动的具体做法

❶ 在开始锻炼之前，要排空膀胱。如果必要的话，可以垫上护垫接住遗漏的尿液。运动的全程，照常呼吸，保持身体其他部分的放松。可以用手触摸腹部，如果腹部有紧缩的现象，则运动的肌肉为错误。

❷ 平躺，双膝弯曲。练习时，把手放在肚子上，可以帮助确认自己的腹部保持放松状态。

❸ 收缩臀部的肌肉向上提肛。

❹ 紧闭尿道、阴道及肛门（它们同时受到骨盆底肌肉撑），此感觉如尿急。准妈妈可以将一只干净的手指放入阴道，如果在练习的过程中，手指能感觉到受挤压的话，就表明锻炼的方法正确。

❺ 保持骨盆底肌肉收缩五秒钟，然后慢慢地放松，5~10秒后，重复收缩。

刚开始时，准妈妈可以在一天中分多次练习骨盆底肌肉，随着骨盆底肌肉的不断增

强，可以逐渐增加每天练习的次数，并延长每次收紧骨盆底肌肉的时间。练习的具体时间是没有限制的，看电视、睡前、乘车时，任何有空闲的时间都能进行。

生活小常识

如果有小便失禁的问题，准妈妈可以尝试在打喷嚏或咳嗽时，收紧骨盆底肌肉，这样做可以有效地防止发生令人尴尬的尿失禁。

注意防晒，预防妊娠斑

夏季防晒对准妈妈来说非常重要，怀孕后，皮肤会变得非常敏感，极易被晒伤。如果不注意防晒，就会在皮肤上留下晒斑；如果注意防晒，可以一定程度上防止色斑的颜色变深。

孕期防晒要点

1 避免在上午10点到下午3点这一阳光强烈的时间段出门。出门时，一定要带上防紫外线伞或戴遮阳帽，来遮挡阳光。

2 有阳光时外出应穿质地柔软、吸湿、透气性好的白色、浅色或素色棉织品衣服，以减少对紫外线的吸收。另外，要注意多喝温水，预防中暑。

3 阳光强烈时，出门时记得涂抹防晒霜，阳光强烈的时候仅靠防紫外线伞是无法完全阻挡紫外线的，所以，一定要涂抹防晒霜。不管涂的是哪种防晒霜，一回到家中就应立即将防晒霜洗掉。

4 少吃光敏感食物，多吃含维生素C和番茄红素的食物。如果摄入过多的光敏感食物，如芹菜、香菜等，在阳光的照射下，皮肤就会发红，甚至肿胀，脸上的黑色素就会迅速增加、沉淀，导致皮肤变黑。所以，夏季准妈妈要少吃这一类的食物，而要多吃含维生素C和番茄红素的食物，如番茄、柠檬、坚果、鱼类等，因为它们具有分解黑色素的作用。

生活小常识

SPF值（防晒指数）越高防晒的效果越好，但SPF值越高，刺激性就越强，容易导致肌肤干燥，所以建议准妈妈选择SPF值低一点、刺激性小一些的防晒霜。另外，防晒用品用新不用旧，这样更能减少皮肤的敏感性。

如果泡脚，注意这几点

孕期是可以泡脚的，泡脚能够促进血液循环，有效防止静脉曲张，对准妈妈身体有益。

孕期泡脚的水温与时间

1 水温保持在35～39℃

泡脚的水温应以35～39℃为宜。你可以用手肘测试一下水温，和手肘温度差不多即可。也可以借助温度计，并在泡澡的过程中随时注意温度计的温度为佳。

2 时间不宜太长

泡脚的时间不定，以微微发热或出汗为宜，最好不超过半个小时。

不要随意进行按摩

泡脚时不要对脚部随意进行按摩，因为脚底是身体的很多部位的反射区，如果随意按摩，可能引起宫缩，导致流产。按摩型的洗脚盆在怀孕期间也不宜使用了。

不要随意用药水泡脚

除非有专业人士的指导，否则泡脚时不要随意在水中添加药材，因为中药材泡脚可能会刺激到准妈妈的身体，对准妈妈与胎宝宝的健康造成不良影响。不仅是中药材，其他药物或精油也要避免，最好用清水泡，或在清水中加点盐也可以。

生活小常识

患有脚气的准妈妈，病情严重时不宜热水泡脚，因为这样很容易造成伤口感染。

孕期旅行前的准备

孕中期（孕4～6个月）是准妈妈旅游出行的最佳时间，因为这段时间“妊娠反应”已过，沉重的“大腹便便”与腿脚肿胀尚未出现，准妈妈的胃口恢复，心理一般也都摆脱了孕早期的疑惑、忧虑等不良情绪，是孕期最适合出行的时间。

在去旅游前，需做好的准备工作

1. 必须事先咨询产科医生，看自己是否适合旅行，并让医生指导自己的旅行计划，以免在旅行中出现不利的突发状况。

2. 带好证件和必备行李，再额外准备一个舒适的小枕头，在旅途中可以依靠，消除疲劳。

3. 事先了解一下目的地的医院状况，以便发生紧急状况时可以随时去医院。尽量不要去医疗水平落后的地区，以免发生意外情况无法及时就医。

4. 要选择真正是以轻松休闲的旅游项目为主，逗留期为2～3天的旅行比较理想。尽量避开热门线路，选一些较冷门的线路出行。对将去的地方进行了解，避免前往传染病流行地区。

5. 长途旅行，最好乘坐飞机，尽量减少长时间的颠簸，短途有条件的可以自己驾车出游，避免拥挤碰撞准妈妈的腹部。不论在火车、汽车，还是在飞机上，最好能每15分钟站起来走动走动，以促进血液循环。

生活小常识

航空公司对孕晚期的女性能否乘坐飞机有不同的规定，为避免早产或在机舱里分娩，许多航空公司不允许36周以上的准妈妈乘机。另外，患有高血压、心脏病的准妈妈不宜乘飞机。

怎样护理才安心

小腿抽筋了，试试这样做

如果准妈妈出现了小腿抽筋现象，可能预示着缺钙。血液中的钙是维持肌肉神经稳定的重要因素，血钙水平下降时，就会引发肌肉收缩，如果肌肉收缩呈持续状态，感觉到的就是小腿抽筋，可能伴随疼痛。

进入孕中、后期，准妈妈即使不缺钙也可能出现小腿抽筋现象，这是受卵巢松弛激素的影响，使腰椎附近韧带较正常松弛。另外，由于脊椎过度前凸，使椎间盘受到异常挤压，因而导致腿部抽筋、疼痛，如果白天走路多，或者腹部压力大，抽筋可能性会越大。

抽筋多半在夜间发生，由于突然被疼痛从睡梦中惊醒，很多准妈妈往往觉得很惊慌，结果使疼痛感愈发强烈。

抽筋发作时怎么办

1 绷紧小腿肌肉：准妈妈可以自己把脚面竖起来，和脚腕保持垂直；也可以请准爸爸帮忙把脚扳起来，这样保持几分钟。如果疼痛不太强烈，准妈妈可以平躺着用脚跟用力抵住墙壁，或马上下床使脚跟着地，都可以起到拉伸小腿肌肉、缓解疼痛的作用。

2 按摩：准妈妈可以自己按摩，也可以请准爸爸帮自己轻轻按摩疼痛处的肌肉，也可以起到缓解疼痛、消除抽筋的作用。

3 热敷：如果拉伸小腿肌肉和按摩还不能奏效，准妈妈还可以请准爸爸用热毛巾帮自己热敷抽筋的部位。热敷可以促进血液循环，缓解肌肉痉挛，很快就可以消除抽筋带来的不适。

预防小腿抽筋

1 缺钙抽筋：从孕中期开始，每天钙的摄入量应增为1 000～1 200毫克，要多吃富含钙质的食物，比如牛奶、酸奶、豆制品、芝麻、虾皮等。同时还要保证维生素D的摄入量，促进钙的吸收。必要时，可在医生指导下服用钙剂和维生素D。

2 疲劳抽筋：准妈妈可以在条件允许的情况下，每天抽出一点时间锻炼身体，增强肌肉的活力，防止肌肉过度疲劳。平时生活中，准妈妈也最好经常变换姿势，每隔1小时左右活动一下，以防身体过度疲劳。

3 受寒抽筋：准妈妈应该注意保暖。如果每晚临睡前用温水泡一下脚，夜间发生抽筋的次数就会少得多了。

生活小常识

虽然缺钙会导致小腿抽筋，但是不能以小腿是否抽筋作为是否需要补钙的指标，因为每个人对缺钙的耐受值有所差异，有的准妈妈在钙缺之时，并没有小腿抽筋的症状。

怀孕后掉发多很常见

不只产后会掉发，怀孕期间也容易出现掉发的问题，尤其是长头发的准妈妈，因为胎宝宝会从妈妈身体中吸收更多的养分，长头发的准妈妈掉发状况会比短头发的准妈妈明显，不过这是属于生理性的掉发，只要饮食均衡、保持愉悦的心情、不要频繁梳头、不要总是拉拽头发，就无须担心。

生活小常识

在洗头发时，建议不要将洗发水直接倒在头发上，而是要在手中揉出泡沫后再用来清洗头发，护发素也不要涂抹在发根、头皮部位。

睡觉打鼾，从控制体重增速做起

打鼾可分为良性和恶性两大类，良性打鼾的特征是：入睡后鼾声较轻且均匀，或偶尔出现打鼾（如疲劳、饮酒后的打鼾），这类打鼾对身体并没有不利影响，称为良性打鼾。

恶性打鼾的特征是：入睡时不仅鼾声很大（一般超过60分贝），而且不均匀，总是打着打着就停止了呼吸，或呼吸停止达十几秒钟后被憋醒，急速地喘气。一夜反复多次发作，早晨起来感觉头昏脑涨，好像整夜没睡一样。这类打鼾往往会带来严重的后果，称为恶性打鼾。

大约有10%的准妈妈会在孕期发生恶性打鼾。对于准妈妈而言，恶性打鼾的危害较为严重，容易导致机体缺氧以及二氧化碳排出不及时，严重威胁母婴健康。一旦准妈妈发生恶性打鼾，万万不可小视，最好及时去医院进行检查，并警惕妊娠高血压的发生。

要想预防发生恶性打鼾，首先要从控制体重增长幅度开始，肥胖是引起打鼾的重要原因之一。整个孕期，准妈妈应常称体重，以每周增加0.5千克为宜，到足月分娩前，总体重增加9～14千克为宜。

生活小常识

随着孕期的进展，在孕5月左右，有的准妈妈会出现有生以来第一次打鼾，这是由于怀孕导致鼻通道水肿，从而挡住了一部分通气道，晚上睡觉时用枕头把头稍抬高一点可以缓解这种现象。

产检时关注是否需要预约四维彩超

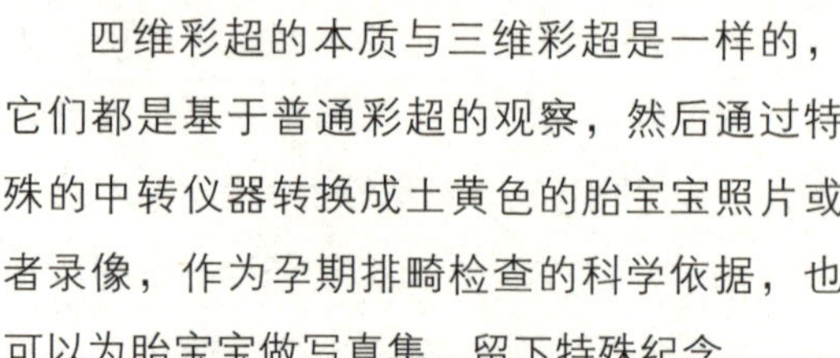

四维彩超的本质与三维彩超是一样的，它们都是基于普通彩超的观察，然后通过特殊的中转仪器转换成土黄色的胎宝宝照片或者录像，作为孕期排畸检查的科学依据，也可以为胎宝宝做写真集，留下特殊纪念。

四维彩超能够让医生和准妈妈在显示器上直观地看到胎宝宝的动态影像，更方便、更清晰、更全面，三维彩超比四维彩超少了一个时间轴，是某个时间点上胎宝宝的静态图像。

一般来说，怀孕24~28周是照四维彩超的最佳时间，这个时期的胎宝宝结构已经形成，胎宝宝的大小以及羊水适中，在宫内的活动空间较大，胎宝宝骨骼回声影响比较小，显示的图像也比较清晰。

但是由于医院资源紧张，四维彩超往往需要提前预约，提前时间也各不相同，有的甚至在第一次产检时就需要预约，因此准妈妈在产检时可以关注一下，看看是否需要预约。

生活小常识

一般孕期做大排畸检查才使用三维或者四维彩超，其他时候的B超检查与普通彩超就可以了。

对唐氏筛查做一点了解

唐氏筛查，是唐氏综合征产前筛选检查的简称。唐氏综合征又叫作21-三体，是说患者的第21号染色体比正常人多出一条。唐氏患儿具有严重的智力障碍，生活不能自理，并伴有复杂的心血管疾病，需要家人的长期照顾，会给家庭造成极大的精神及经济负担。

唐氏综合征是一种偶发性疾病，所以每一个怀孕的妇女都有可能生出“唐氏儿”，生唐氏儿的概率会随着孕妇年龄的递增而升高，普通人群(35岁以下)生唐氏儿的概率为1/600~1/800。

唐氏筛查的时间很严格

做唐氏筛查时不需要空腹，抽取准妈妈外周血就可以了，但唐氏筛查与月经周期、体重、身高、准确孕周、胎龄大小都有关，所以唐氏综合征检查时间控制非常严格，一般是在孕期的16～18周，无论是提前或是错后，都会影响检查结果的准确性。如果错过了时间段，无法再补检，只能进行羊膜穿刺检查。

筛查结果怎么看

各个医院的计算方法不完全一样，有的医院正常值标准是“小于1/270”，有的则是“小于1/380”，就表示危险性比较低，胎宝宝出现唐氏综合征的机会不到1%。但如果危险性高于1/270或1/380”，就表示胎宝宝患病的危险性较高。

唐筛检查只能筛检出60%~70%的唐氏综合征患儿，只能帮助判断胎宝宝患有唐氏综合征的机会有多大，但不能明确胎宝宝是否患上唐氏综合征。

也就是说，即使检查结果值偏高，也并不代表胎宝宝一定有问题；即便35岁以上的高龄准妈妈风险比较高，但也不代表她们的胎宝宝一定有问题。

所以即使唐氏筛查的结果高于正常值也不要过于担心，因为还要进一步做羊水穿刺和胎宝宝染色体检查才能明确诊断。

生活小常识

与唐氏筛查不同，糖筛是排查妊娠糖尿病的，一般在24周做，需要空腹12小时，假如有疑虑或者分不清楚，可以咨询医生。

可能被要求同时做NT检查和唐氏筛查

NT检查是通过B超检查胎宝宝颈部透明层厚度，在准妈妈怀孕11~14周做，若胎宝宝的颈项透明层增厚，就说明胎宝宝有可能是唐氏儿或者心脏发育不好。另外，颈项透明层增厚也与胎宝宝染色体核型、胎宝宝先天性心脏病以及其他结构畸形有关，颈项透明层越厚，胎宝宝异常的概率越大。

NT检查的目的是在妊娠较早阶段诊断染色体疾病，以及发现多种原因造成的胎宝宝异常。NT检查与唐氏筛查是不同阶段不同手段的检查，有时候医生可能会要求准妈妈两者联合检查，因为NT检查再配合抽血化验，唐氏综合征的检出率能达到85%。

生活小常识

做NT检查时，前两小时不要喝牛奶和豆浆，这项检查也不需要妈妈空腹或者节食。

孕5月

胎宝宝身体发育和准妈妈身体变化

胎宝宝身体发育

● 胎宝宝17周：胎宝宝可以"抬头"了

外观：胎宝宝在这周个子没怎么长，大约有13厘米，体重140～170克。不过在接下来的1个多月，他会大显身手，身长和体重都将增加1倍以上，特征也会更明显。

头：之前几个月胎宝宝的头都是贴着身体弯曲着的，从现在开始，他的头可以伸展开了，甚至可以在子宫中直立起来了。

五官：除了头，胎宝宝的五官也已经慢慢成长到正常、标准的形态了，耳朵和眼睛已经完全长到正常的位置；嘴开始张合，眼睛会眨动。

泌尿生殖系统和环境系统：比较复杂的人体系统，如泌尿生殖系统和循环系统，开始具备初步的生理功能。

听力：从17周到20周，胎宝宝的听力形成，此时他就像一个小小"窃听者"，能听到妈妈的心跳声、血流声、肠鸣声和说话的声音。

● 胎宝宝18周：胎宝宝开始忙个不停

五官：此时，胎宝宝的眼睛已经睁

开，并且向前看，只是还不会向左右看。

脖子：胎宝宝已经有了轮廓分明的脖子。

皮肤：胎宝宝的皮肤依然很薄，血管清晰可见，看起来好脆弱，好像一碰就会破似的。

肺：肺泡虽然还没发育成熟，但胎宝宝的胸脯会不时地鼓起来、陷下去，这是他在呼吸，只不过他的口腔里流动的是羊水而不是空气。

动作：胎宝宝开始频繁地胎动了，做B超检查时，妈妈可以在仪器的屏幕上看见胎宝宝的情形，也许他正在踢腿、屈体、伸腰、滚动、吸吮自己的拇指，玩得不亦乐乎。

胎宝宝19周：胎宝宝已经长得如“小南瓜”了

外观：本周胎宝宝的身长为13～15厘米，重量为200～240克，从妈妈那里获取的营养一点也没有浪费，已经长得像个小南瓜了。

感觉器官：胎宝宝的感觉器官进入成长的关键时期，大脑开始划分专门的区域进行嗅觉、味觉、听觉、视觉及触觉的发育。脑部的指示已经可以传达到某些感觉神经了。这一切都为胎教的实施提供了可行的生理依据。

生殖器官：此时，胎宝宝的生殖器官已经形成。如果是女宝宝，其子宫和输卵管已经各就各位了，卵巢里现在也已经储存了大约600万个卵子，卵子的数目将在她出生时减少至100万。

胎宝宝20周：胎宝宝能看见光了

外观：本周胎宝宝比上周大了许多，身长为16～25厘米，体重约250～300克。

视觉：从孕20周开始，胎宝宝的视网膜会逐渐形成，开始对光线有感应，能感觉到准妈妈腹壁外的亮光。这时准妈妈可以用手电照射腹部进行胎教，胎宝宝对强光的反应会很大。

准妈妈身体变化

身体重心改变了

准妈妈臀部渐渐浑圆起来，体态明显丰满，子宫仍在不断增大，现在很容易就可以摸到了。有的准妈妈在这段时间会感到腹部一侧有轻微的触痛，还有的准妈妈会感到背痛，这是因为子宫增大的同时，子宫两边的韧带在迅速拉长、变软造成的。

乳房不断增大，速度简直可以用膨胀来形容，乳腺也很发达了。膨大的乳房和隆起的腹部会让准妈妈的身体重心发生改变，准妈妈得习惯这样的改变，并重新找回平衡感，以免一不留神摔倒了。

黑色素沉积明显

不少准妈妈到孕中期后，会发现皮肤变黑（原本肤色不白的更明显），额头、脸颊、鼻头等部位可能也会冒出黄褐色的雀斑（一般称为妊娠斑），这与孕期激素分泌有关。皮肤分泌的黑色素增加了，色素沉积就增多了。

胃部蠕动频繁

胃部经常有蠕动的感觉，而且很频繁，这都是胎动引起的，用心去感受这种奇妙的感觉吧。

出现新的不适

由于孕激素的影响，准妈妈的关节变得不像以前那样稳固，容易受伤，建议减少让身体有过大的伸展和弯曲的运动（如弯腰、深蹲）。跑步、跳跃等动作也不适合了，因为这会让羊水中的胎宝宝感觉不舒服。

在这一阶段，有的准妈妈会有些新的不适感，如消化不良、伤风感冒、口干舌燥、耳鸣等。

可能出现静脉曲张

这个月，由于胎宝宝和准妈妈的子宫愈来愈大，压迫骨盆腔静脉和下腔静脉，使得下肢血液回流受阻，造成静脉压升高，准妈妈会出现静脉曲张。

怎样吃才更营养

一天吃1个鸡蛋就够了

鸡蛋营养价值很高，含有丰富的蛋白质、脂肪、维生素及微量元素，特别是蛋黄中含有胆固醇和卵磷脂，能够促进人体生长和神经发育，并且还含有造血必需的磷盐、铁盐以及有助于骨骼发育的脂溶性维生素等，是准妈妈不可缺少的高营养补品。

鸡蛋虽好，但准妈妈不宜吃太多，每天吃1个即可，1个鸡蛋足以满足妈妈的需求，摄入太多，一方面吸收不了会造成浪费，另一方面也会加重准妈妈的消化负担。

尤其是身体肥胖和胎宝宝较大的准妈妈，千万不要多吃鸡蛋，因为蛋黄中含有较高的胆固醇，对肥胖的妈妈很不利，一天吃1个即可。

生活小常识

煮鸡蛋相对于其他形式的鸡蛋来说，营养是最佳的，煮食的营养存留率最高，而且比蒸、煎、炸的要容易消化。但煮鸡蛋不宜过老或过嫩，太老不易消化，太嫩不熟，存留细菌，也很不卫生。煮鸡蛋时，一般水开后煮8分钟左右鸡蛋就熟透了。

体重增速太快，试试这样吃

在怀孕中期，准妈妈每周体重增加不超过500克才是合理的，如果体重增长速度超出了这个范围，就要引起注意，需要及时加以控制。

用蔬菜代替高糖水果

水果含有大量糖分，吃太多容易发胖，并可能引发妊娠糖尿病。所以，你不妨用一些口感较好的蔬菜来代替高糖水果，或者与水果混合在一起食用。比如把番茄、樱桃、小萝卜当作水果吃，或者用黄瓜汁代替水果汁饮用，还可将橙子与黄瓜拌成香橙黄瓜沙拉，或者将胡萝卜与苹果混合打成果汁等。

尽量采用清炖的方法来烹饪肉类

烹饪肉类时，如果采用红烧的办法就很容易摄取过多热量，因为“红烧”时会加入较多的料酒、糖、酱油，这些调料也具有很高的热量。所以，怀孕期间可以多用清炖的方法来烹饪肉类。如果想吃烤的也可以，但是注意不要用明火烤肉，而使用烤箱。

多用豆类、玉米、甘薯等充当主食

调整主食的结构，少吃一些精米白面，适当在主食中增加豆类和杂粮，比如蒸一碗杂粮饭。或者用红薯、玉米、芋头当作主食，这样可以多吸收一些膳食纤维，有利肠蠕动，缓解孕期经常发生的便秘现象，也是保持体重缓慢增加的好办法。

改变进餐顺序

先喝水→再喝汤→再吃青菜→最后才吃饭和肉类。这样的进餐顺序可防止准妈妈摄入过多的主食和肉类。

将晚餐时间提前，并坚持饭后散步

准妈妈可以把吃晚餐的时间提前一个小时，吃过晚餐后稍微休息下即可以外出散步30~45分钟，既可以消耗一定热量，适量运动还可以帮助自然分娩。

生活小常识

准妈妈最好买一台电子秤，每天称体重并记录，这样就能准确地衡量体重增速，也可以督促自己有效地控制体重的增长速度。

吃火锅的卫生原则

火锅被非常多的人所喜爱，喜欢吃火锅的准妈妈可能会很馋，尤其是到了寒冬腊月，与亲朋好友围桌其乐融融地吃上一顿，心情也会很好。准妈妈偶尔吃火锅是可以的，但要注意吃火锅的方式，以及火锅的安全卫生：

1 火锅远勿强伸手

如果火锅的位置距准妈妈太远，不要勉强伸手夹食物，以免加重腰背压力，导致腰背疲倦及酸痛，最好请家人或朋友代劳。

2 加双筷子免沾菌

准妈妈应尽量避免用同一双筷子取生食物和熟食，这样容易将生食上沾染的细菌带进肚子里，从而造成腹泻及其他疾病。

3 自家火锅最卫生

准妈妈喜爱吃火锅，最好自己在家准备，

材料由自己安排，食物卫生就可以保证，汤底可以购买现成品调制，味道不逊于酒楼。

4 先后顺序很重要

涮火锅的顺序很有讲究，最好吃前先喝小半杯新鲜果汁，接着吃蔬菜，然后是肉。这样既可以减少胃肠负担，又可以合理利用食物的营养，达到健康饮食的目的。

5 食物要完全涮熟

无论在酒楼或在家吃火锅时，任何食物一定要煮至熟透，才可进食，特别是肉类食物，如牛肉、羊肉等，这些肉片中都可能含有弓形虫的幼虫。幼虫可通过胎盘感染到胎宝宝，严重的发生小头、大头（脑积水）、无脑儿等畸形。

生活小常识

火锅材料不仅是肉、鱼、动物内脏等食物，还必须先后放入较多的蔬菜，蔬菜含大量维生素及叶绿素，不仅能消除油腻，补充维生素的不足，还有清凉、解毒、去火的作用，但放入的蔬菜不要久煮，熟了就要及时吃。

改善心情可以试试这几种食物

不好的情绪和心理无论对准妈妈还是胎宝宝都会产生不良的影响，所以准妈妈要学会自我调节与放松，以下食物可以帮助准妈妈赶走坏情绪：

1 豆类食物：大豆中富含人脑所需的优质蛋白和8种必需氨基酸，这些物质都有助于增强脑血管的功能。身体运行畅通了，准妈妈心情自然就舒畅了。

2 香蕉：香蕉可向大脑提供重要的物质酪氨酸，使人精力充沛、注意力集中，并能提高人的创造能力。此外，香蕉中还含有可使神经“坚强”的色氨酸，还能形成一种叫作“满足激素”的血清素，它能使人感受到幸福、开朗，预防抑郁症的发生。

3 菠菜：菠菜除含有大量铁质外，更有人体所需的叶酸。人体如果缺乏叶酸会导致精神疾病，包括抑郁症和老年痴呆等。

4 南瓜：南瓜富含维生素B_6和铁，这两种营养素能帮助身体所储存的血糖转变成葡萄糖，葡萄糖正是脑部唯一的燃料。

5 樱桃：长期面对电脑的准妈妈会有头痛、肌肉酸痛等毛病，可吃樱桃改善状况。

生活小常识

准妈妈可以尝试自己做一些果菜汁来喝，果菜汁中汇聚了水果和蔬菜的综合营养，而且亮丽的颜色、清香的味道很容易令准妈妈心情变好。

解馋又营养的小零食

准妈妈可以选择一些营养丰富、低糖、低热量、高膳食纤维的食物来充当孕期零食，不但能解馋，还能保证身体必需的营养，这样的零食包括：

红枣

红枣被称为“天然维生素丸”，富含多种营养成分。具有补血安神、补中益气、养胃健脾等功效，还能防治妊娠期高血压，非常适合孕妇食用。

瓜子

瓜子的种类很多，如葵花子、西瓜子、南瓜子等。葵花子中富含维生素E，西瓜子中富含亚油酸，南瓜子中则含有蛋白质、脂肪、碳水化合物、钙、铁、磷、胡萝卜素、维生素B_1、维生素B_2等多种营养成分，且比例均衡，非常有利于人体的吸收和利用。

板栗

板栗富含蛋白质、脂肪、碳水化合物、钙、磷、铁、锌、维生素B族等多种营养成分，有补肾强筋、养胃健脾等功效。准妈妈常吃板栗既可以健身壮骨，利于胎宝宝的健康发育，又可以消除自身的疲劳。

花生

准妈妈每天吃一点儿花生可以预防产后缺乳，花生的内衣(即红色薄皮)中含有止血成分，可防治再生障碍性贫血。但花生脂肪含量较多，食用要适量，不可过多。花生受潮后易霉变，能致癌，所以应将其放在干燥处保存，霉变后一定不要再食用。

其他

除上述几种零食外，水果、酸奶、熟鸡蛋、粗纤维饼干等也是不错的选择，既健康，又有足够的营养，可以放一些在家里或者办公室，也可以随身带一些，以防止随时可能到来的饥饿感。

生活小常识

每次吃零食的量不要太多，最好在两餐之间吃，离正餐远一点儿，这样就不会影响正餐的进食量。不要边看书或边看电视边吃零食，这样一来不卫生，二来不利于消化。

加餐的有效吃法

进入到孕中期之后，准妈妈的食欲会大增，这个时候需要增加更多的营养，很多准妈妈在正餐的时候吃得不多，剩下的一部分量就只能放在加餐的时候吃，那么怎么样让加餐吃起来更有营养呢？

通常，正餐过后两个半小时到三个小时就可以加餐了，加餐食物中要有一点主食，也就是粮食类的东西，如全麦面包或者燕麦片等，这是加餐的饮食基础。剩下的就是一天要求补充的500毫升牛奶。这500毫升牛奶建议分两到三次喝，其中几次最好放到加餐里面，如可以早上喝一点牛奶，加餐的时候喝一点，晚上临睡之前的加餐也可以包括牛奶。此外，加餐食物中要有水果，其次是坚果，两者互相搭配，一天可以食用三次，每次分一部分的量在加餐时食用。

加餐时要注意，同一类食物不要重复食用，变着花样地吃最好，每天都换换样儿，既补充营养，又不会吃腻。

生活小常识

准妈妈在加餐时最好不要喝饮料，如鲜橙多及其他含糖饮料，可以饮用鲜榨果汁。也不要吃膨化食品与腌制食品，比如薯片、豌豆脆、腌制的火腿、香肠等。

怎样做才更健康

如果有机会去游泳

准妈妈游泳的最佳时间是在孕5~7月，此时已经进入妊娠的稳定期，胎宝宝的各个器官已经生长到位，准妈妈可以适当地进行游泳运动了。

游泳的好处

1 游泳让全身肌肉都参加了活动，促进血液流通，能让胎宝宝更好地发育。游泳消耗较大，准妈妈可通过游泳来控制增长过快的体重。

2 水的浮力能够减轻身体负担，从而缓解或消除孕期常有的腰背痛症状，并促进骨盆内血液回流，消除淤血现象，有利于减少便秘、痔疮、四肢浮肿和静脉曲张等问题的发生。

3 孕期经常游泳还可以改善情绪，减轻妊娠反应，对胎宝宝的神经系统有很好的影响。

4 游泳还可以锻炼准妈妈的肺活量，让准妈妈在分娩时能长时间地憋气用力，缩短产程。

游泳时的注意事项

1 平素健康的准妈妈可以每周游泳1～2次，每次500米左右。

2 游泳池的水一定要干净合格，以免发生感染，不利于胎宝宝健康发育。

3 最好能选择室内恒温的，水温在29～31℃为宜，并能避开阳光的直射。水温若是低于28℃，就会使子宫收缩，容易引起早产或者流产。

4 游泳的时间应选择在子宫不容易紧张的时候，也就是上午10点到下午2点。

5 游泳之前，先量血压和脉搏，做各种检查，合格的话才能下水游泳。

6 进行游泳锻炼时，要控制好运动量，每次运动时间不宜超过半小时。运动量以活动时心跳每分钟不超过130次，运动后10分钟内能恢复到锻炼前的心率为限。

7 不要过度伸展关节，也不能潜水、跳水，不要仰泳，以免发生溺水危险。

生活小常识

有过流产、早产史，阴道出血，腹痛，高血压综合征，心脏病的准妈妈，在孕期要避免游泳。

着衣穿鞋要适时改换

孕期身形会慢慢发生变化，无论着衣还是穿鞋也都要适时变换。

衣着改换

准妈妈的衣服应松软，寒暖适宜，并逐渐宽大，乳房部、腰及下肢不宜束缚过紧。

过紧的腰带和裤带会影响局部的血液循环，引起下肢或外阴部的静脉曲张，随着胎宝宝逐渐长大，过紧的衣服还会妨碍胎宝宝的活动，也会影响胎宝宝的生长发育。在正常的情况下，妊娠6～7个月后，胎宝宝的头部位于子宫的下端，如准妈妈穿着过小的裤子，尤其直裆较短的西式裤，在往上提位过程中，易使胎宝宝的头部上移，形成斜位、横位等异常胎位。

鞋子的选择

许多准妈妈在怀孕3个月后，从大脚趾下面部分开始浮肿，6个月后整个脚浮肿，分娩前夕，脚和腿的浮肿相当突出，走路时难以平衡。

随着体重的增加，血液循环不畅，脚底会渐渐产生很大的压迫感，进而促使腰痛症状加剧，使胎宝宝也受到压迫。

为此，准妈妈从怀孕3个月起就应换穿双脚负担小，行走方便的鞋，最重要的是跟要低，宜在2厘米左右。

孕期的鞋子宜选择宽松、轻便、透气性好的鞋，避免穿合成皮鞋或尼龙鞋，谨防沉重、不透气的鞋加重脚浮肿。

对于双脚浮肿严重和怀孕6个月以后的准妈妈，要选择尺码稍大的鞋，但也不可过于宽松，防止不跟脚，行走反而不便。

此外，准妈妈的鞋底应作防滑处理，宜选用鞋底有弹性、材料柔软的，防止发生摔跤。

生活小常识

进入到孕5月后，准妈妈的身心日渐稳定，只要一切健康，出门购物是没有问题的，逛街走路等同于散步，也是一种很好的锻炼。

总感到“不快活”，得多多调节

抑郁的心境是一种忧伤、悲哀或沮丧情绪的体验，也就是我们常说的“不快活”，有将近10%的女性，在孕期会感觉到程度不同的抑郁，孕期抑郁症与产后抑郁症一样普遍，但往往容易被忽视。

孕期抑郁症的表现

如果在一段时间（至少是两周内）有以下的4种或以上症状，则说明准妈妈可能已患有孕期抑郁症：

❶ 注意力无法集中，记忆力减退。

❷ 总是感到焦虑、迷茫。

❸ 脾气变得很暴躁，非常容易生气。

❹ 睡眠质量很差，爱做梦，醒来后仍感到疲倦。

❺ 非常容易疲劳，或有持续的疲劳感。

❻ 不停地想吃东西或者毫无食欲。

❼ 对什么都不感兴趣，懒洋洋的，总是提不起精神。

❽ 持续的情绪低落，莫明其妙地想哭。

❾ 情绪起伏很大，喜怒无常。

孕期抑郁会带来怎样的问题

❶ 孕期的抑郁情绪得不到及时调整，就很容易增加产后抑郁症的概率。

❷ 如果准妈妈在孕期长期抑郁，可造成胎盘血液循环不良，影响胎宝宝发育，诱发妊娠高血压综合征的发生，还可引起胎宝宝畸形，导致难产等。

❸ 抑郁情绪还会使准妈妈照料自己和胎宝宝的能力受到影响，出生的婴儿问题也更多。

学会调节自己的孕期抑郁情绪

首先，准妈妈要尽量通过各种方式来使自己放松，也可以暂时离开令准妈妈郁闷的环境，培养一些积极的兴趣爱好，转移自己的注意力。

其次，对于孕期生活中遇到的难题，准妈妈要注意和准爸爸多沟通，和准爸爸保持良好的关系，让准爸爸成为准妈妈的坚强后盾。还可以跟亲密的朋友倾诉，让他们给予准妈妈理解和帮助。

第三，幻想一下宝宝出生后的美好生活，这样，当前的困难就变得不那么难解决了。一切的付出都会得到回报的。

如果准妈妈做了种种努力，情况仍不见好转，或者有伤害自己和他人的冲动，那么应该立即寻求医生的帮助，医生会指导准妈妈服用一些对自身和胎宝宝没有副作用的抗抑郁药物，以免病情延误，给自己和胎宝宝带来不良后果。

生活小常识

忧虑、抑郁、伤心、绝望等不良情绪会促进黑色素增加，因此，准妈妈要注意保持规律的生活，按时作息，充足的夜间睡眠能令心情更恬静。

一种能调整情绪的呼吸法

呼吸有胸式和腹式两种方式，胸式呼吸时，只有肺的上半部分在工作，几乎4/5的肺泡都在休息。相较于胸式呼吸，腹式呼吸法

对肺部的利用率更高，能让肺部的功能发挥到最高，因而呼吸也更有效。

腹式呼吸法对镇静神经、消除紧张不适很有效，做腹式呼吸的时候，精神会比较集中，如果能熟练使用，在分娩阵痛的时候，也可帮助转移注意力，忽略疼痛感。准妈妈感到心烦意乱时，可以找一个安静的地方进行一下腹式呼吸法。

腹式呼吸怎么做

我们女性平时都是以胸式呼吸为主，胸式呼吸是吸气的时候胸部膨大，呼气时胸部回缩，腹式呼吸也是一样的道理，尽量深呼吸，在吸气时腹部膨大，在呼气时腹部收缩。如果掌握不了技巧，你可以将手放在腹部，感觉腹部变化，也可以用眼睛看着腹部起伏，只要腹部变化符合腹式呼吸特点即可。

练习腹式呼吸的时候你可以坐在沙发上或地板上，背后靠个靠垫，让身体放松，然后把注意力集中在呼吸上，呼吸节奏缓慢而深沉，用鼻子慢慢吸气，边吸气边在心理数数，数到5以后，用嘴小口呼气，数10个数后开始下一轮呼吸。吸气的时候，让自己感觉气体被储存在腹中，呼气时感觉气体从腹中缓缓溢出。

练习腹式呼吸时，一定要注意呼气的节奏，呼气的速度要比吸气慢，就像上面方法中所述，呼气时间是吸气时间的2倍，这样做可以提高呼吸功能。

生活小常识

练习腹式呼吸的时候不妨形成规律，每天早、中、晚各1次，一天共3次，在感觉到肚子已经大到无法进行腹式呼吸的时候，就可以不做了，转而去做扩张胸部呼吸功能练习。

尽量回避二手烟

自己不抽烟，因为别人吸烟而被动地吸入烟草的烟雾一般被称为吸“二手烟”。二手烟的危害比直接吸烟还大，对准妈妈来说也不例外。同时，二手烟可以对胎宝宝生长的子宫内环境造成污染，这对胎宝宝的正常发育显然是不利的。准妈妈不仅自己不能吸烟，还要避免二手烟的危害。

回避二手烟的一些方法

1. 回避有烟污染的环境，这样可以防止被动吸入二手烟。

2. 请家人也坚决不要在家里吸烟，如果家里有来串门的客人，也要友善地提醒客人请他们不要吸烟。

3. 尽量不要去公共场所。因为公共场所是没有办法控制吸烟和呼吁禁烟的，而且人员混杂，难免会有二手烟。

如果是职场准妈妈

遇到别人吸烟，准妈妈应该尽量避开。如果是在办公室，可以找个借口先到室外待一会儿，等吸烟者吸完再进来；也可以跟其他同事换换位置，到没有烟雾的地方工作；还可以向领导申请换办公室或在家办公。

实在避不开的话，准妈妈可以通过一些动作委婉地表达自己希望吸烟者停止吸烟的愿望，比如：咳嗽两声，用手使劲扇自己面前的烟雾，起身把窗户打开等。也可以用委婉的话语提醒吸烟者，请其把烟掐灭。如果对方还不理会，则应该正面向吸烟者提出要求。

职场准妈妈应当每天找一些时间外出走走，多呼吸一下新鲜空气，如果有开窗条件，要常开窗转换室内空气。

还可在自己的办公室或者办公桌的小范围内放些小盆植物,如兰花等，净化空气，过滤一些烟气。

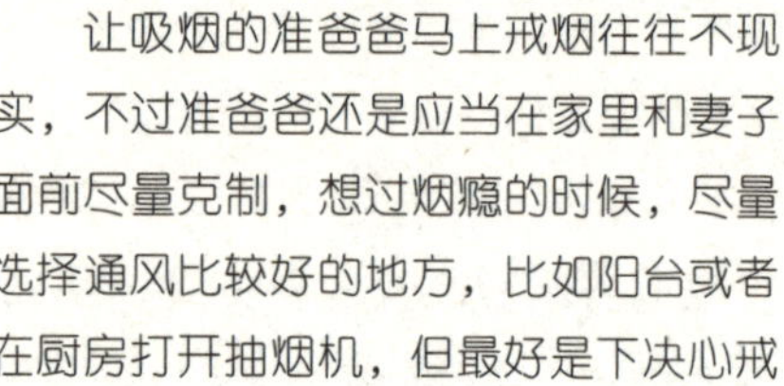

生活小常识

让吸烟的准爸爸马上戒烟往往不现实，不过准爸爸还是应当在家里和妻子面前尽量克制，想过烟瘾的时候，尽量选择通风比较好的地方，比如阳台或者在厨房打开抽烟机，但最好是下决心戒烟，吸烟对自己和家庭都有益无害。

洗脸、洗头的讲究

怀孕后，由于皮脂腺分泌旺盛，皮肤出油、头皮屑等问题也会加重，为了让自己更舒适，准妈妈洗脸、洗头也要有一些讲究。

洗脸的讲究

❶ 洗脸用水：用常见的干净的自来水就可以了，不用特别追求矿泉水、纯净水。

❷ 洗脸水温：用温水洗脸最好，如能将水温控制在34℃左右最好。准妈妈可以将开水稍微晾凉，手放进水里感觉温暖为宜。此时水的性质与生物细胞内的水十分接近，不仅容易透过细胞膜，溶解皮脂，开放汗腺管口使废物排出，而且有利于皮肤摄入水分，使面部柔软细腻，富有弹性。

❶ 洗脸频率：一般冬天早晚各一次，夏天由于出汗多，油脂分泌也多，可以酌情多洗几次，特别在看完电视、用完电脑、外出活动、大量流汗后都应清洗一次，洗去污垢与细菌。

洗头的讲究

❶ 根据发质洗头

中性发质：2～3天洗1次头即可，洗得太勤反而对头发不好。购买洗、护发用品时也不需要特别挑选去油或滋润配方的。可以使用婴幼儿专用的洗发水，这类洗发水性质比较温和，且含有不掉泪配方，对皮肤和头发的刺激相对较小。

干性发质：建议使用温和的洗发水，并使用护发素进行润发。另外，还要拉长洗发时间间隔，3～5天洗1次头即可，否则容易使头发变得更加干燥。

油性发质：可1～2天洗1次。洗头时不要将洗发水直接倒在头发上，而是要在手中揉出泡沫后再用来清洗头发，护发素也不要涂抹在发根部位。

❷ 省力的洗发姿势

随着肚子的逐渐变大，准妈妈就不适合再弯着腰洗头了。这时可以坐在带有靠背且坐下来后膝盖可以弯成90° 的椅子上，头往前倾，用喷头慢慢地冲洗头发。如果自己动作不便，可以让准爸爸帮忙。

❸ 洗发步骤和动作

先要倒着把头发梳通，梳理时切忌用力拉扯，然后用清水冲洗头发上的灰尘、污垢。洗发时将适量洗发水倒在手上，加水揉搓出泡沫，均匀涂抹在头发上，用指腹轻轻按摩头皮，不要用指尖抓挠，按摩后停留5分钟，然后用温水冲洗干净。

生活小常识

去理发店洗头的好处是可以躺在那里，而且不用自己动手，可以省不少力气，但是最好自己携带洗护发用品，不用理发店的洗发用品，洗完等头发全部晾干后再离开。

怎样护理才安心

感觉怀孕后“变傻”了

俗话说“一孕傻三年”，很多女性觉得怀孕后自己的记忆力不如以前好了，容易出现丢三落四的现象，这通常被戏称为“孕傻”或“婴儿脑”状态。

感觉“变傻”主要是因为激素水平变化

准妈妈会“变傻”主要是激素水平的变化引起的，尤其是妊娠的前3个月中，孕酮水平稳步上升，甲状腺激素水平也开始下降，这种组合能够使准妈妈大脑“变傻”，导致准妈妈健忘，注意力难以集中，思想处理能力放慢，甚至出现头晕现象。

到了孕晚期，孕激素的影响开始显著减少，但雌三醇激素水平的提高会导致准妈妈的大脑出现“临时记忆”问题，她们会变得很难回顾最近发生的事件，以及反省自己的情绪变化，这同时也是为什么准妈妈孕期情绪变化多端的原因。

怎样改善丢三落四的情况

为了防止自己记忆力下降而忘记一些重要事情，准妈妈可以这样做来改善：

❶ 保持良好的睡眠，放松心情，缓解压力。

❷ 保持摄入充足的水分。因为血液不断地流向增长的子宫，你需要补充水分，让血液更多地流向大脑。

❸ 多吃富含铁的食物，这样能让血液携带更多的氧气到达大脑。

❹ 定期、适度运动可以帮助血液的流动。

❺ 制作任务清单，并且把清单列表在电脑上复制一份，如果丢了的话，还可以找回它们。

❻ 把钥匙、钱包等随身物件每天都放在同一个地方。

❼ 养成大事小事记录下来的好习惯。

生活小常识

并非每个准妈妈都会经历“孕傻”的情况，当类似症状发生的时候，其影响也由于个人体质和性格不同而表现不同，甚至同一名女性，两次怀孕都会有不同的症状表现呢。

医生可能给你开钙片

虽然食补被认为是补钙最理想的方式，但是从孕中期开始，每天平均大概需要补充1 000毫克的钙，对于一些饮食不够均衡的准妈妈来说，可能难以通过食物获取足量的钙质，医生可能有针对性地给准妈妈开钙片。

怎样判断自己是否缺钙

缺钙症状1： 小腿抽筋一般在怀孕5个月时就可出现，往往在夜间容易发生。但是有些准妈妈虽然体内缺钙，却没有表现为小腿抽筋，容易忽视补钙。

缺钙症状2：牙齿松动。钙是构成人体骨骼和牙齿硬组织的主要元素，缺钙能造成牙齿珐琅质发育异常，抗龋能力降低，硬组织结构疏松，如果准妈妈感觉牙齿松动，可能是缺钙了。

缺钙症状3：妊娠高血压综合征。缺钙与妊娠高血压综合征的发生有一定的关系，如果准妈妈正被妊娠高血压综合征困扰，那么就该警惕自己是否缺钙了。

缺钙症状4：关节、骨盆疼痛。如果钙摄取不足，为了保证血液中的钙浓度维持在正常范围内，在激素的作用下，准妈妈骨骼中的钙会大量释放出来，从而引起关节、骨盆疼痛等。

如果准妈妈发生了以上症状的一种或者几种，应及时求助产科医生，确认是否缺钙，以及确定治疗方案。

了解市面上的钙制剂

目前市面上的钙制剂品种繁多，各有其不同的特点，适合不同人群选用。选择时首先考虑钙含量，其次是钙吸收量，再次是价格和口味。比较适合准妈妈服用的钙制剂主要有三种：

1 **碳酸钙制剂：**碳酸钙是列入国家药典的钙剂，也是国际上普遍认可的钙制剂，如钙尔奇D等。不过服用碳酸钙剂要消耗大量的胃酸，有时会引起恶心不适等不良反应。所以妊娠反应比较强的准妈妈不宜选择。

2 **柠檬酸钙：**柠檬酸钙不需要胃酸活化吸收，吸收率较佳，又不会像碳酸钙产生二氧化碳造成胃胀气。此类钙是缺钙比较严重的准妈妈的理想选择。

3 **L–苏糖酸钙：**含钙量较高，并能主动吸收，且胃肠刺激小，还能促进维生素C在体内的吸收并延缓其代谢，可达到补钙、补维生素C的双重效果，是孕期和婴幼儿补钙比较理想的选择。但作为长期补钙剂，价格比较昂贵。

以上三种钙制剂的吸收率分别为：柠檬酸钙35%，L–苏糖酸钙27%，碳酸钙制剂25%，可以咨询医生，并结合自己的缺钙程度和经济状况进行合理的选择。

生活小常识

补钙不是越多越好，如果摄入过量的钙，首先会干扰人体对其他微量元素的吸收作用，其次也可能增加准妈妈患肾结石病的危险。

测算一下合理的体重增速

怀孕了并不意味着可以随心所欲地吃喝，让体重无限制地增长。体重过高或增长速度过快会增加患上高血压、糖尿病的风险，或使得怀上巨大儿的可能性增加。

根据BMI指数来判断整个孕期体重增加量

根据孕前体重的不同，增加的体重量也会有所不同，下面是不同孕前体重的准妈妈相对应的体重增加量参考值：

① 孕前BMI在18.5以下属于体重较轻，整个孕期体重增加12～15千克都是正常的。

② 孕前BMI在18.5～23.9属于标准体重，整个孕期体重增加12千克左右是正常的。

③ 孕前BMI在23.9以上属于超重，整个孕期要适当控制体重增加，在7～10千克比较适宜。

如果怀双胞胎，大概只会比单胎妊娠多增加4.5千克，但无论是双胎还是单胎，孕前体重偏低的准妈妈增重多一点是没关系的，但孕前体重偏高则应注意控制。

生活小常识

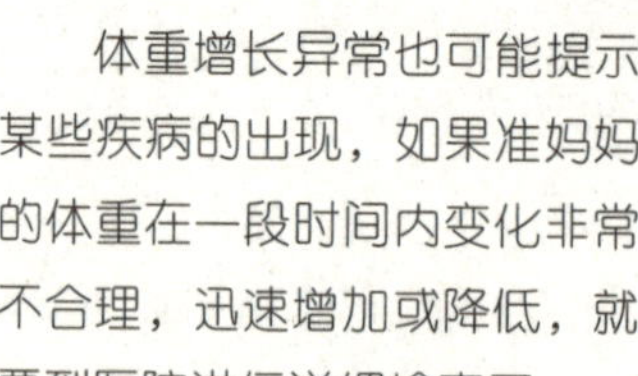

体重增长异常也可能提示某些疾病的出现，如果准妈妈的体重在一段时间内变化非常不合理，迅速增加或降低，就要到医院进行详细检查了。

体重增速多少合适

一般体型的女性，在妊娠初期会增加1.5～2千克，由于妊娠反应的原因，孕早期体重一般增加得比较少，有的准妈妈甚至出现比怀孕前体重还要轻的情况，这是暂时性的，并不是疾病。

孕中期一周约增加0.5千克，增加总数为6～8千克。

在第8个月时，体重继续维持一周增加0.5千克，到第9个月时，则全月只增加0.5千克或1千克，或根本不增加，妊娠后期的增加总数为3～4千克。

很多准妈妈开始感觉到胎动

胎动是胎宝宝在子宫腔里的活动冲击到子宫壁的动作，当胎宝宝的动作触碰到子宫壁时，准妈妈很可能感觉得到，这时就真真切切地感受到了胎动。

● 胎动时，胎宝宝在做什么

① **全身运动：** 胎宝宝整个躯干的运动，如翻身。翻身时他会左右转动身体，你会觉得有翻滚、牵拉的感觉，力量较大，每一下动作持续时间也较长，一般为3～30秒。

② **肢体运动：** 胎宝宝进行四肢运动时会伸伸胳膊、踢踢腿，好像是在你的腹中跳动或踢动，一般会持续1～15秒。

③ **胸壁运动：** 有时你会觉得胎宝宝像在打嗝、颤动

或慢慢地蠕动，这种胎动短而弱，一般不太容易感觉得到。

胎动的确切时间

胎宝宝从第8周起就会开始运动，脊柱有了细微的小动作，但这时候准妈妈还无法察觉。一般情况下，如果是初次怀孕，在孕18～20周会感觉到胎动，而有经验或者感觉十分敏锐的准妈妈可能在16～18周甚至更早就能感觉到胎动。

胎动时准妈妈的感觉

① 孕16～20周：此时胎动多发生在下腹中央，比较靠近肚脐眼的位置。此时胎宝宝的运动量很大，动作也不激烈，准妈妈对此的感觉不太明显，通常会觉得像鱼儿在游动或翅膀在挥舞，有时还会有"咕噜咕噜"吐泡泡的感觉。没有经验的准妈妈常会误以为是消化不良、胀气或饥饿所致。

② 孕20～35周：此时胎动的位置升高，在靠近胃的地方，并向两侧扩大。这一时期胎宝宝的各项机能充分发育，处于最活泼的时期，胎动也最明显最频繁，可以感觉到翻滚、拳打脚踢等各种大幅度的动作，有时甚至还可以看到肚皮上某个位置突出小手小脚。

② 孕35周～临近分娩时：胎动遍布整个腹部，这时胎宝宝已经长得很大，几乎撑满了整个子宫，宫内可供活动的空间越来越小，胎宝宝的动作施展不开。临近分娩时，胎头开始下降，胎宝宝也在为出生储存体力，所以胎动就会减弱一些，也没有之前那么频繁了。

容易感觉到胎动的时机

① 吃饭后：准妈妈吃完饭后，体内的血糖含量增加，胎宝宝也因为"吃饱"变得有力气了，胎动比饭前要频繁一些，准妈妈比较容易感觉到胎动。

② 洗澡时：洗澡时准妈妈的血液循环比较通畅，身体也很放松，这种舒适的感觉会传达给胎宝宝，他会用胎动来回应。

③ 睡觉前：胎宝宝在晚上比较有精神，动得最多，而且准妈妈在晚上通常身心比较镇静，所以会觉得胎动特别多。

④ 听音乐时：受到音乐的刺激时，胎宝宝会用运动来表达自己的情绪。

生活小常识

正常情况下，在一天之中，上午8～12点胎动比较均匀，下午2～3点胎动最少，傍晚6点以后开始逐渐增多，到晚上8～11点时最活跃。

遵医嘱例行产检

本月是妊娠第5个月，如果医生没有特别嘱咐的话，准妈妈应该去医院做第三次产前检查，出门之前准备好零钱、卫生纸、围产保健本等。

检查时要把这一段时间以来，自己身体有无任何不适告诉医生，特别是还有没有呕吐的现象，有无头痛、眼花、浮肿、阴道流血或腹痛等症状。

检查的内容包括：身高的测量、体重的测量、腹围的测量、子宫底的测量、血压的测量、尿常规化验及骨盆外测量等。

高龄准妈妈可能需要做羊膜穿刺

羊膜穿刺是羊膜腔穿刺术的简称，是在B超监测下用穿刺针穿过腹壁和子宫进入羊膜腔吸取少量羊水的技术，多于怀孕16~20周进行，用于确诊宝宝是否有神经管缺陷、染色体异常（包括唐氏综合征）以及某些能在羊水中反映出来的遗传性代谢疾病。

有下列情况的准妈妈可能需要做羊膜腔穿刺术：

1. 年龄35岁以上的高龄产妇。
2. 前次怀孕有过染色体异常胎宝宝者。
3. 母血唐氏综合征筛查结果显示为高危人群者。

生活小常识

有的准妈妈在穿刺过程中可能会感到一些绞痛、夹痛或压力感，这不是普遍情况，不同孕妇以及不同孕次之间感觉都会不同。一般来说，在正规医院由专业医生操作是比较安全的，取羊水的过程非常短，甚至不超过30秒，整个过程半个小时就完成了，准妈妈不用太担心。

孕6月

胎宝宝身体发育和准妈妈身体变化

胎宝宝身体发育

胎宝宝21周：胎宝宝看上去滑溜溜的

外观：胎宝宝已经安全度过40周孕程的一半了。他现在已经有16～18厘米长，300～350克重了，而且出落得越发标志了：眉清目秀，小鼻子也更挺起，脖子变长了，浓密的头发代替了原来稀疏柔软的胎毛。

胎脂：这个小家伙现在看上去变得滑溜溜的，他的身上覆盖了一层白色的、滑腻的物质，这是胎脂。它可以保护胎宝宝的皮肤，以免在羊水的长期浸泡下受到损害。不少宝宝在出生时身上都还残留着这些白色的胎脂。

胎宝宝22周：小家伙听力越来越好

外观：此时胎宝宝大概已经有19～22厘米，体重也有350～400克，身体各个部位的比例也变得匀称了，看上去已经很有新生宝宝的样子了。

五官：胎宝宝的五官已经发育成熟了，面目很清晰，通过B超，可以清楚地看到胎宝宝的眉毛和睫毛。

听力：为了使声音能够被更好地传导，胎宝宝的中耳骨开始硬化。现在他的听力已经达到一定的水平了，能够分辨声音的好坏了，一般胎宝宝比较喜欢听妈妈的声音，不喜欢听汽车发动的声音以及洗衣机脱水的震动声等嘈杂的声音。

胎宝宝23周：像个皱巴巴的“小老头”

外观：23周的胎宝宝看起来已经很像一个缩小的婴儿了。但由于皮下脂肪尚未产生，他的皮肤是红红的，而且皱巴巴的，像个小老头。皮肤的褶是为了给皮下脂肪的生长留有余地。

内脏器官：在宝宝体内，肺中的血管形成，呼吸系统正在快速地建立；肾脏已能够制造尿液。

胎宝宝24周：肚里的宝宝也会咳嗽

外观：胎宝宝的样子一天天地变化着，现在已经有25～30厘米长了，约500～700克重。体重虽然增加了不少，但是仍然显得很瘦，不过他的身体正在协调生长，很快也会增加更多的脂肪，基本可以开始充满准妈妈的整个子宫。

心脏：胎宝宝的心跳变得越来越有力，准妈妈可以买一台胎心仪来随时监听胎心音，或把耳朵贴近腹部也能听到。

肺：胎宝宝的肺里面，负责分泌表面活性物质（一种有助于肺部肺泡更易膨胀的物质）的肺部细胞正在发育。胎宝宝还会咳嗽或打呃。当他咳嗽时，准妈妈会感觉到腹中有什么东西在敲打。

准妈妈身体变化

● 有了十足的孕妇相

准妈妈子宫进一步增大上升，子宫底逐渐升高，准妈妈的腹部明显地突出，从外观上看，已经有十足的孕妇相。

● 子宫压迫到肺部和肠胃

子宫在以后的一段时间内将经历一个从脐下上升到超越脐部的过程，会压迫到肺部和胃部。

这时准妈妈觉得呼吸比以前要急促多了，特别是上楼梯的时候，走不了几级台阶就会气喘吁吁的。另外，子宫增大不仅压迫肺部，还会压迫到肠胃，胃肠被迫向上推移，致使胃肠蠕动速度降低，从而使胃的排空变慢，所以准妈妈常有上腹饱足感和胃灼热。建议准妈妈每餐不要吃得过饱，少食多餐会舒服一些，饭后散步将有助于消化。

● 行动变得迟缓

由于孕激素的作用，准妈妈的手指、脚趾和全身关节韧带变得松弛，有的准妈妈会觉得不舒服，行动有点迟缓和笨重，这是正常的，不必担心。

● 身体出现轻微浮肿

准妈妈身体开始或多或少地出现浮肿。这是由于在整个怀孕过程，准妈妈的体液会增加6～8升，其中4～6升为细胞外液，它们贮留在组织中造成水肿。增大的子宫压迫血液循环也会造成下肢水肿。脚掌、脚踝、小腿是最常出现水肿的部位，有时候甚至脸部也会出现轻微的肿胀。

● 出现小腿抽筋

准妈妈常常容易在孕中期和孕晚期发生小腿抽筋，这是因为这一时期胎宝宝对钙的需求量迅速增加，如果准妈妈没有摄入充足的钙，胎宝宝就会从准妈妈的骨骼中吸收钙质，那么准妈妈就容易发生小腿抽筋。准妈妈小腿抽筋常常在夜里发作。

怎样吃才更营养

通过饮食可以预防、缓解水肿

妊娠水肿属于正常反应，通过饮食上的适当调节，可以起到很好的预防或缓解作用：

进食足够量的蛋白质

水肿的准妈妈，特别是由营养不良引起水肿的准妈妈，每天都应摄取优质的蛋白质，如肉、鱼、海鲜、贝类、蛋类、奶类及奶制品、豆制品(如豆浆、豆腐、豆干、素鸡、豆包、干丝)等。缺铁性贫血的准妈妈每周还要注意进食2～3次动物肝脏以补充铁质。

进食足量的蔬菜、水果

蔬菜和水果具有解毒利尿等作用，能缓解水肿，而且含有人体必需的多种维生素和微量元素，有助于提高机体抵抗力，加强新陈代谢。准妈妈每天进食不少于500克的蔬菜。

多吃有利尿消肿作用的食物

建议准妈妈出现水肿时多吃一些具有利尿消肿作用的食物，如芦笋、洋葱、大蒜、南瓜、冬瓜、菠萝、葡萄等。

不要吃过咸的食物

水肿时要吃清淡的食物，不要吃过咸的食物，尤其是咸菜，以防止水肿加重，所以准妈妈吃盐的量一定要控制。

少吃难消化、易胀气的食物

如油炸的糯米糕、白薯、洋葱、土豆等，宜少吃或不吃，以免引起腹胀，使血液回流不畅，加重水肿。

控制水分的摄入

对于水肿较严重的准妈妈，应适当控制水分的摄入。

生活小常识

咸鸭蛋美味可口，有的准妈妈喜欢吃，但是每只咸蛋含有盐10克以上，而人体日需盐量5～8克，一个咸蛋所含的盐已超过一天的需要量，而其他的食物里也含有盐分，这样盐的摄入量远远超过机体需要量，容易导致高度水肿，所以已经水肿的准妈妈千万要注意。

有助于安睡的饮食窍门

准妈妈睡眠不好是个不容忽视的大问题，因为失眠不仅影响准妈妈的身心健康，还会给胎宝宝带来不利影响。如失眠处理不当更有可能会导致焦虑、抑郁等。由于治疗准妈妈失眠时不宜使用药物，饮食对付睡眠不佳便显得非常重要了。

有助于睡眠的饮食窍门

❶ 睡前喝一杯牛奶。牛奶是公认的“催眠”食品。如果在牛奶中加些糖，其“催眠”效果就更明显。所以睡前喝一杯加糖的牛奶，可以帮助准妈妈更快入睡，睡得更熟。

❷ 小米也具有安神催眠的作用。将小米熬成稍稠的粥，睡前半小时适量进食，有助于睡眠。

❸ 葵花子也有催眠作用。睡前嗑些葵花子，可促进消化液分泌，有利于消食化滞、镇静安神、促进睡眠。同类食品还有蜂蜜、莲子、桂圆、核桃、红枣、豆类、百合等，经常在睡前食用可改善睡眠。

❹ 多吃含铜食物。矿物质铜和人体神经系统的正常活动有密切关系。当人体缺少铜时，会使神经系统的抑制过程失调，致使内分泌系统处于兴奋状态，从而导致失眠。含铜较多的食物有乌贼、鱿鱼、蛤蜊、蚶子、虾、蟹、动物肝肾、蚕豆、豌豆和玉米等。

❺ 因过度疲劳而失眠，可吃一些苹果、香蕉、梨等水果。这些水果有抗肌肉疲劳的作用。

生活小常识

睡前可以进行一些适当的放松运动，除了放松身体，更重要的是心情能够静下来，身心放松，睡眠质量会更好。

营养跟没跟上，不能看肚子大小

怀孕期间，肚子的大小跟营养的关系不是太大，而是跟准妈妈本人的体型以及子宫的位置相关。

由于每位准妈妈的子宫位置可以向前倾、向后倾，再加上准妈妈高矮胖瘦各不相同，因此相同的妊娠月份肚子大小看上去不会都是一样，胎宝宝的大小有医生根据子宫的高度、腹围、腹部检查在家来评估，如医生确实觉得准妈妈的“肚子”小，会建议准妈妈行B超检查进一步评估胎宝宝的生长发育，如果胎宝宝一切正常就没问题，不必过于担心。

生活小常识

从16周开始，准妈妈就可以开始每周测量腹围了，具体方法是：取立位，以肚脐为准，水平绕腹一周，测得数值即为腹围。腹围平均每周增长0.8厘米，孕20~24周增长最快，孕34周后速度减慢。从16周到足月，平均增长值为21厘米左右。

吃营养素补充剂前先问问医生

如果觉得自己缺乏某类营养素或营养不良，最保险的办法是到医院和正规的体检单位做一个简单的检查，然后在医生指导下，看看是通过饮食调理还是直接服用营养素补充剂来弥补营养缺陷。

营养素制剂的类型

营养补充剂分为复合剂与单剂两类。含有3种以上（含3种）维生素、矿物质的营养素补充剂，方可称为复合或多种营养素补充剂。

一般而言，复合剂适用于多种营养素不足和摄入量不够或膳食不平衡的准妈妈，单剂适用于膳食比较平衡而个别营养素不足的人群。比如有的人没有吃奶制品的习惯，摄入钙的量不足，且钙充分吸收受很多因素影响，所以当个别营养素不足时需要补充单剂。

怎样选择营养素制剂

如果经过医生的许可，准妈妈可以补充营养补充剂，那么在选择营养补充剂时要注意以下几点：

❶ 要选择权威部门认可、审批通过的营养素补充剂。

❷ 要选择物有所值的产品，不要片面追求价格昂贵的营养素补充剂。

❸ 产品应在标签和说明书中标示每种营养素含量、推荐摄入量、贮藏方法和注意事项等。

❹ 需参考这些营养素的补充量。

生活小常识

无论营养素补充剂的营养价值如何，它永远都无法取代天然食物，在两者都可以使用的情况下，应优先选择天然食物。

血压偏高可以试试这样几种食物

患妊娠高血压综合征的准妈妈不能随便吃降压药，因为药物会对胎宝宝产生危害，应在饮食上特别注意，通过食疗方法来稳定血压是最安全最优的方法。

血压偏高时适合吃的食物

1 芹菜。芹菜纤维较粗，香味浓郁，富含胡萝卜素、维生素C、烟酸及粗纤维等，有镇静降压、清热凉血等功效。妊娠高血压综合征的准妈妈常吃芹菜，能够有效缓解症状。

2 鱼。鱼富含优质蛋白质与优质脂肪，其所含的不饱和脂肪酸比任何食物中的都多。不饱和脂肪酸是抗氧化的物质，可以降低血中的胆固醇，抑制血小板凝集，从而有效地防止全身小动脉硬化及血栓的形成，所以鱼是孕妇防治妊娠期高血压综合征的理想食品。

3 鸭肉。鸭肉性平而不热，脂肪高而不腻。它富含蛋白质、脂肪、铁、钾、糖等多种营养素，有清热凉血、祛病健身的功效。不同品种的鸭肉，食疗作用也不同。纯白鸭肉可清热凉血，妊娠期高血压综合征患者宜常食。研究表明，鸭肉中的脂肪不同于黄油或猪油，其化学成分近似橄榄油，有降低胆固醇的作用，对防治妊娠期高血压综合征有益。

4 鳝鱼。鳝鱼是一种高蛋白、低脂肪的食品，能够补中益气，治虚疗损。准妈妈常吃鳝鱼可以防治妊娠期高血压综合征。需要注意的是，鳝鱼一旦死亡，就和蟹一样，体内细菌大量繁殖并产生毒素，所以要食用鲜活的鳝鱼。

生活小常识

钠盐在防治高血压中发挥着重要作用，每天食入过多的钠容易导致血压上升，如果患有妊娠高血压综合征，钠盐摄入量应每天限制在3～5克。

怎样做才更健康

适当运动与按摩能预防妊娠纹

妊娠纹一旦出现后，并不会随时间慢慢消失，而是使准妈妈的皮肤出现松弛、褶皱、乳房下坠、腹部脂肪堆积，或多或少会影响产后的体态和身心健康，因此准妈妈在孕期要尽量预防和减轻妊娠纹。

控制体重过快增长是预防妊娠纹非常重要的一点，适度的运动或轻便的家务有助于防止脂肪过度堆积，对增加腰腹部、臀部、乳房、大腿内侧等部位的皮肤弹性效果明显。

适度的按摩可增加皮肤弹性，起到很好的预防妊娠纹作用，建议准妈妈坚持腹部按摩（孕早期不宜按摩腹部）。按摩时可以配合使用准妈妈专用的除纹霜或者橄榄油，让按摩更容易进行，并保持肌肤滋润，按摩过程中要避免过度强烈的拉扯。

生活小常识

皮肤如果过分干燥，肚子上的拉扯感觉也会比较强烈，所以准妈妈一旦感觉到天气干燥，就应该坚持每天涂抹润肤露，保持肌肤的湿度。

纠正乳头凹陷的方法

如果成年女性的乳头不凸出于乳晕平面，而是凹陷于乳晕皮面之下，致使局部呈大小口状，这就是乳头凹陷。由于乳晕和乳头的平滑肌发育不良，肌纤维内向拉扯，再加上乳头下缺乏支撑组织的撑托，就形成了乳头凹陷。

乳头凹陷一般是双侧同时发生，也有单侧发生的。内陷的乳头，如果稍加挤压或牵拉，乳头就可复出的，即为轻度乳头凹陷（可复性乳头凹陷）。

准妈妈怎么纠正乳头凹陷

如果准妈妈乳头凹陷，可以从孕7～8月时开始纠正，纠正方法如下：

❶ 用一手托住乳房，另一手的拇指和中、食指抓住乳头向外牵拉，每日2次，每次重复20～30次。

❷ 将两拇指相对地放在乳头左右两侧，缓缓下压并由乳头向两侧拉开，牵拉乳晕皮肤及皮下组织，使乳头向外突出，重复多次。随后将两拇指分别在乳头上下侧，由乳头向上下纵形拉开。每日2次，每次5分钟。

❸ 用一个5毫升空注射器的外管扣在乳头上，用一根橡皮管连接另一个5毫升注射器，利用负压抽吸方法也有助于乳头外突。如果没有注射器和橡皮管，也可以用吸奶器代替，效果相同。

❹ 如果上述几种方法都没有用的话，就要到专科医院用乳头矫正器来治疗了。

生活小常识

牵拉乳头可能会引起子宫收缩，动作一定要轻柔，时间尽量短，如果子宫出现频繁收缩应立即停止，有习惯性流产、早产史的准妈妈不适合在孕期做乳头纠正，现实中有很多乳头凹陷的妈妈产后哺乳并没有受到影响，所以即使孕期没有纠正过来也不需要太担心。

坐办公室时，要多为腿脚着想

很多职场准妈妈早上去上班的时候脚还不怎么肿，可一天下来，到晚上下班时脚便肿得厉害了，这与长时间坐着有一定关系，坐办公室的准妈妈应学会一些小技巧以对付小腿水种的现象：

1.足量饮水，每天控制在2 000毫升（包括流质食物的含水量），缩短代谢废物在体内停留的时间。

2.可在办公室放一张小凳或一个木箱，借以搁脚，帮助脚部的体液回流，减少浮肿。

3.每工作两小时后，可稍做伸展，并按摩小腿部位（按淋巴回流的方向由下向上按摩），可以减少浮肿。考虑到准妈妈腹部突出，不方便屈身弯腰，按摩时可以将腿搁在另一把椅子上垫高，保持上身挺直，这样在按摩时就不会太吃力。

生活小常识

准妈妈不要穿口收得很紧的袜子，否则容易阻碍血液循环，加重小腿浮肿的现象。

这样吹空调更科学

准妈妈通常比一般人更怕热，夏季来临时，准妈妈往往喜欢待在有空调的房间里，然而空调使用不当会给准妈妈和胎宝宝造成很大伤害，吹空调一定要注意科学。

吹空调可能造成的危害

❶ 热伤风。温度设置过低会造成室内外温差过大，准妈妈从室内走到室外时会因为不适应气温急剧变化而患“热伤风”，出现流鼻涕、鼻塞、发烧、头痛等症状。

❷ 着凉。孕妇毛孔比较疏松，容易受风，稍有不当就会使准妈妈着凉。

❸ 感染。空调是很容易积尘的电器，积尘和尘土中的细菌、螨虫容易使准妈妈受到感染导致头痛、头晕、浑身乏力，引起鼻炎、咽喉炎等呼吸道疾病，影响孕期的身体健康。

怎样使用空调才科学

❶ 如果长时间不开机，使用前要彻底清洁。

2 温度定在25～28℃，室内感觉微凉就可以了。

3 避免坐在可以直吹到空调的地方。

4 经常开窗换气。建议开机1～3小时关机，打开窗户将室内空气排出后再使用。

5 关闭空调后不要马上走出空调房，等室温稍微回升，身体相对适应再走出房间。

6 晚上最好穿一件薄棉长袖上衣。

7 及时清洗空调水箱等死角，预防细菌和病毒感染。

生活小常识

建议准妈妈不要在身体出汗多时吹风扇或空调，因为此时全身皮肤的毛孔疏松，汗腺大张，马上吹电扇或者空调，就会容易伤风感冒，要等到汗收了之后再到空调房中去。

选择床上用品不能马虎

怀孕后，孕妈妈的身体会发生很大的变化，对睡眠用品要求更讲究。

枕头不要过高

枕头应以10厘米左右高为宜。枕头过高容易落枕，而且会影响大脑的供血。同样，枕头过低或不用枕头也不利于孕妈妈健康，枕头过低会影响呼吸，侧卧时也会造成落枕。此外，孕妈妈选择枕头也要软硬适度。

被子以全棉为佳

孕妈妈选择被子宜选全棉布面，内包优质棉花絮。被套和床单也是纯棉的，不宜选化纤混纺织品，因为化纤布容易刺激皮肤，且不利于吸汗。被子的颜色、花色的选择可根据孕妈妈的喜好，但最好是浅色、柔和、淡雅的。

怎样护理才安心

缓解水肿，关键是多动一动

增大的子宫压迫从心脏经骨盆到双腿的血管，导致血液和淋巴液循环不畅、代谢不良引起组织体液淤积，从而使膝盖或脚踝以下部位出现浮肿，这叫作妊娠水肿，多发生在孕中、晚期，是孕期正常的生理现象。

缓解水肿的关键在于时常动一动，具体来说，生活中准妈妈可以在这些方面做尝试：

1 避免久坐久站。要经常改换坐立姿势。坐着时应放个小凳子搁脚，促进腿部的血液循环通畅。每一个半小时就要站起来走一走，站立一段时间之后就应适当坐下休息，步行时间也不要太久。

2 保持侧卧睡眠姿势，这可以最限度地减少早晨的浮肿。每天卧床休息9～10小时，中午最好能躺下休息1小时。另外，你晚上睡觉时，可以把腿部垫高，这样第二天起床时，会感到舒服一些。

3 坐着的时候，把脚稍稍垫高。为了使腿部积存的静脉血能够回到心脏，坐在椅子上的时候，可以把脚放到小台子上；坐在地板上的时候，就用坐垫等把脚垫高。

4 穿自我感觉舒适的鞋子。注意不要穿太紧的衣物，以免阻碍体内循环。

5 适当运动也是消除浮肿的好方法。如散步、游泳等都有利于小腿肌肉的收缩，使静脉血顺利地返回心脏，减轻浮肿。

6 适量的泡澡也可以减轻水肿症状。同时还可以配合适当的按摩消肿。注意按摩时要从小腿方向逐渐向上，这样才有助于血液返回心脏。

7 按摩。通过按摩促进血液循环对于浮肿的预防是很有效的。按摩时的技巧是：从脚向小腿方向逐渐向上，从而有助于血液返回心脏。睡前进行按摩的话可以解除腿部酸痛，有助于睡眠，洗澡时按摩也是个不错的选择。

8 控制体重。如果超重，会增加身体的负担，使静脉曲张更加严重。

生活小常识

如果水肿的症状很严重，尤其是孕晚期的时候，就要去看医生，这可能是身体有其他问题的征兆。

腿痛可能与松弛素、缺钙、水肿有关

进入怀孕中后期，准妈妈的小腿和大腿的后面，可能会发生疼痛，与坐骨神经痛相似。

腿痛多数与松弛素有关

这种腿痛原因主要是妊娠期间受卵巢松弛素的影响，使腰椎附近韧带较正常松弛，另外由于脊椎过度前凸，使椎间盘受到异常挤压，因而导致疼痛。

如果准妈妈同时还患有下肢静脉曲张，则疼痛会更加剧烈。建议有此种腿部疼痛的准妈妈应尽量少做或不做重体力劳动，并保持正确的站姿、坐姿与行走姿势，尽量减少身体的负荷。

水肿和缺钙也可引起双腿疼痛

缺钙引起的腿痛表现为：双腿痉挛抽筋引发的疼痛，准妈妈应该增加休息时间，卧床时可将双腿垫高，同时要多吃一些含钙的食品，如牛奶、酸奶和奶酪等，也可在向医生咨询后吃一点钙片。

水肿引起的腿痛表现为：腿部有浮肿。建议准妈妈坐下时应把腿抬高，放在椅子或者高度适宜的桌子上，以减轻对血管造成的压力。睡觉时采取左侧卧的姿势，这样静脉血液容易回流心脏，改善血液循环。

生活小常识

保持腿部温暖会让准妈妈感觉很舒服，也不容易感到腿痛，冬天睡觉应穿上棉质秋裤，夏天电扇不要对着腿部直吹，应在身上搭一条薄被子。

产检时关注尿蛋白与妊娠高血压综合征

准妈妈应该在孕6月去医院进行孕期的第四次产前检查，同样的，去做产前之前，应携带孕产妇保健手册、零钱、卫生纸，并在用餐两小时之后再接受检查，以保证各项指标不受胃内食物的影响。

在检查时，准妈妈应该告诉医生这一段时间以来，身体是否出现不适，如浮肿、体重突然增加、头痛、胃痛、恶心、尿量及次数减少等。如果有龋齿，医生可能建议准妈妈在这个时期治疗。

检查的内容包括：体重的测量、腹围、子宫底的测量、血压的测量及尿常规化验等。医生会根据准妈妈身体各项指标的变化，来判断准妈妈的身体是否健康，胎宝宝的生长发育是否正常。

在尿常规的化验中，如果尿蛋白的排出量超过0.5克，则属异常。如果超过5克，则提示有重度妊娠期高血压综合征。准妈妈在妊娠20周以后，一般要求是每隔2周去医院化验1次尿蛋白，测量血压，检查有无水肿等。

生活小常识

这一阶段的准妈妈，子宫底高度为18～21厘米，或脐上一横指，子宫底长度为22～25.1厘米。

皮肤瘙痒难耐可能不同于孕前

有些准妈妈在孕期出现皮肤瘙痒，但没有引起足够重视，简单地认为是患了一般的皮肤病就放任不管，或自己买些药膏来涂抹，其实在这种情况下，应该考虑是否得了妊娠瘙痒症。

妊娠瘙痒症的症状

妊娠瘙痒症又叫“妊娠期肝内胆汁淤积症”“妊娠特发性黄疸”，多发生于孕中、晚期，是由于体内雌激素水平升高，使肝细胞内酶出现异常，导致胆盐代谢能力的改变，造成胆汁淤积而引起的。

发生此病时，胆汁不能正常地排出体外，而是淤积在身体某些部位，淤积的胆汁刺激神经末梢，引起皮肤瘙痒，并发黄疸的出现。

妊娠瘙痒症的临床表现以皮肤瘙痒为主，严重时出现黄疸、红色丘疹、风团块、红斑和水泡等，少数患者会乏力、腹泻、腹胀。

如果准妈妈出现了这些警示信号，应该及时就诊，以免病情继续发展。

妊娠瘙痒症的危害

妊娠瘙痒症不仅引起皮肤发痒，它对胎宝宝有严重的潜在危险，胆汁淤积在胎盘，使胎盘的绒毛间隙变窄，胎盘血流量减少，准妈妈与胎宝宝之间的物质交换和氧的供应受到影响，可能引发早产、胎宝宝宫内发育迟缓、宫内窘迫甚至死亡。

怎样预防与应对妊娠瘙痒症

妊娠瘙痒症具有家族遗传的特点，虽不能严格控制它的发生，但可以采取一些措施来积极预防与应对：

❶ 注意卫生，保持皮肤清洁，不要穿着不透气的化纤内衣，避免进入湿热的环境。

❷ 皮肤出现瘙痒时可用毛巾热敷，在医生指导下涂抹一些炉甘石洗剂等，并认真记录胎动，密切监测胎宝宝的情况，一旦出现异常，要及时采取相应的救治措施。

生活小常识

妊娠纹也会引起局部瘙痒，要和妊娠瘙痒症区别开，如果是妊娠纹引发的瘙痒，可涂抹橄榄油或成分安全的润肤霜来缓解不适，切忌胡乱抓挠。

眼睛疲劳时做做按摩

怀孕期间，准妈妈的泪液分泌会减少，同时泪液中的黏液成分增多，这些变化会让准妈妈经常性地感觉到眼睛干涩、疲劳、不舒服，按摩正确的穴位可以帮助准妈妈消除眼部疲劳，刺激容易老化的眼睛肌肉，恢复活力。

按压眉间法

拇指腹部贴在眉毛根部下方凹处，轻轻按压或转动。重复做3 次。眼睛看远处，眼球朝右—上—左—下的方向转动，头部不可晃动。

按压眼球法

闭着眼睛，用食指、中指、无名指的指端轻轻地按压眼球，也可以旋转轻揉。不可持续太久或用力揉压，20秒左右就停止。

按压额头法

双手的各三个手指从额头中央，向左右太阳穴的方向转动搓揉，再用力按压太阳穴，可用指尖施力。如此眼底部会有舒服的感觉。重复做3～5 次。

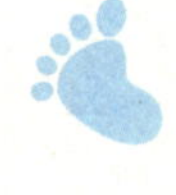

生活小常识

如果水肿的症状很严重，尤其是孕晚期的时候，就要去看医生，这可能是身体有其他问题的征兆。

孕7月

胎宝宝身体发育和准妈妈身体变化

胎宝宝身体发育

胎宝宝25周：胎宝宝已经有味觉了

外观：本周胎宝宝身长为30~34厘米，体重为600~800克，身体比例匀称，已经有点肉肉的感觉了。随着体内骨头的逐渐骨化，胎宝宝将变得越来越强壮！胎宝宝的皮下脂肪开始增多，身材越来越“丰满”，皱皱的皮肤也开始逐渐舒展。

味觉：胎宝宝舌头上的味蕾正在形成，已经可以品尝到食品的味道了，所以刚出生的胎宝宝是可以分辨味道的。

胎宝宝26周：胎宝宝能睁开眼睛了

外观：此时胎宝宝的体重在1 000克左右，身长约为32厘米，不过这可不是结束，从现在到出生，他的体重会增加3倍以上。随着体积的增大，准妈妈的子宫开始显得有点拥挤了。

脂肪：在接下来的一段时间，脂肪会迅速累积，因为胎宝宝需要用它来帮助自己适应离开子宫后外界更低的温度，并提供出生后头几天的能量和热量。有了脂肪，胎宝宝皮肤也会很快变得更光滑、漂亮。

视觉：胎宝宝的视觉有了发展，眼睛已经能够睁开了。如果用一个打开的手电筒照射妈妈的腹部，胎宝宝就会自动地把头转向手电筒所在的位置，这说明胎宝宝视觉神经的功能已经在起作用了。昼夜黑白的变化，胎宝宝也能感觉得到了。

胎宝宝27周：胎宝宝抓自己的小脚丫玩耍了

外观：27周的胎宝宝，胎头上已经长出了短短的胎发，其模样与刚出生的婴儿已经很相似了，只不过更瘦更小。

听觉：胎宝宝的听觉神经系统也已发育完全，同时对外界声音刺激的反应也更为明显。准妈妈可以继续为他讲故事或者给他听音乐，这会让准妈妈和胎宝宝都感到平静和愉快。

动作：胎宝宝的脊髓越来越坚韧，胎动也更频繁了，调皮的胎宝宝已经会将自己的大拇指放到嘴里吸吮了，还会抓住自己的小脚丫玩耍呢。

胎宝宝28周：胎宝宝此时出生的话可能存活

外观：现在胎宝宝身长37厘米左右，

体重约1 200克，准妈妈的子宫像一个皮球，慢慢地被他“吹”起来了。

动作：随着子宫空间的变小，胎宝宝的活动范围变小了，胎动也在减弱。如果准妈妈把手放在肚皮上，仍然可以感觉到他的活动。当他踢腿或转动时，甚至可看到脚丫或小屁股的形状。

肺：虽然此时胎宝宝的肺、肝以及免疫系统还不完善，仍需要进一步发育成熟，但是假如这时出生，即早产，胎宝宝仍有很大机会存活。

准妈妈身体变化

● 身体出现诸多不适

进入孕7月，准妈妈的身体会出现很多让人不那么愉快的状况，比如之前提到的妊娠纹、妊娠斑、身体浮肿、小腿抽筋等都会随之而来或加重，这些变化都是正常的，不要担心也不要烦躁，尽量调整出平和、愉快的心态应对这些变化。

● 妊娠纹明显

这时准妈妈的腹部和乳房上的妊娠纹会越来越明显，颜色也会更暗红，好像皮肤要被撑裂了似的。不过不用担心，这些妊娠纹会在产后逐渐变淡。

● 越来越臃肿

准妈妈的腹部还在增大，变得越来越臃肿，低着头可能都看不到自己的脚了，以前很轻松就能做的事情，现在做起来也觉得吃力。为了保证行动安全，建议准妈妈走路要缓慢、稳当，避免跌倒；不要做剧烈运动，不要搬动重物。

● 被便秘、痔疮等困扰

逐渐膨大的子宫日渐压迫肠胃，胀气、便秘的情况可能都在延续。此外，随着子宫的增大，还会慢慢地影响准妈妈盆腔内静脉血液的回流，使得准妈妈肛门周围的静脉丛发生淤血、凸出，从而形成痔疮。便秘和痔疮是孕期非常常见的病症，且相互影响。

如果准妈妈在此时得了痔疮，不用过于惊慌，一般分娩后即可消除。为了避免痔疮随着孕期而加重，首先必须采取措施使便秘的症状得到缓解，并注意不要久坐。久坐会加剧淤血程度，造成血液回流困难，诱发痔疮或加重痔疮。

怎样吃才更营养

体重增速快，意味着吃得不合理

判断准妈妈摄入的营养是否过剩，最直接的方法就是查看准妈妈体重的增长速度，如果孕中期每周体重增加超过500克，就意味着增加得过快，到了孕晚期，体重增加会逐渐减缓，孕10月甚至不会再增加。

体重增速过快很可能意味着营养过剩

体重增加过快，与营养过剩有很大关系，营养过剩是指准妈妈摄入的营养超过了自身和胎宝宝的身体需求，这些多出来的营养不但会变成脂肪增加体重，还会对准妈妈和胎宝宝造成危害：

1. 营养过量会加大肠胃的负担，容易引起各种肠胃不适。
2. 增加了准妈妈患妊娠并发症（高血压、糖尿病）的风险。
3. 增加了巨大儿的风险，巨大儿是出生体重等于或大于4 000克的新生儿，巨大儿是导致难产的重要原因之一，不仅增加分娩难度，而且导致宝宝出生后适应能力也较差，肺部容易出现呼吸不良的状况，长大后肥胖的概率也有所增加。

防止营养过剩，饮食观念一定要科学

老一辈的观念是，怀孕了就得吃些高营养、高热量的食物“补一补”，所以，鸡、鸭、鱼肉很可能就成了准妈妈的“主食”，一天三顿，一顿不落，后果就是你的体重狂飙，经常有准妈妈孕期增重三四十斤，这样反而对准妈妈和胎宝宝的健康都不利。

饭菜不能以肉为主

营养过剩多是由于准妈妈饮食结构不合理造成的，最明显的表现就是偏好吃肉。适当地食用肉类对准妈妈的身体健康和胎宝宝的生长发育都是必需的，不过，如果每天摄入的食物中肉类的比例超标，久而久之就会造成营养过剩。

一般来说，健康的准妈妈每天肉类的摄取量在150～200克为宜，每周所摄入的肉类中最好能包括200～300克的鱼肉。

生活小常识

适当的运动是维持适宜体重的好办法，建议准妈妈平时早起床，餐后到室外活动10~20分钟，平时做一些强度不大的家务活，促使体内的新陈代谢消耗多余的脂肪，提高身体功能。

预防妊娠糖尿病，吃法很重要

妊娠糖尿病和普通糖尿病一样是可以预防的，并不是所有高危因素最后都会发展为糖尿病，只要提前有意识地做好预防，就不会出现问题，尤其是高龄准妈妈、肥胖准妈妈、体重增速过快的准妈妈，以及有家族遗传史的准妈妈。

妊娠糖尿病预防的关键是规划好饮食，吃法很重要，主要从这样几个方面着手：

❶ 保证营养均衡的基础上控制热量的摄入，主要控制糖类食物和脂肪含量高的食物，米饭、面食等粮食均不宜超过每日标准供给量。动物性食物中可多选择含脂肪相对较低的鸡、鱼、虾、蛋、奶，少选择含脂肪量相对较高的猪、牛、羊肉，并可适当增加一些豆类，这样可以保证蛋白质的供给，又能控制脂肪量。

❷ 避免吃油炸、煎、熏的食物，多吃蒸、炖、烩、烧的食物，少食面制品、甜食、淀粉含量高的食物。

❸ 多吃蔬菜水果。主食和脂肪进食量减少后，往往饥饿感较严重，可多吃一些蔬菜水果，注意要选择含糖分少的水果，既缓解饥饿感，又可增加维生素和有机物的摄入。

❹ 养成良好的饮食习惯。肥胖的准妈妈要注意饮食有规律，并按时进餐。可选择热量比较低的水果作零食，不要选择饼干、糖果、瓜子仁、油炸土豆片等热量比较高的食物作零食。

生活小常识

即便孕前没有糖尿病的准妈妈，也要注意预防妊娠糖尿病，而预防妊娠糖尿病最关键就是要杜绝不合理饮食。

患了妊娠糖尿病，必须讲究热量摄入

如果准妈妈确诊患了妊娠糖尿病，与普通糖尿病一样，只要控制每天的热量摄取量及密切监测血糖即可，孕中期和孕晚期每天摄取的热量应控制在7 524～9 196千焦为宜，也可以按照每千克体重摄入104～146千焦热量来计算，具体可以这样来控制：

少量多餐

一次大量进食会造成血糖快速上升，空腹太久则体内会产生酮体，发生酮血症，因此餐次分配对患妊娠糖尿病的准妈妈来说非常重要。最好能够采取少量多餐的方式，将每天需要摄取的食物分成5～6餐，还要避免晚餐与隔天早餐的时间相距过长，空腹过久，所以睡前再补充一些小点心。

摄取正确糖类

严格控制摄入容易被身体吸收的单糖类

食物，如蔗糖、砂糖、果糖、冰糖、蜂蜜、葡萄糖、麦芽糖及含糖饮料、甜食。患妊娠糖尿病的准妈妈早晨时的血糖值会比较高，因此早餐要少吃淀粉类食物。

控制油脂摄入

脂肪摄入量每天每千克体重应小于1克。烹调用油以植物油为主，少吃肉皮、肥肉以及油炸、油煎类食物。

生活小常识

大多数准妈妈在24～28周会接受一次血糖筛检，以排除妊娠糖尿病，减少因此而带来的分娩困难。血糖筛检测试呈阳性并不意味着患有妊娠糖尿病，但是它表示准妈妈需要接受更进一步的葡萄糖耐量测试来确诊。

孕期适宜多吃点鱼

鱼肉的营养非常全面，不但富含优质蛋白质、不饱和脂肪酸、氨基酸、卵磷脂、叶酸、维生素A、维生素B_2、维生素B_{12}等营养物质，还含有钾、钙、锌、铁、镁、磷等多种微量元素，都是胎宝宝发育的必要营养物质。

特别是鱼肉中的Ω－3脂肪酸和牛磺酸能够促进胎宝宝脑部神经系统和视神经系统的发育，经常吃鱼，可以令宝宝更聪明。

因此，孕期可以每周吃鱼2～3次，淡水鱼和深海鱼类都是不错的选择。鲨鱼、旗鱼、大西洋马鲛和方头鱼这四种海鱼体内的重金属汞含量高，可能损害胎宝宝的神经系统，应在孕期禁食。另外，变质的鱼准妈妈一定不要吃。

生活小常识

一份对8 000名妇女孕期的饮食习惯进行研究的结果发现：经常吃鱼的准妈妈发生早产概率较小。统计数字表明：从不吃鱼的准妈妈早产率为7.1%，而每周至少吃一次鱼的准妈妈，早产率只是1.9%。这与鱼肉中含有丰富的Ω－3脂肪酸有关，这种成分能延长妊娠期，防止早产。

不要过量吃甜食

准妈妈爱吃甜食可能出现消渴症状，消渴需要饮用大量的水，而饮水过量会增加心脏和肾脏的负担，并影响其他营养物质的摄入。

甜食摄入过多还会使准妈妈体内的血糖陡然升高又很快下降，不利于胎宝宝的生长发育。此外，还易引起妊娠糖尿病，继而引发各种感染，如果血糖浓度持续增高可导致胎宝宝巨大，不利于孕妇和胎宝宝的健康。

因此，准妈妈应注意控制甜食的摄入量，要少食用糖类及含糖量高的蛋糕、水果派、饼干、果酱、加糖的起泡饮料、加糖的水果汁、巧克力、冰淇淋等食物。

甜食不限于吃起来甜的物质，精制碳水化合物也属于甜食中的一部分，比如白糖、红糖、糖浆、葡萄糖等精制碳水化合物，而像大米、面粉、豆类、土豆等属于非精制碳水化合物，这些食物中含有一定量的植物纤维可避免糖分摄取过量。日常饮食一定要注意做到优质、适量，均衡营养。

生活小常识

红糖是未经提纯的蔗糖，其中保存了许多对准妈妈有益的成分，如所含的钙、铁元素都比较丰富。红糖还含有胡萝卜素、核黄素、烟酸和其他微量元素，因此在饮食中偶尔用到白糖时，可以试试用红糖代替。

怎样做才更健康

左侧卧睡最佳，还要兼顾舒适

准妈妈睡眠时以左侧卧位最佳，这是因为：

1 左侧卧位可减轻妊娠子宫对下腔静脉的压迫，增加回到心脏的血流量。

2 可使肾脏血流量增多，尿量增加。

3 由于妊娠时子宫大多向右旋转，左侧卧位可改善子宫血管的扭曲，改善胎宝宝的脑组织的血液供给，有利于胎宝宝的生长发育。

当然，一直采取一个姿势睡觉也可能引起轻微不适，比如容易压迫左腿发麻并疼痛难忍，无法入睡，可偶尔变换一下睡姿，选择右侧卧位或者仰卧位。另外，在睡觉时可以恰当利用靠枕，如腹部稍有隆起时，身边放一个长型抱枕，以方便倚靠，将抱枕夹在两腿之间会更舒服。腿部浮肿时，侧卧后在脚下放一个松软的枕头，稍微抬高双脚，可以改善脚部的血液循环。

生活小常识

如果由于腿抽筋使准妈妈从睡梦中醒来，可以将脚蹬到墙上或下床站立片刻，或者请准爸爸帮忙稍做按摩，有助于缓解抽筋，当然还要保证膳食中有足够的钙。

练习拉梅兹分娩呼吸法

拉梅兹分娩呼吸法也被称为心理预防式的分娩准备法，是由法国医生拉梅兹(Lamaze)博士首创的，这种分娩呼吸法强调分娩是一种正常、自然、健康的过程，能够使得产妇将注意力集中在对自己的呼吸控制上，从而在分娩阵痛时保持镇定，帮助加快产程。

一般情况下，建议准妈妈从怀孕7个月开始进行拉梅兹分娩呼吸法的训练，要经常练习，这样一旦上了产床，会因方法运用熟练使得效果很好，它的训练步骤是：

练习准备

在客厅地板上铺一条毯子或在床上练习，室内可以播放一些优美的胎教音乐，准妈妈穿着宽松舒适的衣服，盘腿坐（躺着也可以）在床上或地板上，保持身体完全放松，眼睛注视着同一个点，可以在面前放一幅画或自己喜欢的布娃娃，这样比较容易使眼睛集中焦点。

时间的把握

练习时不要急于求成，先慢慢地来，等到熟练时再加长每次呼吸的时间。如进行"嘻嘻"轻浅呼吸法练习时，可以先做20秒，然后再慢慢加长，直至每次呼吸能达到60秒。

拉梅兹分娩呼吸法五步

	名称	使用时机	方法
步骤1	胸部呼吸	宫口开3厘米，子宫每5～20分钟收缩1次，每次持续30～60秒时	用鼻子深吸一口气，随着子宫的收缩开始吸气、吐气，直到阵痛停止时再恢复正常呼吸
步骤2	"嘻嘻"轻浅呼吸	宫口开至3～7厘米，子宫每2～4分钟收缩1次，每次持续45～60秒时	用嘴吸入一小口空气，保持轻浅呼吸，让吸入及吐出的气量相等，完全用嘴呼吸，保持呼吸高位在喉咙，就像发出"嘻嘻"的声音一样。当子宫收缩强烈时，需要加快呼吸，反之就减慢
步骤3	喘息呼吸	宫口开至7～10厘米，子宫每60～90秒收缩1次，每次持续30～90秒时	先将空气排出后，深吸一口气，接着快速做4～6次的短呼气，感觉就像在吹气球，比"嘻嘻"轻浅呼吸还要更浅，也可以根据子宫收缩的程度调节速度
步骤4	哈气运动	阵痛开始时	先深吸一口气，接着短而有力地哈气，先浅吐4次气，接着大大地吐出所有的气，就像在很费力地吹一样东西
步骤5	用力推	宫口全开时	下巴前缩，略抬头，用力使肺部的空气压向下腹部，完全放松骨盆肌肉。需要换气时，保持原有姿势，马上把气呼出，同时马上吸满一口气，继续憋气和用力，直到胎宝宝娩出

孕期自驾车一定要注意安全

如果技术过硬且身体条件允许，准妈妈自己开车未为不可，但是一定要注意安全，在开车时一定要调节好座椅，并且系好安全带。

适当向后调节座椅

女性的身材通常比男性娇小，驾车时又比较习惯看到发动机盖，很容易向前调节驾驶座椅，这对准妈妈来说是个巨大的安全隐患，一定要引起注意。因为座椅太靠前会使准妈妈的腹部离方向盘很近，一旦发生碰撞，准妈妈的腹部很容易撞到方向盘，使腹中胎宝宝受到冲击。如果发生严重交通事故，准妈妈的腹部也会受到安全气囊更猛烈的冲击，给准妈妈和胎宝宝带来生命危险。

所以，孕期驾车一定要改掉把驾驶座椅向前调的习惯，最好在可以安全驾驶的前提下将座椅向后调，让腹部尽量远离方向盘和安全气囊。

一定要系安全带

不管在孕期的哪个时间段，准妈妈驾车时都不应因为腹部不适而不系安全带。一旦发生车祸，不系安全带的驾驶员和乘客受伤和死亡的概率比系安全带的人员大得多，在这一点上准妈妈和普通人没有两样，切不可掉以轻心。

为避免腹部不适，准妈妈可以采用这样的方法系安全带：将安全带的对角部分从胸部向下方斜拉，使安全带从双乳之间穿过，然后再拉向身体另一侧；将腰部安全系在腹部以下和大腿之间，避开腹部。

生活小常识

如果准妈妈是新手司机，上下班最好不要自己开车，由准爸爸接送更为安全。此外，乘坐公交或者地铁也是经济、安全的选择。当肚子大起来不方便时，可以考虑打出租车，打车时不要选择副驾驶位置，后排是相对安全的位置。

不要戴隐形眼镜

怀孕期间，准妈妈体内的孕激素、雌性激素分泌旺盛，体内激素水平大大高于孕前，这会使准妈妈出现水肿症状，角膜也是很容易发生水肿的部位之一。

角膜肿大后，准妈妈再佩戴隐形眼镜，就会使镜片和角膜紧紧贴在一起，引起镜片透气性降低，影响角膜的营养供给。如果长期持续下去，就会引起角膜缺氧、角膜损伤或出现影响视力的新生血管，使准妈妈患溃疡性角膜炎的可能性大大增加，严重时还会引发视力减退，甚至失明。

准妈妈最好在怀孕后改配一副框架眼镜，遇到非佩戴隐形眼镜不可的情况，可以选择一次性使用的日抛型隐形眼镜，并注意在佩戴时洗净双手，以防感染。孕期的最后三个月最好禁绝任何类型的隐形眼镜，改戴框架眼镜。

生活小常识

怀孕后尽量少进行眼部化妆，不要进行近视眼手术，避免室内过于干燥，不要用手揉眼睛，减少角膜刮伤及感染。

不妨和家人参与产前培训

上产前培训班可以提前了解孕期的生理状态、心理状态以及分娩的相关知识，学会照顾自己、保护胎宝宝，并弄明白面对紧急情况该如何处理等，益处多多。

到哪里上产前培训课程

医院：产检医院一般都会安排几次产前培训，这类培训专业性强，发布的信息也较权威，除了孕产知识传授，还有一些本医院孕产方面的技术、运作程序以及收费情况等，方便你在选择时做到心中有数。医院的产前培训也有弊端，就是上课人多，而且大多数采用录像、电影或幻灯片形式讲授，针对性差，不能满足个性化需求。

社区：有些社区也设立一些公益性的、免费的产前培训课程，你可以打听一下本社区是否有。这样的产前培训气氛良好，通过交流你可以有更多、更直接的收获。

商业课程：有些商业机构专门组织产前培训课程，这类课程设计个性化比较强，可以针对你的需求选择。

另外，还有些生产与孕产相关产品的公司（婴幼儿用品公司）也会组织产前培训的课程，其内容与产品密切相关，更关注产品的推广，可去可不去。

怎样参加产前培训

各个医院的产前培训时间安排都不同，一般产检医生会告知时间和地点，以及需要携带的证明，准妈妈应主动询问。

如果想参加商业课程，首先要做的是确认其专业资格，因此建议准妈妈先去参加医院的课程，医院课程所讲的专业知识可以为选择商业课程提供依据。

社区的产前培训时间很不固定，需要提前打听。

邀请家人参与产前培训

参加产前培训的时候，准爸爸应当是主力军，因为准妈妈有可能因为精神不济而昏昏欲睡，所以准爸爸一方面可以帮忙照顾准妈妈，另一方面可以了解专业知识，做一些重要的笔记。

此外，准妈妈也可以邀请家里的长辈一起去听课，家人一般会很乐意给准妈妈提供帮助，加上孕产育儿知识一直在更新，长辈所知道的旧知识很可能已经用不上了，专业的知识能够减少将来育儿时的摩擦。

生活小常识

建议准爸爸尽量抽时间陪准妈妈去做产检，一方面出现异常情况时，心中有数不至于慌乱，另一方面也可以在产检过程中更直接感受到胎宝宝的成长，成为终生难忘的经历。

怎样护理才安心

血糖偏高时，起居要规律

血糖值高的准妈妈，一定要注意调整自己的日常生活习惯，以达到控制血糖值的目的，以下几点是血糖值偏高的准妈妈日常生活中的注意事项：

作息规律

每天的吃饭时间、每次进食量及进餐次数应大体相同；每天工作和学习的时间及工作量大体相同；准妈妈孕早期和孕中期每天可以到户外进行一些简单的散步，呼吸一下新鲜的空气；保证充足的睡眠，每天的作息时间应大体相同。

适度运动

通过适度的运动可以增加准妈妈身体对胰岛素的敏感性，促进葡萄糖利用，降低游离的脂肪酸。只要身体和天气允许，准妈妈最好每天出去散步。在散步时要尽量避开有坡度或台阶的地方，特别是在妊娠晚期，以免摔倒。准妈妈也不要去闹市散步，这些地方空气中的汽车尾气含量很高，过多吸入不利于胎宝宝的大脑发育。准妈妈刚开始散步时步子最好放慢些，大约走1千米。每周3次，逐渐增加距离。如果天气太热，出去散步要注意避开上午10点至下午3点这一段时间。

定期体检

孕期血糖高的准妈妈应该经常到医院进行血糖监测，适时调整饮食和生活。同时要按时到医院进行孕期常规检查，这样对一些疾病防治也有很好的助益。

生活小常识

很多准妈妈都会把血糖偏高和糖尿病相混淆，其实孕期血糖偏高并不等于糖尿病，血糖偏高的准妈妈只要注意控制饮食，及时调整饮食结构就不会发展成糖尿病。

出汗多是孕期正常现象

怀孕后血液中皮质醇增加，肾上腺皮质功能处于亢进状态，再加上准妈妈基础代谢率增高，自主神经功能改变，引起血管收缩功能不稳定，皮肤血流量增加，于是孕期出汗增多。

出汗多的汗腺较多的部位多集中于手脚掌面、腋窝、肛门、外阴及头面部，到妊娠晚期可能还会发生多汗性湿疹。

孕期多汗现象可一直延续到产后数天，无须担忧，只要注意日常保健即可：

1. 多饮水，多吃水果，以补充水分和电解质。
2. 避免过多的体力活动，以免增加出汗。
3. 出汗影响身体卫生，准妈妈要常换洗衣服，并宜穿宽松肥大利于散热的衣服，内衣要穿棉织品，以利吸汗。
4. 不要长时间吹电风扇或空调。

生活小常识

即便容易出汗，准妈妈不要在正在出汗时吹电扇或者空调。因为出汗时毛孔开放，立即吹风很容易受凉，应先等汗自然风干或者用毛巾擦干后再吹风。

产检时关注妊娠糖尿病筛查

孕7月，准妈妈应去产检医院接受第五次产前检查。

第五次产检的主要项目是：乙型肝炎抗原、梅毒血清试验、检查是否注射麻疹疫苗、产科检查、尿常规等。

患妊娠糖尿病只有少数会出现多饮、多食、多尿、体重减轻的现象，多数没有任何症状，只有通过进行糖耐量测试才能检查出来。所以，准妈妈不管是有症状还是没症状，胖还是瘦，都不要抱有侥幸心理，糖尿病筛查一定要做。

大部分妊娠糖尿病的筛检，是在孕期第24～28周做，需要注意的是：

1. 检查前3天正常进食，不需要节食，饮食宜选择高蛋白、低脂肪、粗纤维的食物，不能吃糖果、巧克力、蛋糕等高糖食品，水果也要吃含糖量少的，做检查的前一天晚上更要注意，以免影响检查结果。
2. 检查当天空腹到医院，遵医嘱将50克葡萄糖溶于200毫升温水中，在5分钟之内全部喝完，1小时后抽血检测血糖浓度，若大于7.8毫摩尔/升，则进一步做75克耐糖试验，以确定诊断。
3. 被怀疑患有妊娠糖尿病的准妈妈，需要在怀孕30周后再进行一次糖耐量检查。

生活小常识

妊娠糖尿病是一种特殊的糖尿病，在分娩后，血糖会自动恢复正常，所以只要在孕期将血糖控制在正常水平就可以。

注意预防早产

怀孕满21周但不足37周的分娩叫早产，早产儿的存活率低，即使成活，也容易发生各种疾病，其后天的体质、智力等一般情况下都比不上足月儿。所以，准妈妈从孕7月开始就要注意预防早产。

早产常见诱因

1. 准妈妈的年龄太小（小于20岁）或太大（大于35岁）。
2. 有反复流产、人工流产、流产或引产后不足1年又再次怀孕的准妈妈。

❸ 双胎或多胎妊娠、胎位不正、胎宝宝畸形、前置胎盘等。

❹ 准妈妈的子宫异常，如子宫畸形、子宫颈松弛、子宫肌瘤等。

❺ 妊娠合并急性传染病或某些内、外科疾病，如风疹、急性肝炎、心脏病、妊娠糖尿病、妊娠高血压综合征等。

❻ 过度劳累、孕晚期频繁性生活、过度吸烟酗酒、严重营养不良等生活环境因素。

怎样预防早产发生

❶ 及早进行产检，找出容易引发早产的危险因素，并积极进行调理。

❷ 避免剧烈活动及增加腹部压力的动作，如弯腰。

❸ 进行心理调节，避免紧张、焦虑、抑郁等不良的情绪。

❹ 休息时，取左侧卧位，以增加胎盘血流量，减少宫缩。

❺ 孕32周以后要避免性生活，以防子宫受到刺激而产生宫缩。

❻ 多吃含膳食纤维丰富的蔬菜、水果等，防止便秘，避免因排便过于用力而诱发早产。

❼ 少吃生冷食物、隔夜饭或外出就餐，以免肠道感染；保持阴部清洁，避免生殖系统感染。

❽ 走路和起坐时要小心，避免摔倒。孕后期避免开车，也不要乘机出行或搭乘震动较大的交通工具出行。

生活小常识

如果出现下腹部反复变软变硬、阴道出血及早期破水等早产征兆，准妈妈应马上卧床休息并及时就医。

孕期至少做一次乳腺检查

激素水平变化也可能导致一些疾病，如乳腺炎或乳腺癌。孕期是这类疾病的一个高发期，但其症状容易被视为正常妊娠反应而忽视，所以建议准妈妈在怀孕期间至少能做一次乳腺检查，如果有异常可以及时解决。轻微的乳腺增生，但不觉得疼痛，可以不用处理，在哺乳后可以自行减轻甚至痊愈，但感觉疼痛就一定要及时问诊治疗。

生活小常识

乳腺检查不在正常的产检项目内，准妈妈在做产检时可能需要另外挂一个号。

孕8月

胎宝宝身体发育和准妈妈身体变化

胎宝宝身体发育

● 胎宝宝29周： 胎宝宝有了一个大脑袋

外观：胎宝宝此时个子长到了约40厘米，体重也有1 100～1 400克，头发、手指、脚趾、眼睫毛样样俱全，胎宝宝越来越有“小人儿”的模样了。

毛发：胎宝宝除了背部和肩部还保留有浓密的毛发外，其他部位的胎毛正在退化，到出生时，胎宝宝就变得光溜溜了。

大脑：胎宝宝的大脑发育越来越完善，体积变得越来越大，所以胎宝宝就有了一个大脑袋。

● 胎宝宝30周： 胎宝宝不再像个皱巴巴的小老头了

外观：胎宝宝此时身长约42厘米，体重为1 200～1 500克。胎宝宝的体积变得越来越大，准妈妈子宫里的羊水也会有所减少，他再也不能在羊水中自由自在地“游泳”了。

皮肤：胎宝宝的皮肤慢慢变为浅红色，丑丑的皱纹也慢慢褪去，开始变得平滑起来，不再像个皱巴巴的小老头了。

视觉：胎宝宝的视觉系统已经发育到能辨认和跟踪光源，此时腹内的胎宝宝已经能大致看到子宫中的景象了。

生殖器官：在生殖器官方面，如果是男孩，那么他的睾丸已经从腹中降下来；如果是女孩，她的小阴唇就会突起。

● 胎宝宝31周： 胎动次数在减少

外观：现在胎宝宝大概有42厘米长了，体重为1 400～1 500克。在接下来的两个月中，胎宝宝的身长增长会减慢，而体重会迅速增加，他又将经历一个发育高峰。

内脏器官：胎宝宝的各个器官继续完善着自己。胃肠接近成熟，正在做着分泌消化液的练习。肺也在练习如何呼吸。胎宝宝还会小便了，会将喝进去的羊水，经过膀胱又排泄到羊水中。

动作：随着胎宝宝的身体一天天地长大，准妈妈的子宫越来越拥挤了，胎宝宝的活动受到限制，胎动也越来越少了。

● 胎宝宝32周： 胎宝宝转变成头朝下的体位了

外观：胎宝宝此时个子没怎么变，依然在42厘米左右，体重倒是增长了些，大约1800克。

另外，这时的胎宝宝在准妈妈的肚子里会不断地变换体位，有时头朝上，有时头朝下，还没有一个固定的姿势。不过大多数胎宝宝最后都会因头部较重，而自然头朝下就位的。

头发：胎宝宝的头发可能也已经长出甚至是茂密了。

指甲：胎宝宝的手指甲和脚趾甲都已经长齐了，骨架也已完全形成，不过骨头仍然柔软易折。

准妈妈身体变化

● 频繁出现假性宫缩

准妈妈这时会觉得肚子偶尔会一阵阵地发硬、发紧，可能有类似月经来时的疼痛感，有可能没有任何疼痛，间隔的时间不等，可能十多分钟1次，也可能1个小时1次，没有规律性，这是假宫缩，是这个阶段的正常现象。

● 胃部不适

由于激素变化的原因，准妈妈的消化系统运作会变慢，尤其是胃部，所以吃饭后往往容易感觉不适，主要表现为胃胀、恶心想吐、喉咙灼烧感等。另外，准妈妈会明显感觉到子宫顶到了胃部，一吃东西就会觉得胃不舒服，食欲也减弱了。

● 背部肌肉紧张

这时候是负担迅速加重的一个时期，身体越发沉重，肚子大到低下头都看不到脚了，行动越来越吃力，准妈妈经常会感觉到背部的肌肉紧张。

● 呼吸困难

进入孕晚期，随着准妈妈子宫的不断上升，顶到了横膈膜，所以准妈妈可能会感到呼吸困难，喘不上气来。这种呼吸困难的感觉也是妊娠期的正常现象。

● 感觉疲惫

随着怀孕的进程，准妈妈的体重继续增加，而且增加的速度比孕期任何时候都快得多，子宫的顶端已经上升到最高点，到达肚脐以上12厘米处。

这时的准妈妈经常会感到很疲劳，而且休息不好，加上行动不便，所以常常会感觉不耐烦，有时候情绪会不佳。

● 胎动越来越少

随着胎宝宝的长大，胎宝宝的活动空间越来越小，胎动的幅度减小，频率降低，不过即使没有明显动作和感觉也不要担心，一

怎样吃才更营养

易上火，吃点苦味食物与新鲜蔬果

皮肤干燥、喉咙肿痛、口腔溃疡、流鼻血等都可能是上火的表现，冬春季节最容易上火，此时饮食上可以多吃点苦味食物以及新鲜蔬果。

苦味食物可解热祛暑

苦味食物之所以苦是因为其中含有生物碱、尿素类等苦味物质。中医研究发现，这些苦味物质有解热祛暑、消除疲劳的作用，能达到“去火”的目的。

最佳的苦味食物首推苦瓜，不管是凉拌、炒还是煲汤，只要能把苦瓜做得熟且不失“青色”就可以。除了苦瓜，还有其他苦味食物也有不错的“去火”功效，如杏仁、苦菜、苦丁茶、芹菜、芥蓝等，同样能清热解暑。

蔬果也是降火佳品

甘蓝、花椰菜和西瓜、苹果、葡萄等富含矿物质，特别是钙、镁、硅的含量高，有宁神、降火的神奇功效，因此准妈妈可多吃和常吃这些食品。

“去火”明星蔬果：

食物名称	去火功效
大豆	大豆在滋阴、去火的同时还能补充因为高温而被大量消耗的蛋白质
西瓜	西瓜性凉，吃了不会引起“上火”、心烦，而且含有丰富钾盐，能弥补人体大量造成的体内钾盐缺乏。但注意准妈妈不宜吃冰镇西瓜
番茄	番茄一年四季都可见，但番茄在夏季最多，最甜，营养也最丰富。它同样可以让准妈妈去火
草莓	草莓不但好吃，还有药用价值。中医认为它有去火功效，能清暑、解热、除烦

生活小常识

“去火”食谱：银耳雪梨

材料：火龙果、银耳、木耳、雪梨、冰糖、青豆、枸杞。

做法：

1.银耳、木耳用开水泡开，择洗干净；火龙果取果肉，果壳待用，火龙果肉和雪梨切成均匀的块。

2.将切好的火龙果肉块、雪梨块同银耳、木耳、冰糖一起加满水用文火熬制1小时。与此同时，将青豆煮熟。

3.将炖好的汤盛入火龙果壳中，撒上熟青豆、枸杞即可。

少吃多餐，缓解胃不适

我们人体的食管末端有一个瓣膜，叫作食管括约肌。正常情况下，食物进入胃后它就关闭起来，而当瓣膜软弱无力关闭不全时，就会引起胃酸反流，导致胃灼热。这其实是一种生理反应，并不是病态的表现，准妈妈不用太紧张。

孕晚期，准妈妈的胃部多会产生烧灼感，这是由于高水平的孕激素使食管括约肌变得松弛，导致胃酸反流到食管下段，刺激到敏感的黏膜及痛觉感受器官而引起的。同时，增大的子宫向上将胃部顶向横膈膜，从而挤压胃部，使胃酸反流更多，加重烧灼感。

少吃多餐是缓解胃灼热的首选方法,如果一餐吃得太多，那么胃就需要分泌更多的胃酸来消化大量的食物，同时，胃里胀满的食物又会刺激括约肌变得松弛，这样就容易引起食物和胃酸的反流。将一天需要摄入的食物分成多餐，这样你的胃里始终有食物，就能保证将多余的胃酸消化掉，减少胃酸的反流。

另外，以下几个小方法也可以缓解胃灼热感：

❶ 饭后半小时之内不要卧床，睡前2小时避免进食。

❷ 睡觉时尽量将头部垫高，以防胃酸反流。

❸ 使用药物中和胃酸，但是一定要在医生的指导下进行。

生活小常识

市面上有很多治疗消化不良的非处方药，平时很多人遇到胃不舒服就会自行去买点药来吃，但非处方药并不代表可以随意吃，未经医生同意，准妈妈不要服用治疗消化不良的药物。

肠胃胀气难受应当这样吃

随着子宫的增大，肠胃的空间被挤占了，这就导致肠胃蠕动变慢了，肠胃蠕动变慢最大的表现就是消化能力减弱，准妈妈可能会常发生胀气、放屁的情形。要想缓解子宫膨大造成的胀气，可以配合适当的饮食调理，减轻肠胃的负担。

少量多餐

此时准妈妈不妨一天吃6~8餐，这样减少每餐的分量，可有效减轻腹部饱胀的感觉。另外，要控制蛋白质和脂肪的摄入量。烹调时可添加一些大蒜和姜片，以减少腹胀气体的产生。

细嚼慢咽

准妈妈在吃东西的时候应细嚼慢咽，进食时不说话，不用吸管吸吮饮料，不常常含着酸梅，或咀嚼口香糖等，这样做可避免多余的气体进入腹部。

多喝温开水

建议准妈妈每天至少要喝1 500毫升的水，充足的水分能促进排便，以免大便累积在大肠内，加重胀气情况。

避免食用产气食物

有些食物易产气，准妈妈胀气状况严重时，应避免吃这类食物，如豆类、蛋类及其制品，油炸食物，土豆等。另外，太甜或太酸的食物、辛辣刺激的食物也不宜食用，以免刺激肠胃，影响肠胃功能。

胃肠胀气的准妈妈一日饮食参考

早晨

喝一碗五谷米浆。红豆、绿豆、黑豆、黄豆、小米、黄米、香米、糙米、大麦米、荞麦米、细玉米糁、黑芝麻、白芝麻。任意四种以上食物混合榨浆，注意豆子要少放，以免不好消化。

上午

喝一杯蜂蜜牛奶。牛奶不烫嘴即可，不要烧开，以免破坏蜂蜜和牛奶中的营养，也可以加一点水稀释，顺便吃一个苹果。

下午

多喝白开水。

晚餐后

吃一个苹果、一把干果，最好选择松子、生核桃、榛子，睡前最好再喝一杯蜂蜜牛奶。

生活小常识

准妈妈不要一次吃太多食物，或者突然改变饮食习惯和进食量，不规律的饮食很容易引起胃肠的不适。

适当补锌，有助于顺产

如果准妈妈缺锌，会致胎宝宝发生宫内发育迟缓、免疫功能差、大脑发育受阻、中枢神经系统畸形等不良状况。

从准妈妈的方面讲，锌具有促进子宫收缩的作用，可以帮助妈妈顺利分娩，如果准妈妈在孕晚期缺锌，就会导致子宫收缩无力，不但增加分娩的痛苦，还有导致产后出血过多及并发其他妇科疾病的可能。

胎宝宝对锌的需要量在孕晚期最高，准妈妈体内储存的锌，大部分在胎宝宝成熟期间被利用，孕晚期应重视锌的补充。

牡蛎、鲜鱼、牛肉、羊肉、猪肝、猪肾、蛋类、紫菜、面筋、烤麸、麦芽、黄豆、绿豆、蚕豆、花生、核桃、栗子、苹果等食物含有丰富的锌，一般来说，只要均衡饮食就不会缺锌。

如需服用补锌产品，要先咨询医生，补充时不要超过每日推荐补充量（16.5毫克），体内锌含量过高会抑制机体对铜和铁的吸收，容易引起缺铁性贫血。另外，补锌产品不能与牛奶同服，也不能空腹服用，饭后比较合适。

生活小常识

苹果有“益智果”与“记忆果”的美称，它不仅富含锌等微量元素，还富含脂质、碳水化合物、多种维生素等营养成分，尤其是细纤维含量高，准妈妈每天吃1～2个苹果即可以满足锌的需要量。

每周吃1～2次海带

海带富含碘、钙、磷、硒等多种人体必需的微量元素，其中钙含量是牛奶的10倍，含磷量比所有的蔬菜都高。海带还含有丰富的胡萝卜素、维生素B_1等维生素，有美发、防治肥胖症、高血压、水肿、动脉硬化等功效，故有“长寿菜”之称。

海带不仅是准妈妈最理想的补碘食物，

还是促进胎宝宝大脑发育的好食物，这是因为准妈妈缺碘使体内甲状腺素合成受影响，胎宝宝如不能获得必需的甲状腺素，会导致脑发育不良、智商低下。即使出生后补充足够碘，也难以纠正先天造成的智力低下。

建议准妈妈每周吃1～2次海带。最适合准妈妈的海带吃法是将海带与肉骨或贝类等清煮做汤。此外，清炒海带肉丝、海带虾仁，或将海带与绿豆、大米熬粥，凉拌也是不错的选择。用海带煮汤时需注意：海带要后放，不加锅盖，大火煮5分钟即可。

炒海带前，最好先将洗净的鲜海带用开水焯一遍，这样炒出来的菜才更加脆嫩鲜美。海带性寒，对于准妈妈来说，烹饪时宜加些性热的姜汁、蒜蓉等，而且不宜放太多油。

生活小常识

由于海洋污染的缘故，海带中可能含有较多的砷，砷是一种有毒化学物质，可以在水中溶解，食用海带前一定要先将干海带浸泡24小时（浸泡过程中换水要勤），即使是新鲜海带，也应该多清洗几遍，最好浸泡一会儿。

怎样做才更健康

拍孕照的最佳时机

拍孕妇照最好选择在孕25～30周进行，太早了肚子还没有凸出来，太晚了肚子太大，行动不方便，容易发生意外，而且肚形也不好看，孕36周之后由于临近分娩，拍照更不方便了。

如果去影楼拍摄，一定要注意这样一些问题：

1. 选择专业拍孕妇照的影楼并提前预约协商，选择在没有其他顾客的时间段里拍摄，不然要等很长时间，体力上支撑不住。
2. 拍摄当天去影楼前要洗澡、剪指甲，并在肚子上涂抹润肤油，这样肚子会好看些。
3. 化妆品和孕妇装最好自带，影楼里的化妆品和服装有太多人使用和穿过，不能保证干净、卫生。
4. 拍摄时间不要太长，也不要设计高难度动作，以免引发意外。
5. 别忘了让准爸爸也一起合拍几张温馨照。

当然，孕妇照不一定是在影楼拍的才好，在家里拍摄也是可以的，这样比较随意，而且创意完全由自己发挥，还可以请准爸爸做摄影师。准妈妈也可以从怀孕第一周开始，定期拍一张孕妇照，比如每一周或者每四周拍一张，最后把这些照片集中在一起看，能直观地看到胎宝宝的成长过程。

生活小常识

很多准妈妈不知道在镜头前应该怎么表现，可以试试将脸侧面上扬45度，然后想象一些美好的情景，带着自然的微笑，这样一般会比较上镜，也可以和准爸爸面对面地微笑。

站、坐、走、蹲都应平缓稳

随着妊娠月份的增加，准妈妈腹部逐渐向前突出，重心位置会渐渐发生变化。此外，骨盆的韧带出现生理性松弛，腰椎容易向前倾斜，背部的肌肉负担加大，容易疲劳、腰痛。因此，准妈妈比正常人更应注意讲究正确的行动姿势。

这样站更省力

站立时放松肩部，两脚稍微分开并保持两腿平行，将重心置于两脚中间，这样不易疲劳。长时间站立时，可一腿在前，一腿在后，将重心放在后腿上，隔几分钟便交换一下两条腿的位置，使两条腿都能够得到休息。

选择安全的坐姿

坐下时，先将手支撑在大腿或椅子扶手上，然后再慢慢坐在椅子稍靠前边的位置上，用双手支撑腰部向椅背方向慢移，然后将臀部移向椅背，深深地坐在椅子里。保持后背挺直靠在椅背上，双脚平行叉开，髋关节和膝关节呈直角，大腿与地面保持平行。

调整行走姿势

由于准妈妈们的腹部前凸，重心不稳且影响视线，很容易摔倒，所以在行走时要特别小心。行走时要抬头，挺直后背，绷紧臀部，保持全身平衡，脚跟先着地，前一只脚踩实后再迈另一只脚。可能时利用扶手或栏杆行走，切忌快速急行，也不要向前突出腹部。上楼梯时，按照先脚尖、后脚跟的顺序，将一只脚置于台阶上，同时挺直腰部，将重心前移，用后脚向前推进。

下蹲的正确方法

当你下蹲或从地面拾东西时，不要直接弯腰，否则会压迫腹部。正确的姿势应该是保持上身挺直，先屈膝，然后落腰下蹲，将东西捡起，双手扶腿慢慢起立，放东西也是一样。

生活小常识

很多准妈妈会自然地用双手叉着后腰部，觉得这样可以减轻腰部负重，缓解腰痛，其实这样的姿势会导致重心移到腰椎间，增加腰椎的受力，尤其是孕晚期，长期重心向后受压反而会加重腰部疼痛，严重时可能会导致腰椎间盘突出。

可以试试做伸展运动

准妈妈的肚子越来越大，这时候运动的目的应以舒展和活动筋骨为主，建议准妈妈选择舒展运动，加强盆底肌肉训练，同时加强腿部、手臂等肌肉训练，为分娩做好体能和肌肉训练。

准妈妈可以做一些简单的伸展运动：坐在垫子上屈伸双腿；平躺下来，轻轻扭动骨盆等简单动作。这些运动能加强骨盆关节和腰部肌肉的柔软性，既能松弛骨盆和腰部关节，又可以使产道出口肌肉柔软，同时还能锻炼下腹部肌肉。每次做操时间在5～10分钟就可以了。

另外，准妈妈还可以做一些适合孕晚期的瑜伽动作，孕期瑜伽对于分娩时调整呼吸很有帮助。

还有一些棋类活动也非常适合孕晚期做，能够起到安定心神的作用。

生活小常识

近预产期的准妈妈身体负担很重，这时候运动一定要注意安全，本着对分娩有利的原则，千万不能过于疲劳，也不要久站久坐或长时间走路。

节假日里的细节提醒

节假日是欢庆的日子，准妈妈情绪一般比较饱满，但在过节的同时，一定要多注意休息，饮食和安全也是要特别留意的，具体来说需要注意的事项有：

注意饮食

节假日朋友聚会多，准妈妈切忌不可暴饮暴食，或进食对妊娠不利的食物，以免对准妈妈还有胎宝宝造成伤害。

注意休息

在假期里，准妈妈可能会访亲会友，也许还会因为娱乐而熬夜，这样的后果会使准妈妈疲劳不堪。所以准妈妈要注意休息，避免长时间地站立和行走，保证每天有8个小时的睡眠时间。

注意卫生

放假了，准妈妈可能想来个大扫除，但是准妈妈千万不要去清洁那些死角的卫生，如果准妈妈吸入了那些死角的灰尘，有可能会患上呼吸道疾病或发生过敏反应。

注意运动

准妈妈在节假日里一定要注意适量运动，千万不要长时间地坐在沙发上看电视。不要因为放假而放弃了运动，一定要保持适量运动的好习惯。

注意安全

在假期里，大家都会出来购物，但是，准妈妈一定不要去人多拥挤的地方，以免被人碰撞。如果准妈妈自己开车出门，一定要系好安全带，以保证安全。

保持室内空气流通

在节假日里，家里如果来了不少客人，也会有男性抽烟，所以在家里准妈妈一定要经常开窗通风，以保持室内空气的新鲜。最好是告诉亲友不要在家抽烟。

注意性生活

有的夫妻在平时可能处于两地分居的状

态，现在两人终于可以团聚了，免不了卿卿我我。但是要提醒准妈妈，在恩爱时一定要注意分寸，不要过于激烈。

生活小常识

外出一定要带好表示自己身体状况的保健手册，或者医生的证明，如果在节假日里突然出现身体不适，或者突然出现腹部疼痛、阴道流血等症状，要尽快去就近的医院检查。

卫生间要保证通风、防滑、安全

准妈妈的肚子大了，行动不便，洗澡、洗发也成了一件大事。为安全起见，洗澡间的地板上最好铺上防滑垫，以防地板湿滑，使准妈妈摔倒，发生意外。洗澡间确保空气流通，最好在洗澡时也保留一个通气孔畅通，以免缺氧引起不适。

洗澡时最好带一个凳子进淋浴间，这样在感觉劳累或者头晕目眩的时候，可以坐下来休息或者干脆坐在凳子洗澡即可。洗澡间的门不要上锁，关上即可，方便不适或发生意外时，有人可以顺利进来帮忙。

不妨将电话线接入淋浴间，装一个分机，或者将手机带入卫生间放好，万一家中无人，在洗澡发生意外时，可以及时拨打电话求助。

生活小常识

到了孕晚期，上厕所会是一个不小的挑战。坐马桶稍微好些，如果是蹲坑，准妈妈每次可以采用半蹲的状态，将腿分大点，为肚子腾一个合适的区间，这样能更舒服些。如果蹲不住，可以在身边放两个椅子用来扶着，也可以买一个坐便椅来用。

怎样护理才安心

做梦醒来无须过分担心

准妈妈在孕期总是有着这样或那样的担心，诸如：胎宝宝是否健全，会不会发育异常或畸形，营养是不是够了，等等，这些问题都可能给准妈妈带来困扰。

又或者在怀孕过程中，因感冒等疾病，服用过药物以后，疑虑药物是否对胎宝宝有影响。还常常担心自己能否承受得了妊娠的负担，担心分娩时能否顺利，会不会发生难产或意外。

这种种的心理压力和思想负担，都成了梦的潜在诱因，准妈妈甚至还可能做一些非常惊险的噩梦，导致睡眠质量下降。

其实孕期会有一些担忧是正常的，会因此做梦也并不奇怪，准妈妈不必害怕，要对付这些由心而生的梦，准妈妈最需要做的就是解决心中的疑虑，对孕期担忧的问题都要说出来，与身边的人交流，不能解决的可以多看书，查资料，或者向医生咨询。

只要心态放松了，即便是夜间做梦，醒来也能释然，不会因此感到担心，这样才能获得良好的睡眠质量。

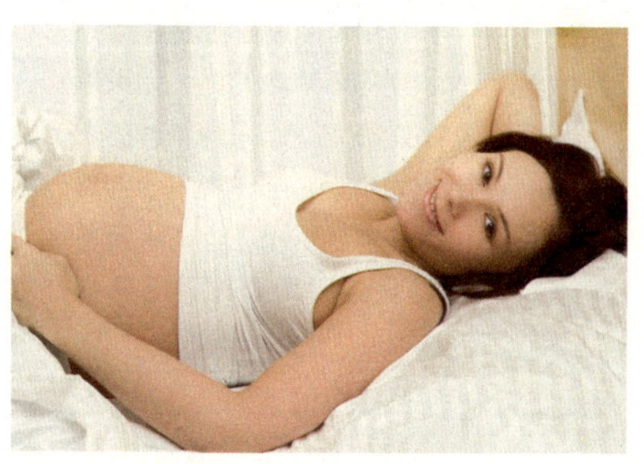

生活小常识

如果经常性没有缘由地做噩梦，那就要警惕心脑血管疾病的可能性，建议准妈妈尽早到医院检查、治疗，以保证安全度过孕期。

可能感到假性宫缩

假性宫缩一般从孕28周开始出现，一直到真正分娩前，会连续发生多天。假性宫缩的发生比较频繁，且没有规律，间隔时间也长，最明显的表现就是腹部发硬、发紧，有下坠感，可能发生在睡觉时，也可能走着走着就突然出现宫缩。

假性宫缩时不会疼痛，也没有阴道流血或流水的情况出现，不会影响准妈妈的正常生活和工作。

出现假性宫缩时千万别紧张，那样会让宫缩更加频繁。先放松心情，安静地坐下来或躺下来，调整呼吸，休息一会儿。如果是在行走，要马上停下来，静静地站一会儿，不要害怕，不适的感觉很快就会过去。

另外，要注意预防假性宫缩的发生，无论是工作还是生活，都不要使自己过分劳累，如走太远的路，长时间坐着或者站着，这些情况都比较容易引起宫缩。也不要经常摸肚子，因为不断地刺激腹肌和子宫，也会引起宫缩。虽然适当的抚摸对腹中的胎宝宝有好处，但是一天中摸的次数太多就会适得其反了。

生活小常识

假性宫缩通常发生在准妈妈长时间保持一个姿势没有改变的情况下，所以如果假性宫缩让你感觉到不适了，不妨换个姿势或者休息一下，也可以洗个热水澡放松身体。

鼻出血时应这样做

流鼻血是孕期较为常见的一种现象，怀孕后孕激素大增，这使得血管扩张、充血，加上鼻腔黏膜血管丰富，血管壁薄，准妈妈的血容量又较高，所以十分容易破裂、出血。

当鼻出血发生时怎么处理

当发生鼻出血时，按照以下步骤来止血：

1. 先试着将血块擤出。堵在血管内的血块会使血管无法闭合，当你去除血块后，血管内的弹性纤维才能够收缩，使流血的开口关闭。
2. 用手指捏紧鼻子，坐在椅子上，身体向前倾。不要躺下或仰头，否则会使血液流到喉咙里。
3. 在两只鼻孔里各塞入一小团干净的湿棉花，然后捏住鼻孔，持续压紧5～7分钟。假如仍未止血，再重复塞棉花和捏鼻子的动作。
4. 用毛巾包裹住冰块，冷敷鼻子、脸颊和颈部，促使血管收缩，减少流血。（如果第3步可以止血，此步可省略）。
5. 鼻血止住后，在鼻孔内涂抹一些维生素E软膏，以促进伤口愈合。
6. 做好上述处理后，最好躺下来休息一会儿。一周之内不要挖鼻孔，否则容易剥落结痂，使鼻出血复发。

怎么预防鼻出血

1. 增加空气湿度，因为干燥的环境容易使鼻黏膜血管受到损伤，建议使用加湿器来增加空气湿度。
2. 不要挖鼻孔，坚硬的指甲很容易损伤鼻腔黏膜和毛细血管，引起鼻出血。如果鼻孔内有鼻屎，可以先用水打湿，然后用棉签轻轻擦出。
3. 平时要多补充维生素C，维生素C是合成胶原蛋白所必需的物质，而胶原蛋白能帮助上呼吸道里的黏液附着，使鼻窦和鼻腔内产生一层湿润的保护膜。

生活小常识

最后三个孕月，大约有20%的准妈妈会发生鼻子通气不畅或鼻出血的情况，大多是激素刺激鼻黏膜，使鼻黏膜血管充血肿胀引起的，一旦分娩，鼻塞和鼻出血随之消失，不会留下后遗症。

医生可能要求增加产检频率

准妈妈从孕8月开始到孕9月末需要每半个月做一次产检：

第六次产检时间：29~30周

第七次产检时间：31~32周

第八次产检时间：33~34周

第九次产检时间：35~36周

这个时候的产检项目包括：常规的体格检查，如测量血压和体重等，还会增加一些产科检查，比如测量宫高、腹围、胎位、先露入盆情况、骨盆情况等。除了血、尿常规，B超检查外，还需要做胎心监护，以观察胎宝宝的情况是否良好。

生活小常识

一般从怀孕第28周开始数胎动，直至分娩，这一时期准妈妈对胎动异常要特别警觉。

水肿严重时应排查子痫可能

准妈妈出现下肢浮肿的现象很常见，但要每天留意水肿的症状与程度，轻度的水肿并无大碍，但如果水肿情况严重，就要考虑子痫可能。

水肿的程度

孕期水肿基本上都是因为体内对水分和盐类的代谢能力要比没有妊娠时低，因此，容易造成水分在身体里潴溜，而出现水肿现象。另一方面，子宫增大，也可引起下肢血液循环不畅，可能出现水肿现象。

一般这种水肿，休息一个晚上后，即可消失，医学检查时，血压、尿液均无异常，医学上称为“生理性水肿”，这不是病态。

但有少数准妈妈，水肿得很厉害，甚至穿不上鞋子，水肿出现后不消失，反而逐渐加重，严重者出现全身水肿，这属于病态水肿，可能是先兆子痫的征兆，此时应进行医学检查和实验室化验，排查可能疾病。

子痫的症状

怀孕后期、临产时或产后，准妈妈突然出现眩晕、头痛、眼睛上翻、牙关紧闭、四肢抽搐，甚至昏迷不醒的症状，就是患上了“子痫”。

一般，子痫发作前通常会出现一些预兆，这种预兆出现被称为“先兆子痫”。患先兆子痫的准妈妈通常有水肿、血压高、蛋白尿等妊娠高血压综合征症状。此外，还会出现剧烈头痛、头晕、呕吐、右上腹痛、胸闷、视力模糊、眼冒金花、易激动等突发症状。

如果先兆子痫得不到及时处理，很快就会出现抽搐、口吐白沫、昏迷（昏迷后常有鼾声）等子痫症状。少数患者在抽搐一段时间后可以很快清醒，也可能清醒片刻后再次发生抽搐。抽搐发作时，准妈妈很可能出现摔伤和骨折。如果在昏迷中发生呕吐，还有可能造成窒息。

生活小常识

由于大部分的先兆子痫会在孕期28周以后发生，所以孕晚期应该重点检查一下血压、蛋白尿、尿糖、心电图、肝胆B超等，看看有没有水肿现象。

孕9月

胎宝宝身体发育和准妈妈身体变化

胎宝宝身体发育

● 胎宝宝33周： 胎宝宝的骨骼正在变硬

外观： 现在胎宝宝的身长约43厘米，体重大约2 000克。看起来已经完全占满了准妈妈的整个子宫。

皮肤： 胎宝宝的皮下脂肪较以前大为增加，皮肤已经不再那么红红的、皱皱的，胎宝宝变得丰满起来了。

骨骼： 此时胎宝宝软软的骨头都在变硬，但颅骨还没有完全闭合。颅骨由分离着的骨板组成，之间存在着空隙，这就可以使胎宝宝的头在经过相对狭窄的产道时有伸缩性。很多刚出生的宝宝在经过产道时头部受到强烈挤压，以至于变成圆锥形。不过不用担心，这只是暂时性的，宝宝的头很快会变圆的，但是颅骨板直到出生后9～18个月时，才会完全闭合。

● 胎宝宝34周： 胎宝宝的肺部已经发育得很成熟了

外观： 胎宝宝现在身长约45厘米，体重约有2 300克。他已经为出生做好了准备：将身体转为头位，即头朝下的姿势，头部已经进入骨盆。但此时的姿势尚未完全固定，还有可能发生变化，需要密切关注。

内脏器官： 此时胎宝宝的消化系统和排泄系统都在日趋成熟，胎宝宝每天会排出接近600毫升的尿液。胎宝宝的肺部已经发育得相当良好，现在出生也可以自己呼吸了。

● 胎宝宝35周： 胎宝宝的肾脏也发育完全了

外观： 现在的胎宝宝身长为45～50厘米，体重为2 300～2 500克，已经越长越胖，变得圆滚滚的了。这是皮下脂肪增厚的结果，这些皮下脂肪将在他出生后起到保温的作用。

指甲： 胎宝宝的指甲长长了，有的可能会超过指尖。

内脏器官： 35周时，胎宝宝的听力已充分发育，肾也已经发育完全，肝开始具备排毒能力，可以自行代谢一些东西了。如果此时出生，他存活的可能性为99%。

● 胎宝宝36周： 胎宝宝皮肤上的胎脂开始脱落

外观： 36周的胎宝宝大约已有2 900

克重，身长为45~50厘米。胎宝宝此时已经变得很漂亮了。皮下脂肪的沉积，使得身体各部分比较丰满，面部皱纹消失，看起来全身圆滚滚的，很可爱。

皮脂： 此时，胎宝宝的脸、胸、腹、手、足的绒毛和在羊水中保护胎宝宝皮肤的胎脂完成了各自的使命，正在开始脱落。这些脱落的物质会和其他分泌物一起被胎宝宝吞咽下去，它们将积聚在胎宝宝的肠道里，变成黑色的混合物——胎粪，它将成为胎宝宝出生后的第一团粪便。

准妈妈身体变化

● 腰酸背痛

从这个月起，准妈妈的身体会变得比较笨重，行动也不太灵活，因而容易疲倦，加上胎宝宝的头部开始进入骨盆，压迫腰骶脊椎骨，容易引起腰背痛。尤其是怀孕前就有腰椎间盘突出、腰肌损伤、经常穿很高的高跟鞋的准妈妈，进入孕晚期，腰背疼痛感更明显。

● 出现尿频

进入孕晚期，由于胎头下降进入骨盆腔，使得子宫重心再次重回骨盆腔内，膀胱受压症状再次加重，尿频的症状也就又变得较明显。孕晚期尿频也是正常的生理现象，不用治疗。

● 不规则宫缩次数增多

胎宝宝转为头朝下的姿势，宫缩开始了，有些准妈妈刚开始时还没感觉，只有用手去摸肚子时，才会感受到宫缩，宫缩是迫使胎宝宝胎头下降的手段。

● 身体开始为分娩做准备

准妈妈骨盆和耻骨联合处的肌肉和韧带还在继续变松弛，而全身的关节和韧带也都开始变得松弛，外阴也变得柔软而肿胀，都是为分娩准备的。

● 水肿更厉害

准妈妈在此时可能腿脚会肿得更厉害，也都属正常，注意休息即可。但是如果发现自己的脸或手也都突然肿胀起来了，就要及时看医生，及时发现并控制妊娠高血压综合征。

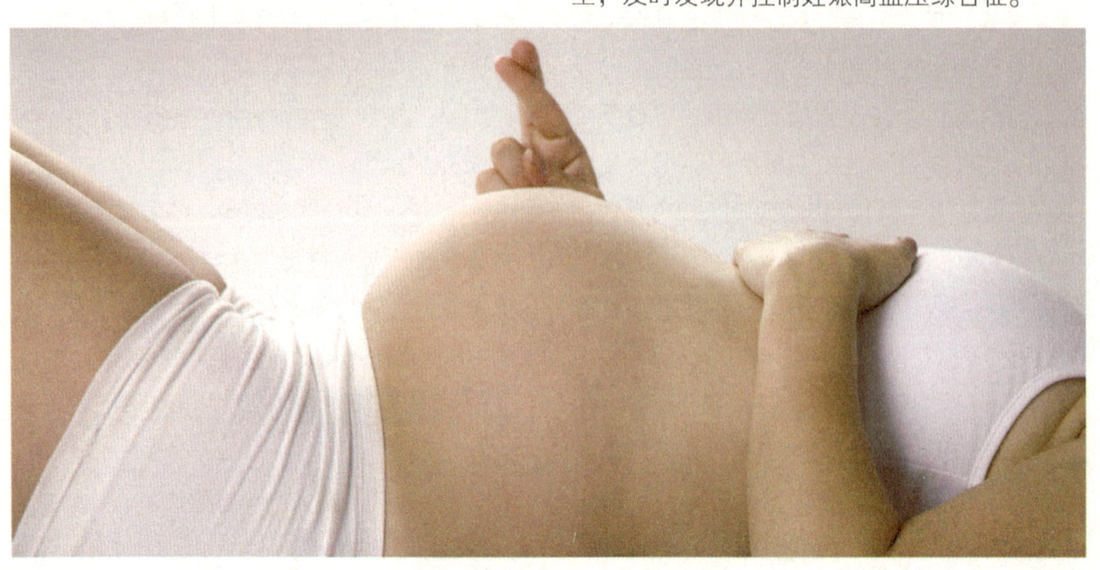

怎样吃才更营养

孕晚期保持营养均衡即可

进入孕晚期，胎宝宝的各个器官已发育得差不多了，准妈妈不需要特意去补充营养，孕晚期最主要是保持营养均衡。为了保证吃得均衡，建议准妈妈每天要吃的食物要在20种以上。

每天至少吃20种食物，这听起来似乎有点多，但实际上很容易做到，因为每一道菜都需要几种材料搭配，每一类食物每天选一样即可，具体可以参照下面的列表：

主食类	小米、大米、高粱米、糯米、黑米、小麦面、玉米面、燕麦面、荞麦面、豆面等米面类任选一种 红豆、绿豆、芸豆、青豆、黑豆等豆类任选一样
肉蛋类	鸡蛋、鸭蛋、鹅蛋、鹌鹑蛋等蛋类任选一种，鲤鱼、草鱼、鲫鱼、鲈鱼、鳜鱼、带鱼、黄花鱼、蟹类、虾类、贝壳类、猪肉、牛肉、羊肉、各种禽类等任选一种
蔬菜类	芹菜、白菜、生菜、甘蓝、油菜、菠菜、茼蒿、荠菜、茴香、木耳菜、莴笋叶、香椿等任选一种 红皮萝卜、白萝卜、胡萝卜、绿萝卜等任选一种 番茄、豆角、辣椒、土豆、蘑菇、茄子、菜花、莲藕等任选一种 黄瓜、丝瓜、苦瓜、南瓜、冬瓜、西葫芦等任选一种
水果类	苹果、香蕉、梨、桃子、橘子、柚子、樱桃、枇杷、石榴、西瓜、甜瓜、葡萄、草莓、柿子、火龙果、猕猴桃、荔枝、桂圆、木瓜等任选两种
干果类	核桃、葵花子、西瓜子、南瓜子、栗子、松子、腰果、开心果等任选两种
奶类	牛奶、羊奶、酸奶等任选一种
豆制类	豆腐、豆浆、豆皮、豆干等任选一种
油脂类	橄榄油、花生油、大豆油、玉米油、葵花油、芝麻油、奶油、黄油等任选一种
调料类	葱、姜、蒜、盐、糖、酱油、醋、淀粉、料酒、辣椒、大料等任选四种
饮用水类	白开水、矿泉水任选一种，但最好还是多喝白开水

生活小常识

一般来说，孕期的晚餐和未孕时差不多就可以了，可以在食物种类上丰富一些。另外，孕期应该按时吃晚饭，不要拖得太晚。

有助于润肠通便的食物

建议出现便秘症状的准妈妈经常食用一些有润肠通便功效的食物：

1. 膳食纤维丰富的食物，可以促进肠胃蠕动，并且会产生较大量的食物残渣，对排便有促进作用。各种蔬菜、水果、粗粮都富含膳食纤维，是准妈妈每日餐桌上必不可少的食物。

2. 含有油脂、果胶等有润滑肠道的作用的食物，也可以预防便秘，如香蕉、芝麻、杏仁、松子仁、蜂蜜、猪油等。

③ 另外，水分摄入不足或进食太少，都会导致消化道干燥，从而引起便秘，所以准妈妈还要每天保证有一定的水分和食物摄入量。

生活小常识

准妈妈容易遭受便秘与痔疮困扰，为了避免它们加重，首先要缓解便秘，不久坐，多喝水，吃些润肠通便的食物，这些都是促进消化与排便的重要手段。

不能依靠补品来获得营养

很多人在孕期会吃海参、燕窝、虫草等高级补品，但实际上高级补品可能没有传说中的那样奇效，也不建议准妈妈盲目滋补，原因是：

① 大部分准妈妈不是病人，只需要合理饮食即可，除此之外，一切补品都是多余的。

② 补品是有针对性的，除了那些体质特别弱的准妈妈需要在医生指导之下进食滋补珍品，尽量不要随意吃补品。

③ 不要有多吃多补的心理，吃得太多、太好反而容易造成身体负担，摄入和消耗不均衡，最终带来超重等一系列营养与健康问题。

④ 高级补品因为利润高，造假的概率也很高，容易买到假货。

建议准妈妈对各类营养品都抱着一颗平常心，一种食物营养价值再高，都比不上多种食物的搭配，所以平日饮食适当搭配五谷杂粮、蔬菜、水果、牛奶、坚果才是最好，只要丰富了食物种类，营养是不会有问题的。

生活小常识

药补不如食补，食补不如心补，每天都怀有一份健康、愉快的心情，要相信自己会拥有一个活泼可爱的宝宝。

补充维生素C，有助于降低分娩风险

在怀孕前和怀孕期间未能补充足够维生素C的准妈妈，在分娩时容易发生羊膜早破，补充适量维生素C可以降低分娩危险。

怀孕期间，由于胎宝宝发育占用了不少营养，所以准妈妈体内的维生素C及血浆中的很多营养物质都会下降并且水溶性维生素C在人体内存留的时间不长，未被吸收的维生素C会很快被排出体外。如果在准妈妈的饮食中加强维生素的补给，能够防止白细胞中的维生素C含量下降，从而有利于防止羊膜早破。

补充维生素C最好的选择是水果和蔬菜，比如橙子、西蓝花等，如果确诊缺乏维生素C，要咨询医生是否需要服用维生素C药丸，不可擅自服用。

良好的进餐氛围有助于消化

随着预产期越来越近，准妈妈可能心理压力也越来越大，加上胃灼热、便秘等不适的困扰，食欲也会受到影响。进餐时保持好心情可以让身体舒畅，促进身体新陈代谢速度更快，从而令消化器官发挥最佳功能。

走向餐桌的时候，要调整自己的情绪，赶走不愉快，尽量让自己在进餐时处于快乐、积极的状态中。如果习惯在餐桌上聊天、讨论，这时候准妈妈最好找些积极、轻松的话题，工作中的难题、紧张的人际关系最好不要拿到餐桌上来谈论，以免影响心情。如果对准爸爸有什么不满，也不要在餐桌上抱怨，如果争执起来，会影响食欲和消化，即使没有争执，进餐的兴致也早已被破坏。

怎样做才更健康

预防胎膜早破

胎膜早破就是通常所说的提前破水，正常情况下只有当宫缩真正开始，宫颈不断扩张，包裹在胎宝宝和羊水外面的卵膜才会在不断增加的压力下破裂，流出大量羊水，胎宝宝也将随之降生。

提前破水是指还未真正开始分娩，胎膜就破了，阴道中的细菌会侵入子宫，给胎宝宝带来危险，因此要尽量预防。预防早期破水的发生，需做好以下几点：

1. 定期到医院接受产前检查。
2. 注意孕期卫生，避免发生霉菌性阴道炎和其他妇科炎症。
3. 注意保持膳食的平衡，保证充足的维生素C和维生素D的摄入，保持胎膜的韧度。
4. 怀孕期间如果分泌物比较多，有感染的现象，应该及时到医院就诊，接受治疗。
5. 怀孕后期(最后一个月)一定要禁止性生活，避免对子宫的任何压力。
6. 如果是多胞胎，要多卧床休息。
7. 避免过度劳累和对腹部的冲撞。

生活小常识

如果感觉阴道突然有大量液体流出，像尿液那样，可能是胎膜早破，有可能引起感染，也有脐带脱垂危害胎宝宝的可能，这时应该立即平卧，并立即叫救护车送往医院。

布置一间婴儿房

现在离胎宝宝出生已经只有一个多月的时间了，准妈妈可以布置好婴儿房来迎接宝宝了。那么布置婴儿房要注意哪些问题呢？

居室环境

婴儿居室应选择向阳、通风、清洁、安静的房间。新生儿体温调节中枢尚未发育成熟，体温变化易受外界环境的影响，故选择能使新生儿保持正常体温，又耗氧量最低的环境很重要。婴儿居室的室温在18～22℃，湿度在50%～60%为佳。

室内湿度

过于干燥的空气使婴儿呼吸道黏膜变干，抵抗力低下，也可发生上呼吸道感染，故需注意保持室内一定湿度。加湿方法，如有空气加湿器更好，也可在冬季时往暖气片上放些干净的湿布。夏季时地面上洒些清水。

装修布置

婴儿居室的装修、装饰要简洁、明快，可吊挂一个鲜艳的大彩球及一幅大挂图，以刺激宝宝的视觉，为以后的认物打基础，但不要将居室搞得杂乱无章，使婴儿的眼睛产生疲劳。不能让宝宝住在刚粉刷或刚油漆过的房间里，以免中毒。

另外，宝宝的居室最好不铺地毯，因地毯不易清洗、清洁，易藏污垢，不仅是致病原还可能是过敏原，也不利于宝宝日后的行走练习。

生活小常识

无论孩子多大，婴儿房内都不宜堆放太多杂物，比如奶粉、零食、药物、洗涤用品等，一方面是为了给宝宝留下尽量大的活动空间，另一方面也是养成良好的收纳习惯，避免东西散落在房间，将来被孩子翻到后出现吞食的危险。

综合选择适合的产科医院

从产前检查、分娩直到产后随诊，建议准妈妈都坚持定期去一家医院，这样，医生会有准妈妈在整个孕期、临产前及分娩时各个方面的详细检查记录，对准妈妈的情况很熟悉。一旦在分娩时发生什么情况，能够很从容地做出处理。

先了解医院情况

首先应从多方面了解医院，衡量医院水平。可以通过多种渠道，了解当地多个医院的情况，比如咨询有过生产经验的朋友、熟人或亲戚，通过网络查询等。

医院的相关情况包括硬件设施、医生的技术水平，有关住院条件等，床位是否紧张，配餐、病房是否可以自由选择，紧急抢救设备或血源是否充足，能否选择分娩方法，分娩时能否家人陪伴，产后有无专人护理和剖宫产率是否很高，新生儿的检查制度是否完善，产后有无喂养专家指导等，这些都是评判一个医院医疗和服务水平高低的重要指标。

结合自身情况做出选择

如果准妈妈有妊娠高血压综合征、妊娠糖尿病、胎膜早破等产科并发症和合并症，适宜在妇产专科医院分娩。

准妈妈如果合并有如胰腺炎、心脏病等内外科疾病，适宜在综合医院的产科分娩，因为专科医院缺乏这样的医疗设备和技术力量，治疗这类疾病的药品也少。

如果准妈妈患有妊娠急性脂肪肝、急性重症肝炎等疾病，以及发现有各类肝炎、梅毒、艾滋病、乙肝表面抗原阳性等合并传染病，应当前往消毒和隔离条件较好的传染病专科医院产科待产。

准妈妈应了解自身情况，还需要考虑家离所中意医院的距离，如果距离比较远，而分娩来得比较急，可能要将离家近的医院作为备选。

生活小常识

在选择正规医院时，不要一味选择那种大型妇产专科医院，要考虑到这类医院一般挂号比较困难，生产床位也比较紧张。

打点一下入院待产包

入院待产包是在分娩时随身携带到医院的用品，包括给新生宝宝的和准妈妈自己用的，这些东西一般不容易一次准备齐全，在分娩之前，准妈妈随时都可以打点。由于需要的东西比较多，每个人情况不同，实际需要准备的东西也会不同，这里的用品表可以供准妈妈参考：

妈妈用品

名称	开襟外套	出院服装	哺乳式文胸	束腹带	防溢乳垫	吸奶器	卫生纸
数量	1件	1套	2~3件	1个	1盒	1个	若干
名称	产妇卫生巾	毛巾	水盆	牙具	护肤品	餐具	营养品
数量	1包	2条	2个	1套	1套	1套	若干

宝宝用品

名称	包被	婴儿衣服	围嘴	奶粉	奶瓶	奶瓶消毒器	纸尿裤	湿纸巾	护臀霜
数量	1件	1套	2~3件	1个	1盒	1个	1包	1包	1支

其他物品

❶ 入院证件：社会保障卡、孕产妇保健手册。

❷ 现金、银行卡：两者都需要准备，并提前了解医院的支付方式。

❸ 笔记本、笔：记录阵痛、宫缩时间，或写待产日记。

❹ 照相机或摄像机：为妈妈、宝宝拍照留念，要确保电量充足。

待产包放置窍门

按使用时间放置： 将物品按照入院、分娩、住院、出院的时间段分别放置在不同的袋子里，然后再装入待产包。这样使用时不需要大范围翻找了。

按物件功能放置： 将衣服、洗漱用品、贵重用品分别放置在不同的袋子里，这样也容易找到。

按贵重程度放置： 建议将妈妈用品和宝宝用品放置在不同的小包，然后再一起放入一个大包里，另外将贵重物品放在随身携带的小包里。

生活小常识

准备待产包时，准妈妈可以向刚生产过的妈妈或分娩医院的医生请教，然后根据列出的清单整理待产包，不要完全依照父辈的意见准备，时代不同差别会很大。另外，医院可能会提供部分母婴用品，需要提前了解一下。也不要担心准备的东西不够，即使缺一两样，让家人临时准备就可以了。

缓解腰酸背痛的小动作

在孕晚期，随着准妈妈体重增加、重心前移，韧带和关节变得酥松柔软了，腰椎、胸椎、骶椎、尾椎等部位的压力增大，很多准妈妈常常感觉腰背疼痛，这种情况准妈妈可以试试这样做来缓解：

1. 站在椅背后，双手扶椅背，双脚分开与肩同宽，慢慢吸气，踮起脚尖，将身体重量集中在手臂上，腰部挺直，下腹部紧靠椅背，慢慢呼气，放下脚跟，恢复原状。每天早晚各做5～6次。做这个运动时，要注意将椅子放稳当。

2. 背部平倚墙壁，脚离开墙面约30厘米，站稳，背部缓慢下滑，直到膝部弯曲达90度停止，再缓缓向上移。膝部变直后，再向下移，每天早晚各做 5～6次。做这项运动时，需要有人在旁边守护。另外，鞋底的防滑功能要好。

3. 平躺下，双腿弯曲，双足平放，足部与肩部用力，轻轻抬高臀部与背部，然后放低，一上一下反复运动5次为1组。每天 5～6次。

生活小常识

在孕后期，准妈妈的肚子比较大，行动非常不便时，准妈妈可以考虑使用托腹带，使腹部得到支撑，减轻腹部压力，减少因肌肉紧缩产生的腰背痛。

休产假前要考虑的事情

如果怀孕期间选择了继续工作，那么到了怀孕第9个月就必须考虑一下休产假的事情了，并在休产假前尽量安排好工作上的事情。

休产假的时机

国家法定的产假是不少于98天，有两周产前假，因此，准妈妈可以根据自己的实际情况决定回家待产的日子。这个最好和家人好好商量一下，在充分考虑自己身体状况和工作性质的同时合理安排产假。

如果准妈妈身体较好，工作环境及工作量对怀孕的影响也不大，完全可以不用辞职，可以只工作到孕期的第36～38周，也可以一直工作到分娩前的最后一周或两周再考虑休息。当然，对于那些高龄妊娠或有早产危险的情况，则要听从医生的安排，如需要住院监护或在家休养等，不可为了工作而拿自己的身体冒险。

产假前做好工作交接

在休产假之前，准妈妈应做好交接工作，所从事的工作不可替代性越高，交接准备工作就越复杂，最好是在产假前一两个月就开始着手准备，应让代理人了解工作的脉络与流程，并提前进入工作状态，以备出现早产等症状时能轻松离开。

在今后的产假中，准妈妈也要注意与代理人保持联系，关心一下代理人的工作状态，这对以后重返职场有很大的帮助。

有些准妈妈担心过多地给代理人工作上的引导，可能导致自己终将被取代，仔细想想，如果公司想取代你的话，总会找到人的，与其这样，不如让公司觉得你时时以公司的利益得失为重，是一个值得信赖的人。

生活小常识

如果选择在孕期工作，就要注意别让自己太累了，午间争取有一个小时左右的午休。如果工作感觉较累时，还是提前休产假较好。不过，准妈妈在孕期休假的时间越长，就意味着产后照顾宝宝的休假时间越短。

产假的法律规定

我国法律以及各公司对于怀孕职工的产假有特殊的照顾政策，准妈妈可以了解一下。

公司的产假规定

一般公司的规章制度里会清楚地写明产假的相关规定，如果公司根本没有这些方面的相关规定，可能需要与主管沟通。在沟通前，你要先确定想要了解清楚的事宜：

1. 产假期间的薪水支付。
2. 能不能出具留职证明，以保证你的工作机会不受剥夺。
3. 可以给你最长多长时间的产假。
4. 是否允许你以其他的假（病假、事假、年假）来延长产假。
5. 对于产假延期有何相关规定：支薪？不支薪？还是部分支薪？
6. 兼职在家工作的可能性如何。

国家法定的产假权利

2012年4月18日，国务院常务会议审议并原则通过《女职工劳动保护特别规定（草案）》，草案将女职工生育享受的产假由90天延长至98天。

晚婚晚育夫妻双方中有一方可申请增加产假天数。多胞胎生育的，每多生育一个婴儿增加产假15天。

丈夫休护理假受是否是晚育及所在省份的规定，大多数省份《人口与计划生育管理条例》中都规定了晚育者丈夫休护理假的时间，一般在7～10天，有的地方甚至可长达1个月。

生活小常识

准妈妈怀孕后将受到劳动法的保护，在孕期、产期、哺乳期内享受特殊的权利：

1.女职工在孕期、产期、哺乳期内，单位不得辞退，不得降低其基本工资。

2.孕期与哺乳期，用人单位不得安排强度大的、有危险性的工作。怀孕7个月以后不得安排加班和夜班。

怎样护理才安心

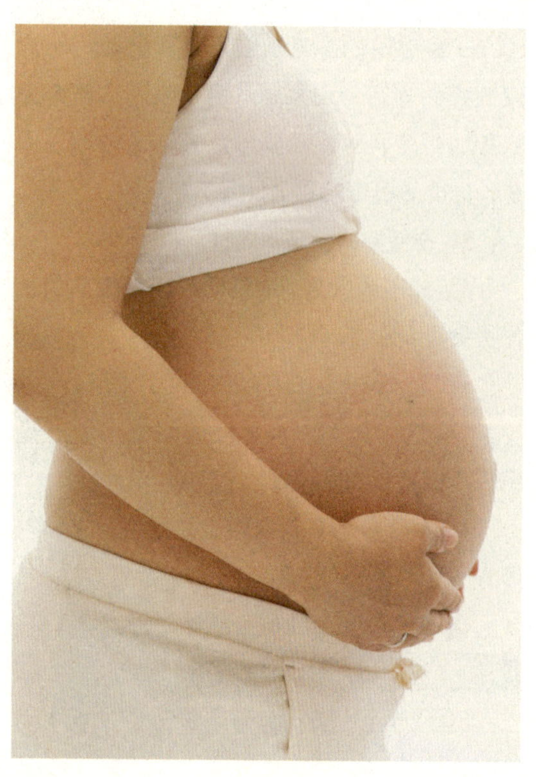

屁股大小并不决定分娩难易

人们喜欢用屁股大小来衡量分娩难易，认为屁股大的准妈妈生起来快，屁股小的准妈妈生起来难，实际上这是不准确的。衡量分娩难易的条件之一是骨盆形态，但是骨盆形态无法由肉眼透视，并不是屁股小的准妈妈骨盆就小。

骨盆由两侧髋骨、骶骨及尾骨相连接成一个信道，也就是通常所说的“骨产道”。医生会依照骨盆入口的形态，将骨盆分为：

女式：即圆形或横卵圆形。

男式：即心脏型或楔形。

扁平式：即横卵圆形，但前后径很短。

类人猿式：即长前后卵形。

这四类的骨盆对分娩的影响，以“女式”及“类人猿式”较有利于生产，“男式”及“扁平式”都不利于自然生产。

生活小常识

如果对日益临近的分娩感到忐忑不安甚至很紧张的话，不要一个人承担，多与家人一起聊聊，尤其是自己的母亲，她的经验会有特别的帮助。此外，多注意休息，豁达的心态和充沛的精力是等待分娩所必需的。

胎头入盆的感觉

一般来说，在孕9月的第一周或者是第二周，胎宝宝的头部就能入盆了，不过也有因人而异的，晚的可能会在37~38周入盆，还有的可能直到开始生产前都不会入盆。不过即使胎宝宝早早地入盆，也不意味着准妈妈就会提前生产。

胎头入盆的感觉一般是下腹部有压力感，突出的肚子逐渐下坠，总感觉胎宝宝像是要出来了一样，站一会儿或者动一会儿就有尿意，上腹部子宫底逐渐下降，呼吸和进食比前一段时间舒畅，还会感到骨盆和耻骨联合处酸疼不适，不规则宫缩的次数也在增多，如果这时还没有入盆的感觉也不要着急，分娩的事有很大的差异性，入盆也可能在分娩前很快完成。

生活小常识

如果体格很棒，腹部肌肉的弹性非常好，建议准妈妈放松肚子上的肌肉，并尽量让腹部向前挺，减轻胎宝宝入盆的困难。如果每天大部分时间都是坐着的，建议不管什么时候，只要是坐下，就一定注意向前倾斜着就座，让膝盖低于臀部，这会有助于胎宝宝面向准妈妈，并向下移动。

产检时医生可能测量骨盆

这个月产检除了进行与上次一样的常规检查外，还需要配合医生做分娩前的准备工作，这个月医生可能会给准妈妈测量骨盆。

分娩前准妈妈的骨盆状况决定了顺产与否。骨盆是产道的最重要的组成部分，胎宝宝从母体娩出必须通过骨盆，狭小或畸形骨盆均可引起难产。为了弄清骨盆的大小和形态，了解胎宝宝和骨盆之间的比例，产前检查时要测量骨盆，以便于医生准确判断生产的顺利程度。

不要因尿频、尿失禁而烦恼

进入到孕后期，准妈妈的排尿次数明显增多，1～2小时排尿一次，甚至更短，这种现象是正常的生理现象，准妈妈不必担心，也不要憋尿，及时上厕所就可以。

除了排尿次数增多，还有些准妈妈可能会由于骨盆底肌肉呈托力差而出现压力性尿失禁。压力性尿失禁也是孕后期一个正常且常见的生理现象，如果准妈妈有大笑、咳嗽或打喷嚏等增大腹压的活动则更是不可避免地会发生压力性尿失禁。

如果准妈妈想要避免这种尿失禁的尴尬现象，可以试试这样做：

❶ 出门在外时使用卫生巾或卫生护垫，避免关键时刻出现尴尬情形。

❷ 千万不要为了避免压力性尿失禁而尽量少喝水，这么做只会导致更大的麻烦——便秘，但是在临睡前可以少喝一些水，将喝水集中在白天。

❸ 常做凯格尔运动，这有助于预防压力性尿失禁，做前可以先咨询医生，如果准妈妈有早产征兆，可能会有做运动的禁忌。

生活小常识

有的准妈妈即使睡前没喝水，夜间仍然起夜频繁，这可能是因为躺下睡觉时，白天滞留在腿和脚部的液体回流到血液里，最终进入膀胱，这样的尿频在宝宝出生后很快会得到缓解，不过产后头几天身体要排出多余体液，所以这时小便的频率和尿量会比怀孕时还高，几天后便会恢复正常。

孕10月

胎宝宝身体发育和准妈妈身体变化

胎宝宝身体发育

● 胎宝宝37周： 胎宝宝已是足月儿了

外观：现在胎宝宝正以每天20～30克的速度继续增长体重，他现在的体重约为3 000克，身长逐渐接近50厘米，已经是个足月儿了（37~42周的新生儿都称为足月儿）。

皮肤：胎宝宝的皮肤还是有点薄，呈现出淡淡的红色。皮下脂肪真是尽职尽责，将皮肤撑得鼓鼓的，表面的褶皱已经消失，胎宝宝看起来又胖又圆，煞是可爱。

头发：有些胎宝宝的头发已经又黑又密，有3～4厘米，准妈妈可以等胎宝宝出生后为他做一支胎毛笔纪念。

● 胎宝宝38周： 胎宝宝的头部完全入盆了

外观：胎宝宝的生长速度比之前有所下降了，身长为52厘米左右，体重约3 200克，但他仍在囤积体脂。

头部：胎宝宝的头围几乎与他的双肩和臀围相等，并且头部已完全入盆，在骨盆内摇摆，被周围的骨架保护着，很安全。头部入盆有利于胎宝宝有更多的空间放自己的小胳膊、小腿。

大脑和肺：胎宝宝的大脑和肺部还未完全成熟，仍在继续发育。

● 胎宝宝39周： 胎宝宝随时都会来“报到”

外观：本周胎宝宝的体重已经有3200～3500克了，一般情况下，男孩比女孩的平均体重要略重一些。他的脂肪的生长并没有停止，而是以每天14克的速度在继续增加。

皮肤：由于皮下脂肪的增厚，胎宝宝的皮肤的颜色开始从粉红色变成白色或蓝红色。

头部：胎宝宝的头部已经固定在骨盆中，所以你会发现胎宝宝在妈妈肚子里越来越安静，活动越来越少了。

肺：此时胎宝宝的组织还在继续增长，身体各部分器官已发育完成，肺是最后一个发育成熟的，通常需要等到宝宝出生后几个小时后，正常的呼吸方式才会最终建立起来。

● 胎宝宝40周： 大部分胎宝宝会出生

随时可以出生：现在，胎宝宝所有身体机能均达到了娩出的标准，腹部可能比头部稍微大些，脂肪的比例非常大，占全部体重的15%左右，身体内的所有器官和系统都已发育成熟，随时可以出生了。

胎盘老化：胎宝宝的重要生命线——

胎盘正在老化，传输营养物质的效率在逐渐降低，到胎宝宝娩出它的使命就完成了。

羊水变浑浊：胎宝宝所处的羊水环境由原来清澈透明变得浑浊，成了乳白色液体了。

眼泪：宝宝出生后第一声啼哭通常都是没有眼泪的，因为他的泪腺功能还没有被开发，这种情况会持续两三周。

准妈妈身体变化

● 食欲增加

随着胎宝宝的入盆，宫顶位置下移，对心脏、肺、胃的挤压减轻，所以妈妈的胃胀有所缓解，食欲也开始增加。

● 小腹坠胀感明显

随着胎宝宝的入盆，宫顶位置下移，准妈妈直肠和膀胱受到的压迫加重，尿频、便秘、小腹坠胀感更加明显了，同时阴道的分泌物也开始增多。

● 宫缩与阵痛来袭

宫缩更加频繁，准妈妈会感觉子宫收缩变硬，持续大约30秒钟再松弛下来，这种收缩感觉不到疼痛，当这样的宫缩时断时续一整天或一整晚后才成为临产宫缩。

有部分准妈妈会在此期出现没有规律的阵痛，稍加运动就会消失的阵痛不是临产前阵痛，临产前阵痛有规律性，其规律性可能由20分钟痛一次，渐渐变为15分钟，甚至到8分钟或6分钟痛一次，而疼痛的时间会越来越长，且不论用任何方式都无法缓解，准妈妈要注意区分。

● 分娩前“见红”

分娩前24～48小时，准妈妈一般会发生分娩前的“见红”。“见红”是从阴道排出少量血性黏液。不过，“见红”也可能持续几天，每天有少许排出，也可能一下子突然“见红”。

怎样吃才更营养

最后一个月的饮食要点

到孕10月，由于身体原因和精神原因，准妈妈可能会吃不香、睡不好，这个时候饮食可以随心一点，想吃时吃一些，不想吃时别勉强。

食物最好软一些

食物宜软不宜硬，尤其做米饭时，应尽量软一点。像韭菜、蒜苗、芥菜等纤维过粗的蔬菜都不容易消化，即使要吃，也应该炒烂一点，且不要放太多油盐。尽量多吃水煮、清炖、清蒸食物，少吃煎炸、烧烤食物。

睡前饮食要清淡

入睡前的那顿饭一定要清淡、易消化，这样能帮助你更快入睡。晚餐不宜吃高脂肪的食物，以免加重肠胃负担。也不宜吃辛辣食物，否则会造成准妈妈胃灼热及消化不良，从而干扰正常饮食及睡眠。

避免吃胀气食物

有些食物在消化过程中会产生较多的气体，从而产生腹胀感，妨碍食欲及正常睡眠，如豆类、包心菜、洋葱、绿椰菜、球甘蓝、青椒、茄子、土豆、红薯、芋头、玉米、香蕉、面包、柑橘类水果和添加木糖醇(甜味剂)的饮料及甜点等。

生活小常识

也许准妈妈现在已经不再常常感到很饿，但也不能饥一顿饱一顿，一餐可以少吃点，一日多餐仍然是最适宜的进餐方式。

吃点高蛋白食品，有助于泌乳

一般女性平均每天需要蛋白质60克，可一旦怀孕，为了满足胎宝宝生长的需要，母体的蛋白质需要量就会增加，而且随着妊娠期的延长而不断增加，在怀孕的早、中、晚期，每天应分别额外增加蛋白质5克、15克和20克。

孕晚期储备足量的蛋白质不仅对胎宝宝有利，而且对于产后乳汁分泌也十分有利，因为蛋白质是乳汁的主要成分之一，蛋白质充足，乳汁分泌也能更顺利。

鱼、蛋、奶及豆类制品中的蛋白质属于优质蛋白，相对而言，动物性蛋白质在人体内吸收利用率较植物性蛋白质吸收利用率高。

不妨每天吃些豆类和豆制品

准妈妈孕晚期多食豆类及豆制品，可以补充蛋白质、脂类、钙及B族维生素等，有助于胎宝宝的发育，尤其是胎宝宝脑及神经系统的发育，因为脑及神经系统的发育依赖于大量的多不饱和脂肪酸及磷脂。

豆类包括许多种，根据其营养成分及含量大致可分为两类：一类是大豆（黄豆）、黑豆及青豆，另一类包括豌豆、蚕豆、绿豆、豇豆、小豆、芸豆等。

在食用豆制品时，注意加热煮熟，以免豆类中固有的抗营养物质对人体造成不良影响。在食用普通豆制品的同时，某些发酵的豆制品，如豆腐乳，也可以食用。发酵的豆制品不但易于消化，还有利于提高大豆中钙、铁、镁、锌等的生物利用率，促进吸收，而且能使不利物质降解。

产前吃些高热量食物，有助于分娩

一般来说，初产妇自然分娩的全过程大约需要12个小时，大部分时间是在宫缩，包括进产房之前的几个小时，在此期间不太吃得下东西，而消耗量却十分巨大，此时的能量来源大多数依靠最近几天的储备，所以，到了接近预产期时，要注意储备一些供分娩用的能量。

所以，临产前准妈妈要尽量克服困难，好好进食、饮水，尤其在炎热的夏天，临产时出汗多，再不好好进食、喝水更容易引起脱水的情况的发生。准妈妈最好在临产前吃一些易消化吸收、少渣、可口、味鲜的高热量食物，如面条鸡蛋汤、面条排骨汤、牛奶、酸奶、巧克力、糖等食物，尽量选择自己喜欢的饭菜。

没有食欲时可以这样吃

到了孕晚期，准妈妈的心情一般比较紧张，不想吃东西，或吃得不多，吃饭没胃口，准妈妈可以试试这样一些刺激食欲的方法：

1. 多吃新鲜蔬果。新鲜蔬果色彩鲜艳，营养丰富，易诱发人的食欲，还能预防便秘，防止胃肠道不畅引起的食欲减退。
2. 提高食物烹调技巧，做到清淡爽口、富有营养，并在视觉上诱人。
3. 少吃多餐，每次进餐不必强求吃多，正餐不够加餐补，想吃的时候再吃。
4. 保持室内空气清新，经常开窗透气，少去有异味的地方，也能促进食欲。
5. 在进食过程中，保持精神愉快，准妈妈心情舒畅了，食欲也能变得更好。

生活小常识

假如临产时实在吃不下东西，吃了就反胃呕吐，孕妈妈也不应太勉强，分娩时医生会考虑通过输入葡萄糖、维生素来补充能量。

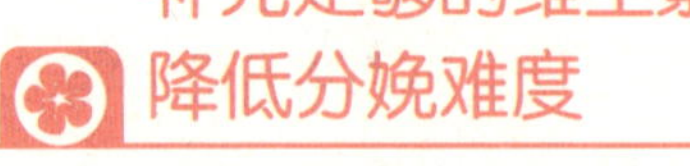

补充足够的维生素B_1，降低分娩难度

如果维生素B_1不足，易引起准妈妈呕吐、倦怠、体乏，影响分娩时子宫收缩，使产程延长，分娩困难。最后一个月里，准妈妈要补足维生素B_1，以降低分娩难度，同时也必须补充各类维生素和足够的铁、钙、充足的水溶性维生素。

准妈妈每日维生素B_1摄取量为1.8毫克，日常饮食中注意选择含维生素B_1丰富的食物即可满足需求。含维生素B_1丰富的食物有豆类，酵母，坚果，动物肝、肾、心及瘦猪肉和蛋类等，食用大米、面粉时选择标准米、面也可以满足需要。

产前慎服补气的中药

一些准妈妈尤其是临产前的准妈妈，由于吃了黄芪炖鸡，引起过期妊娠，或因胎宝宝过大而造成难产，结果只好做会阴侧切、产钳助产，甚至不得不剖宫分娩，这是非常遗憾的。

建议准妈妈在临产前不要吃人参、黄芪等补气的中药补品等，人参、黄芪属温热性质的中药，自然产前服用会因为补气提升的效果而造成产程迟滞，甚至阵痛暂停的现象。

由于中药目前还没有像西药一样有十分详细的药理和副作用研究，所以建议准妈妈无论是否怀孕，都不要随意自行服用中药，避免不必要的风险。

怎样做才更健康

不宜再出远门

据统计，在车船上分娩者，母子的健康都会受到影响，产后母子的患病率明显高于正常分娩的准妈妈和胎宝宝，导致严重后果者也屡见不鲜，建议临近分娩时准妈妈不要出远门。

出远门最可能遇到哪些不利情况

❶ 出远门免不了要进行长时间的车船颠簸，这会影响孕妈妈的休息，使得精神不佳。

❷ 车船中人员过度集中，空气不洁净，各种致病菌也较其他环境中含量多，孕妈妈身在其中又不可能随意清洗，容易感染。

❸ 如果孕妈妈在旅途中分娩，车上又没有医务人员，母子安危必将受到严重的威胁。

正是因为旅途环境对孕妈妈和胎宝宝有各种不利刺激，往往容易造成车上分娩的紧急情况，越是到孕后期，越是不宜长途旅行。

必须出远门时怎么办

如果因为种种原因不得不出远门时，准妈妈应至少从以下几方面做好长途旅行的准备：

❶ 提前2个月以上动身，临近预产期最好另作适当的打算，以防路途不测造成早产。动身时，应随身带好临产前的物品，以防万一，例如剪刀、纱布、酒精、止血药品等。假如有懂接生的医务人员护送将更为理想。

❷ 乘火车时，应购买卧铺票，以利途中的休息，不致过分疲惫。

③ 由于各地气温存在较大差异，要多穿戴一些衣物，严防着凉、受寒，防止感冒。

④ 在旅途中还要注重饮食卫生和规律性饮食，不要饥一顿、饱一顿。

如果外出，注意保护好肚子

进入孕晚期之后，原则上准妈妈要尽量少出门逛街，尤其是孕36周之后，随时都有破水的可能。如果在外的时间较长，再加上走路、坐车的劳累，会有早产的可能。如果有要事必须外出，那么一定要注意保护好肚子。

坐公交、地铁要慢上慢下

在站台等公交车、地铁时，要尽量远离站台边缘，上车时不要和别人争抢，以免被挤到肚子，等其他人都上完了再把着车门的扶手慢慢地上车。上车后请售票员帮忙找座位或直接请别人让座。如果没有座位时，尽量往车厢后部走，那里人一般相对较少，不会那么拥挤。站立时一手把住车厢内的扶手，一手护好肚子。下车时，等车停稳后再扶着车门慢慢走下去。地铁内人多，空气流通也不太好，建议准妈妈少坐。

逛街时要躲车躲人

逛街时最好有人陪伴，可以是准爸爸，也可以是朋友，总之尽量不要自己一个人单独外出。走在路上时注意用手护住肚子，或者在胸前挎一个包，用来挡住肚子，并时刻留心周围过往的人，万一有人不小心撞过来，你可以及时躲闪。过马路时千万不要和汽车抢行，一定要等绿灯亮了，两边的车全停下之后再起步前行。如果是很多人一起过马路，不要和他们挤。

生活小常识

只有在注意到你肚子很大，一眼看去就是孕妇时，别人在经过你身边时才会留心不要撞到你，或者提供方便给你，所以准妈妈出门不妨穿着特征明显的孕妇装。

起床时要再缓一点，慢一点

人从睡眠的状态醒来时，血压有一个从低变高的过程，如果猛然起床，会使血压突然升高，很容易发生晕厥,因此，准妈妈在起床时不要一睁开眼就马上着急起来，而要先在床上躺几分钟，清醒一下，等血压慢慢升高，意识完全恢复之后再起身。

起床时，动作要尽量缓慢、平稳，不要直直地坐起身，更不要腹部用力，而是要侧着身

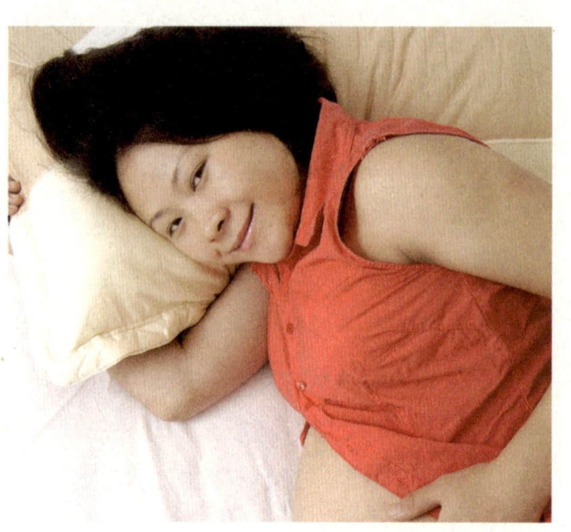

体，先用下边的手臂撑住床面，然后借助另一只手的力量将身体慢慢撑起。如果自己起身有困难，可以让准爸爸帮忙将你扶起。

因为肚子太大，准妈妈坐在床边时脚往往不容易够到地面，在下床时可能会由于重心不稳而摔倒。建议在床边放置几块比较厚的硬垫子，在下床时用来搁脚。千万不要用小板凳，否则容易踩翻摔跤。

生活小常识

因为可能会经常半夜起来上厕所，所以建议准妈妈在床头放置一盏小夜灯，柔和的灯光不会影响睡眠，同时也避免了夜间突然开大灯，强烈的灯光刺到眼睛，这样的灯光在宝宝出生后头一年也可能每天晚上都需要。

做好这些产前准备工作

过了孕37周，胎宝宝就足月了，随时都有可能会出生，所以准妈妈和家人要做好随时入院的准备，这些产前准备工作一定要就绪：

1. 应该什么时候给医生打电话，什么时候去医院。

2. 是先给医生打电话询问，还是直接去医院。如果在晚上或节假日，如何跟他们联系上。

3. 从家到医院的路上，一天24小时是否能畅通无阻。在上、下班高峰期，从你家或单位到医院大约需要多长时间，哪条路最方便最快捷。

4. 寻找一条路，以便当道路堵塞时能有另外一条路供你选择，尽快到达医院。

5. 准备乘什么交通工具去医院，是私家车、出租车，还是朋友的车。

6. 住院用品准备好了吗？包括医疗手册、换洗衣物、洗浴用品、身份证、钱、通讯录、待产期间的休闲食品及读物、音乐（包括陪护人的）、个人卫生用品、婴儿用品，等等。是否放在一个包里，可以随时拿走。

7. 分娩时谁负责陪护，如果他临时有什么特殊情况，谁可以替补。

8. 是否准备了一些平时常看的书籍和笔记，尤其是与分娩相关的。当你对分娩一无所知时，恐惧感会让你更加难过，而充足的知识能够增加分娩的自信心。

如果睡不好，换个枕头试试

枕头与睡眠质量有很大关系，又旧又脏的枕头容易滋生霉菌和螨虫，进而引发过敏或者呼吸道疾病，使用不适合自己的枕头会压迫到颈椎，长期下去，会影响神经和血管，也容易引起失眠。

判断枕头更换的标准

1. 在没有其他身体疾病的情况下，晨起后常常觉得颈部麻木酸胀。

2. 枕头已失去弹性，需要拍打好一阵才能使其恢复一些弹性。

3. 在好不容易调整完枕头之后，它又迅速恢复扁平。

4. 枕头有结块、凹凸不平的现象，且填充物有受潮的异味。

枕头一拳高，睡觉最舒服

准妈妈的枕头不宜太高，也不能过低，一拳高最合适，睡觉最舒服。

睡觉时，如果枕头太高，容易使颈胸处弯曲过大，不能保持颈椎的正常弧度，加重颈椎负担，还容易落枕，不利于呼吸，也会压迫到胎宝宝。枕头过低，则容易使头部充血，造成眼睑和颜面浮肿、打鼾。

一拳高的枕头最合适。这里的一拳主要以准妈妈自己的拳头为准，这个高度正好符合人体卧床之后的生理屈度。每个准妈妈适合的枕头高度都有不同，要找到适合自己的标准高度，只要立起自己的拳头就知道了。

当然，到了孕晚期准妈妈身体负担加大，卧床时，有的准妈妈可能需要垫更高一点的枕头才舒服，这方面准妈妈也不必过于拘泥于一拳高，可根据各自情况适宜调整。

枕头要软硬大小适中

购买枕头时可以敲打一下，以软硬适中为宜，不要过硬，过硬的枕头容易给头部加大压强，头皮容易不舒服，影响睡眠。也不要过软，太软的枕头不利于颈椎自然弯曲，容易导致颈肌过度疲劳，影响呼吸。

枕头不要太小，比肩膀宽一些就好。方便翻身时有足够的空间支持颈部。

至于枕芯的材质，没有特别的要求，但要注意慎用药枕，有不明白的地方可以咨询医生。枕芯材质一定要选择健康环保型的，避免选择有污染或有其他致病问题的。

生活小常识

枕头最好是每1～2年就更换一次，最好能方便清洗并可烘干，这样才可用得长久，保证睡眠健康。

练习这些分娩辅助动作

在分娩前，准妈妈可以试着练习一些分娩的辅助动作，这有助于转移注意力，减轻紧张压力，也可能在分娩时会用得上，不过如果已经被医生认为有早产可能，就不能随意运动，分娩辅助动作也不要做，可以用静养、看书等方式来代替。

分娩时的用力、休息、呼吸很重要

分娩能否顺利进行，很大程度取决于准妈妈是否懂得用力、休息、呼吸的方法。

所以准妈妈的分娩辅助动作应该从这几

方面来进行训练。分娩时助产师会在旁边嘱咐准妈妈何时用力、如何用力、何时休息，因此，产前分娩辅助动作练习通常以呼吸方式为主。

分娩辅助动作还包括肌肉松弛法，准妈妈也可以稍稍练习一些，以掌握正确的方法，具体可以这样做：先将肘和膝关节用力弯曲，接着伸直放松，这样可以放松肌肉。

分娩时的四种呼吸方法

这四种方法为腹式深呼吸、胸式呼吸、浅呼吸与短促呼吸。要点如下：

1 **腹式深呼吸：** 准妈妈取仰卧位，肩膀自然放平，把手轻轻地放在肚子上，先把气全部呼出，然后慢慢地吸气，使肚子膨胀起来，气吸足后，再屏住气，放松全身，慢慢地将所有的气全部呼出。这种呼吸法适用于分娩开始时，以减轻宫缩带来的疼痛。

腹式呼吸法会使人体刺激分泌微量的激素，使人心情愉快，准妈妈这种愉悦的心情也会影响胎宝宝，使胎宝宝感觉很舒服。到了孕8月，子宫内的空间对胎宝宝来说太狭窄了，准妈妈最好多多运用腹式呼吸法，给胎宝宝提供足够的新鲜空气。

2 **胸式呼吸：** 作用与步骤同腹式深呼吸一致，但是吸气时，左、右胸部要鼓起来，胸骨也向上突出，气吸足够后，胸部下缩，呼出气。

3 **浅呼吸：** 准妈妈像分娩时那样平躺，嘴唇微微张开，进行吸气和呼气间隔相等的轻而浅的呼吸，用于解除腹部紧张。

4 **短促呼吸：** 将双手握在一起，集中体力连续做几次短促呼吸，可以集中腹部力量，使胎宝宝的头慢慢娩出。

不要使用卫生护垫

很多医生都不推荐女性使用卫生护垫，主要原因是因为卫生护垫虽然吸水性较强，但是绝大多数卫生护垫都含有胶质等材料，所以透气性很差，潮湿后不易干燥，因而细菌很容易在上面滋生。由于女性私密部位与卫生护垫是直接接触的，因此，污染的护垫很容易引发阴道炎。

怀孕期间，由于特殊的身体变化，准妈妈患霉菌等妇科炎症的概率比平时要高，如果再经常使用不透气的卫生护垫，更容易引起阴道炎症，从而对胎宝宝和准妈妈造成伤害。

现在已经接近分娩，如果因为准妈妈一时不注意，因为使用护垫而感染炎症，胎宝宝出生时子宫口开放，就令胎宝宝感染的风险增加了。

有的准妈妈因为漏尿的原因经常使用卫生护垫，这是不可取的。如果因为出门偶尔应急没问题，多换且回家后拿掉就可以了，但平时必须保持内衣裤清洁透气，内裤勤洗勤更换是最好的做法。

生活小常识

怀孕期间准妈妈阴道分泌物增多是十分正常的现象，在没有出现异常的情况下，只要保证日常清洁，不用太过在意。

怎样护理才安心

除了特殊情况，在家待产更舒适

在怀孕的最后一个月，准妈妈都会很关心到底应该什么时候去医院待产，大多数准妈妈都会感觉在医院比在家里更难等待，所以除非情况特殊，建议准妈妈在家待产，直到阵痛发作频繁。

提早入院容易影响情绪

在正常情况下，准妈妈不宜提早入院待产，当然，准妈妈临产时在医院是最保险的办法。但是，提早入院等待也不一定就好：

1. 准妈妈入院后较长时间不临产，会有一种紧迫感，尤其是当看到后入院者已经分娩时，会感到着急。

2. 产科病房内的每一件事都可能影响住院者的情绪，这种影响往往是不利的。

所以，准妈妈应稳定情绪，安心等待分娩时刻的到来，除非医生特别建议提前住院，准妈妈不要提前入院等待。

需要提前入院的情况

有些特殊情况存在时，虽然准妈妈没有临产征兆，也要提前入院，这些情况包括：

1. 妊娠合并其他疾病（如心脏病、糖尿病、肾脏病等）。
2. 骨盆狭窄。
3. 胎位不正。
4. 患有妊娠高血压综合征。
5. 曾有过难产、急产、剖宫产的。
6. 有过新生儿溶血症史的。
7. 做过子宫手术（如畸形矫正、肌瘤切除、宫颈缝合等）的。
8. 多胎妊娠。
9. 年龄超过35岁的以及有其他异常情况的准妈妈。
10. 在妊娠38周以前，阴道有流水现象，哪怕是一点点的水也不正常，这说明羊膜破裂羊水流出，就是俗称的“早破水”。一旦出现这种情况，要平躺并立即在家人陪护下去医院就诊。

这些情况下千万不要一味等到危险发生时再入院，恐怕那时已晚，只要产前检查发现有意外情况，准妈妈及其家庭都要听从医生的安排，及早入院，以避免意外的发生。

脐带绕颈不一定伴随危险

看到B超报告单上“胎宝宝颈部有压迹”，这就是脐带绕颈，根据脐带缠绕颈部的圈数可见U形、W形和“品”字形。

准妈妈看到脐带绕颈往往会莫名地感到害怕，其实脐带绕颈的发生率比较高，一般情况下，脐带绕颈比较松弛，不影响脐带血循环，不会危及胎宝宝，而且胎宝宝可能自行绕出，不用太担心，准妈妈只要能做到下面几点即可：

1. 坚持数胎动，胎动过多或过少时，应及时去医院检查。
2. 坚持做好产前检查，及时发现并处理胎宝宝可能出现的危险状况。
3. 通过胎心监测和超声检查等间接方法，判断脐带目前的情况。
4. 减少平时的震动，尽量采取左侧位睡眠。

胎宝宝脐带绕颈出现危险多发生于分娩期，这种情况会提早通过心跳、胎动等其他信号表现出来，此时医护人员一般是全程在为准妈妈做胎心监护，因此一旦出现异常就会引起医护人员的注意，并及时采取可行的措施，所以准妈妈不用过于担心。

产前真假阵痛怎么分

怀孕到了37周时，准妈妈会有“假性阵痛”的表现，即经常会感到腹部疼痛，但这种疼痛没有规律性，且可借助改变姿势、按摩或热敷等方式缓解，再经过1～2周后，等到胎宝宝临产，真正的阵痛才会开始发生。

所谓“真性阵痛”，是指有规律性的阵痛，其发生时，整个肚子都有硬起来的感觉，且疼痛通常是由下腹部开始，并慢慢波及整个后背部，疼痛程度是循序渐进、越来越强烈，其规律性可能由20分钟痛一次，渐渐变为15分钟，甚至到8分钟或6分钟痛一次，而疼痛的时间会越来越长，且不论用任何方式都无法很快缓解。

如果预产期已经临近，而准妈妈无法区别阵痛是假性阵痛还是真性阵痛，可以试试这样做：躺在水温不要过高的浴盆里，假性阵痛会在水中停止，而真正的分娩阵痛则会变得更强烈。

当真性阵痛来临时，准妈妈最好先平躺，并用手表或时钟测量阵痛的间隔时间，一旦发现阵痛为6分钟或8分钟痛一次时，就应准备前往医院待产。

最后一个月需要每周胎心监护

准妈妈进入孕期的最后一个月，最好每周做一次产检，共四次：

第十次检查：37周

第十一次检查：38周

第十二次检查：39周

第十三次检查：40周

从怀孕第37周开始，每周要做一次胎心监护，借助仪器记录下胎宝宝心率的瞬间变化，这是了解胎动、宫缩时胎心反应的依据，同时可以推测出宫内胎宝宝有无缺氧。如果有妊娠合并症或并发症，可提前到怀孕28～30周开始做。

一些关于做胎心监护的小细节：

1. 选择一天当中胎动最频繁的时间去做胎心监护，避免不必要的重复。
2. 做胎心监护前适当吃点东西，保持体力，以维持正常胎动。
3. 如果监护过程中胎宝宝变得不爱动了，那很有可能是睡着了，你可以轻拍腹部将他唤醒。
4. 如果一次胎心监护的结果不理想，可以适当延长时间，或者吸氧后再做一次。

此外，血压、体重、宫高、腹围、血常规、尿常规、B超等仍是例行检查项目。确认胎位是临产前很重要的一项检查，医生会检查胎宝宝是头位（头先露）、臀位（臀先露），或属于其他异常胎位，这是确定准妈妈自然分娩还是手术助产的重要依据。

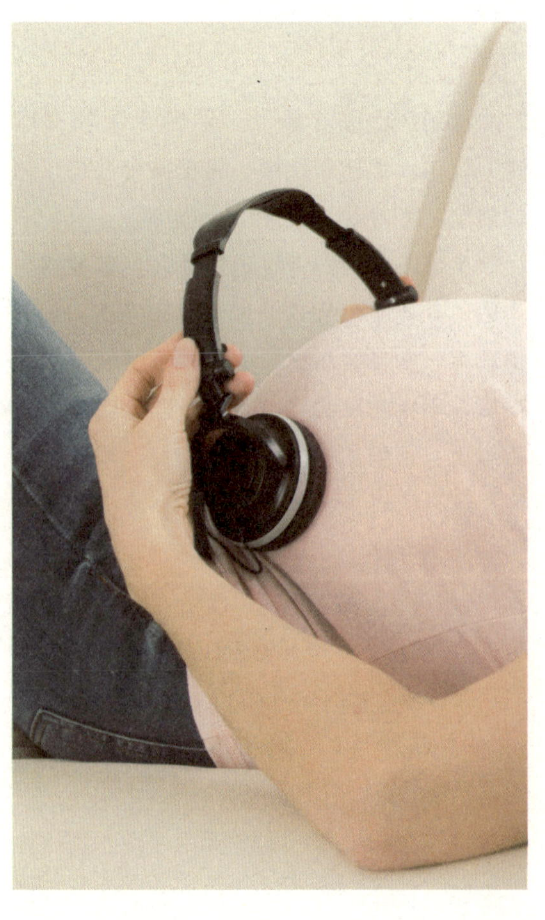

Part 3

生 产

需要考虑到的几种情况

超过预产期

如果过了预产期仍然没有分娩，准妈妈需要继续每周一次的产检。超过预产期2周，或者孕期大于或等于249天（不包括受孕前的2周时间）而未能临产，就称为过期妊娠。

导致过期妊娠的常见原因

头盆不称：胎宝宝较大，胎头迟迟未入盆，宫颈未受到应有的刺激，使产程的开始推迟，这是较多见的原因。

雌激素水平低：血液中雌激素水平的高低与临产有密切关系，血液中雌激素水平过低会引起过期妊娠。

胎盘硫酸脂酶缺乏：无法将这种活性较弱的脱氢表雄酮转变成雌二醇及雌三醇，以致发生过期妊娠。

遗传：有少数准妈妈的妊娠期较长，数胎均出现过期妊娠，有时尚见于一个家族，说明这种倾向可能与遗传有关。

如何避免过期妊娠

你应该注意以下几个问题，以避免过期妊娠的发生：

1. 记清楚末次月经来潮日期及月经周期，准确计算预产期。
2. 定期到医院进行产前检查。
3. 合理安排好工作、休息时间，适当参加体育活动（有相应合并症者除外，如妊娠期高血压疾病等）。
4. 从自觉胎动开始要自我监测胎动，一旦发现问题，要立即去医院。
5. 定期进行B超检查，监测羊水变化，如出现羊水过少，要及时就诊。

超过预产期时怎么办

如果预产期超过1周还没有分娩征兆，应积极做检查，检查后，医生会根据胎宝宝大小、羊水多少结合胎盘功能测定结果和胎宝宝成熟度或者通过B超来诊断妊娠是否过期。

如果胎心监护正常，胎盘和羊水正常，可以耐心等待临产征兆出现，不必住院。准妈妈这时可以进行些促进分娩的活动。增加运动量，如延长散步时间、多上下几次楼梯都有较好效果。另外也可以刺激乳房，促进催产素分泌，每天用软布热敷乳房，并轻轻交替按摩两侧乳房，每侧15分钟，每天做3次，就能取得较理想的效果。

如果超过2周仍然没有分娩征兆，应及时入院，在医生的监护下待产，避免因为胎盘功能下降而发生危险。

如果发生急产

急产是指产痛后3个小时内即完成分娩，主要表现为：突然感到腰腹坠痛，很短的时间内就会有排便感（甚至有准妈妈如厕用力排便，而将胎宝宝娩出的）；短时间内就出现有规律的下腹疼痛，间隔时间极短；破水、出血、出现排便感，甚至阴道口可看见胎头露出。

急产常见于哪些准妈妈

急产多见于18岁以下或40岁以上的准妈妈；有过多次分娩经历、有过急产史的产妇也可能发生急产；患有贫血、甲亢、高血压等疾病的产妇也是急产的高发人群；胎宝宝过小、双胎、胎位不正、胎盘异常等也可能导致发生急产。

急产来临时的紧急接生术

当急产发生时，要迅速拨打急救电话，并给熟悉的医生打电话，再按医生的指导操作。下面是处理急产的方法：

❶ 让准妈妈迅速半躺在床上，脱掉下身衣物，在床上和地上铺上干净的厚棉被，以防宝宝出生时滑落摔伤。

❷ 叮嘱产妇不要用力屏气，要张口呼吸。

❸ 因地制宜地准备接生用具。干净的布、用打火机烧过消毒的剪刀、酒精（如没有可用白酒），等等。

❹ 为免胎头太快冲出来，导致产道和会阴严重撕裂，家人可尝试一手拿干净小毛巾压住会阴，另一手挡着胎头并稍微向上引导，让他能够慢慢地挤出阴道口。

❺ 婴儿头部露出时，用双手托住头部，注意千万不能硬拉或扭动。当婴儿肩部露出时，用两手托着头和身体，慢慢地向外提出。等待胎盘自然娩出。

❻ 将婴儿包裹好以保暖。用干净柔软的布擦净婴儿口鼻内的羊水。不要剪断脐带，并将胎盘放在高于婴儿或与婴儿高度相同的地方。

❼ 尽快将准妈妈和婴儿送往医院，或等待救护车到来。

做好紧急电话、地址一览表

准爸爸可以制订一个下面的电话、地址表格，方便查阅，以便准妈妈在遇到紧急情况时不至于惊慌失措。

联系人	电话号码	地址	备注
住院的医院			（休假日、夜间就诊情况）
丈夫公司			（常去的地方、饭店等）
娘家			
婆婆家			
兄妹			
好友			
出租汽车公司			
（不仅是1个，要有2~3个）			

难产的可能性

难产是个医学用语，有一定的医学指征，和普通人所认为的难产是有区别的。实际上难产发生的概率并不高，现代的医疗条件与技术十分成熟，因“难产”而引起的意外事故能够得到控制，不少准妈妈之所以畏惧“难产”二字，大多是因为对难产有着误解。

难产并没有那么可怕

医学上认为的难产有的产前就可以预知，有的虽然出现在分娩时，但也是可控的。产前可预知的难产情形包括骨盆结构异常、胎位不正、多胎、连体胎宝宝、巨大儿等。存在这些难产因素，就可以直接选择剖宫产，发生危险的概率很小。

在产程中才发现的难产包括胎头旋转异常、宫缩乏力、宫缩过强、胎盘早剥等几种情形，都在医生的监控之中，一旦出现异常就会迅速采取措施，所以也不会出现意外。

如果胎头旋转异常，医生会协助胎宝宝改变位置；如果宫缩乏力，根据乏力出现的时间，医生会选择打催产素增加产力或者打镇静剂让准妈妈睡一觉恢复产力，如果实在不行也会进行剖宫产；如果宫缩过强，医生会准备发生急产的措施，尽量让产伤少些；一旦胎心不良，马上就会安排剖宫产。

人为造成的难产才是最麻烦的

分娩的时候，阵痛是难免的，而且有些准妈妈的产程比较长，经历阵痛折磨的时间也就比较长，而且有些人对疼痛的耐受力特别差，这时候准妈妈和家人就会错误地认为是难产了，准妈妈要求剖宫产，家人立刻响应，于是顺产转成了剖宫产。这时候，自己和家人就更加认定了就是难产，其实还远远没达到那个程度，而且没有任何难产的医学指征。

宫缩乏力和宫缩过强也有部分是人为导致的。准妈妈阵痛时哭喊、挣扎耗费了大量的精力，就会造成宫缩乏力；宫缩过强则是因为准妈妈想人为地加快产程而要求医生使用催产素而导致的，结果都有可能导致不能自然分娩。

只要准妈妈和胎宝宝都在医生的监护之中，就能最大限度地保证安全，不会发生重大意外，所以千万不要做无谓的担心。

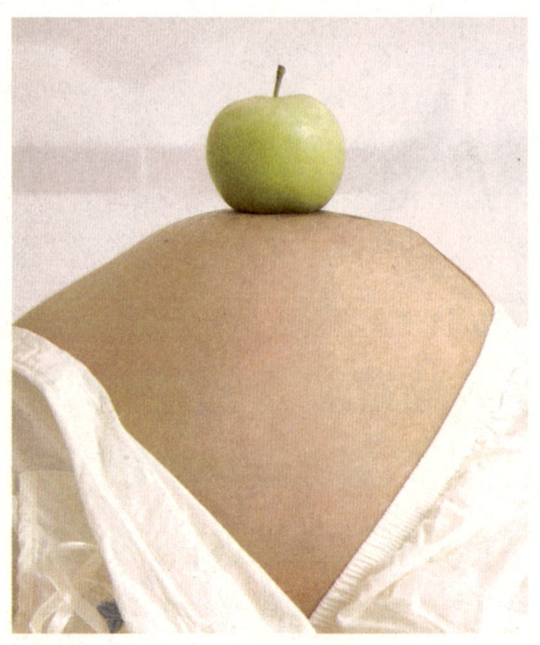

提示临产的信号

宫缩（阵痛）

宫缩就是俗称的阵痛，规律的子宫收缩是临产的主要标志，如果出现规律的并且逐渐增强的子宫收缩，持续30秒或以上，间歇5～6分钟，上腹部较前舒服，进食量明显增多，呼吸较前轻快，有少量阴道流血，都是分娩前的先兆。

产前的宫缩一开始时好像是钝性背痛，或者刺痛，向下放射到大腿。随着时间的进展，宫缩可能发生在腹部，更像剧烈的周期性疼痛，这种疼痛不管如何运动都会照常进行。

除非宫缩发生得极为频繁(每5分钟1次)，或者十分疼痛，否则不需要即刻去医院，因为一般来说第一胎产程常常持续12~14小时，这样的阵痛去了医院也需要等待，可以在家里先等几个小时，如果羊水未破，可以洗个温水浴放松放松，或吃一点点心，等到宫缩十分强烈并且每5分钟左右就出现一次时就要去医院待产。

见红

因为子宫收缩，胎宝宝的头开始下坠入盆，胎膜和子宫壁逐渐分离摩擦就会引起血管破裂而出血，这就是俗称的“见红”，通常是粉红色或是褐色的黏稠液体，或是分泌物中的血丝。

“见红”一般在感到阵痛前的24小时出现，但也有在分娩几天前甚至1周前就反复出现“见红”。如果只是淡淡的血丝，量也不多，准妈妈可以留在家里观察，平时注意不要太过操劳，避免剧烈运动就可以了。如果流出鲜血，超过生理期的出血量，或者伴有腹痛的感觉，就要马上入院待产。

破水

破水是指包裹着胎宝宝的羊膜腔自然破裂，羊水流出，一般会感觉到一股热流从阴道流出，或是有湿润的感觉。

破水多是在子宫口开到能通过胎宝宝的头的大小时发生，有的在娩出的一刹那才发生，有的是临产的第一个先兆，也就是说，可能没有见红、没有阵痛就破水了。

一旦破水，无论有无宫缩，有无其他临产无兆，都要马上住院。当发现破水时，要停止一切活动，垫上干净的卫生巾或卫生棉，最好不要再站起来活动，在去医院的途中，也要尽量保持平卧。

如果阴道排出棕色或绿色柏油样物质(胎粪)，要告知医生，这是胎宝宝肠腔被挤压造成的结果，常常意味着胎宝宝受压或发生危险。

生活小常识

有时会出现假破水的现象，如尿失禁。如果是尿失禁，液体流出的量比较少，或很快就停止了，可以事先准备好那种可以鉴别流出来的是尿液还是羊水的试纸，以备急用。

一些容易被忽略的信号

临产前，身体总会出现一些这样或那样的小异样，这是胎宝宝发出他即将来临的信号，因此，准妈妈要多留意自己身体的变化，下面这些信号也可能是临产征兆：

1 胎头下降感：临近分娩前，你也许会感到上腹部比以前舒服，食量增加了，呼吸也轻快许多，尤其是会有一种胎宝宝要掉下来的感觉，这是胎头进入骨盆入口时宫底下降的缘故。

2 分泌物增多：分娩前数日或在即将分娩时，阴道的分泌物明显增多。这是因为在临产时子宫颈管会软化，分泌出白色的水样分泌物，以便胎宝宝能够顺利地通过产道。

3 总是有便意：胎头下降到骨盆，压迫膀胱，下腹常常有胀满感，造成排尿次数增多，时间间隔变短，有时还有可能会感到排尿困难。

4 腰酸腹胀：为了促进胎头下降，子宫会频繁收缩，你可能会因此而感到腰酸和腹胀，也有可能会觉得肚子发硬。

5 胎动减少：胎头下降到骨盆里，胎宝宝的身体相对固定下来，活动也受到限制，因此胎动和以前相比会大大减少。

出现上述情况时，准妈妈不要慌张，因为这离分娩可能还有一段时间，不妨在家做好准备，等到阵痛频繁或者破水后再去医院。

自然分娩

自然分娩对母婴的好处

在身体健康的情况下，选择自然分娩对孩子、对自己都是负责任的做法，自然分娩的好处相对于剖宫产来说，是十分难得的。

对宝宝的好处

自然分娩的宝宝经由子宫、产道的挤压，会获得大量的触觉和本体感学习经验，皮肤和末梢神经敏感度增加，对以后的动作灵敏、协调、注意力集中、情绪稳定等都有好处。经过自然分娩的挤压、刺激，胎宝宝出生后能更迅速地建立自主呼吸，抵抗力也更强。

自然分娩时，母体内泌乳素水平会产生同步协调变化，因此比剖宫产早泌乳大约10小时，宝宝可以更早吃上母乳了。

对妈妈的好处

1. 自然分娩后，催产素的分泌水平仍然较高，产后子宫收缩有力，有利于产后恶露排出、子宫复原，并减少产后出血，而出现产后感染、大出血等并发症也较少。

2. 失血量少，只有比剖宫产失血量少一半甚至2/3，在产后体力恢复也比较好，还不容易发生并发症。

3. 保持了子宫的完整性，在下次再孕时不会存在这方面的危险。

4. 从长远看，自然分娩后内分泌也比较平衡，到了绝经期后，自然分娩的女性阴道萎缩相对剖宫产后女性要轻一些。

最终是否顺产仍要听取医生建议

准妈妈适合采取哪种分娩方式来分娩最好由医生决定。在分娩前，医生会根据产力（子宫收缩力）、产道（以骨盆为主）和胎宝宝（大小、胎位，是否畸形）三个主要条件来评估准妈妈是否适合自然分娩。

如果有自然分娩的条件，医生一般不会建议剖宫产，但若经医生经过检查，确认准妈妈自然分娩的风险高于剖宫产，则会建议准妈妈放弃自然分娩，这时准妈妈最好听取医生的建议，不要勉强要求顺产。

第一产程：阵痛期6～12小时

从子宫出现规律性的收缩开始，直到子宫口完全开大为止为生产过程中的第一产程。如果准妈妈是第一次生孩子（初产妇）这一过程约需要12小时，如果准妈妈曾经有过分娩的经历（经产妇）则只需6小时左右。

子宫张开的过程

阵痛开始，子宫口开始张开，开到1厘米左右后会停止一段时间，然后以每次2～3厘米的速度缓缓张开。

当宫口开到约5厘米时，宫缩变得强烈起来，即使之前的疼痛都还能忍受的准妈妈，这时可能也会感到十分痛苦，会认为自己无法坚持，也可能有冷热发抖、恶心、直肠不适等症状，有的准妈妈甚至强烈要求医生做剖宫产。其实，到了这个时候，疼痛已经过去了一半，越感觉痛，说明离胎宝宝出生的时间越近。

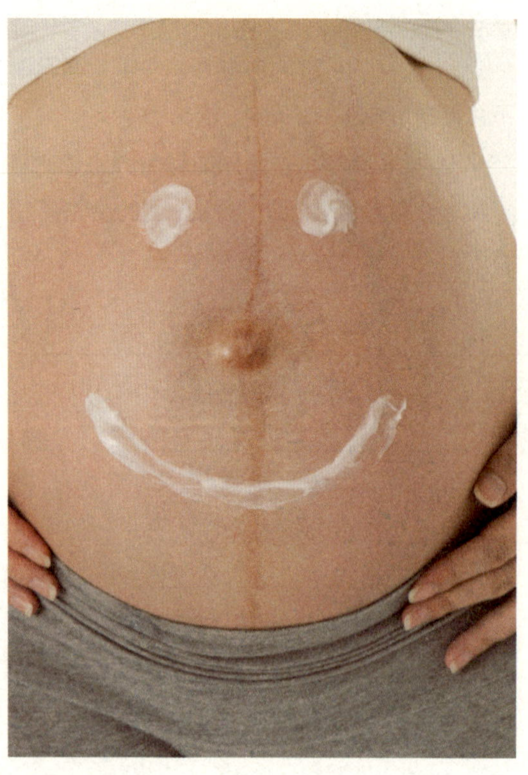

第一产程怎么做

第一产程是分娩的开始，为了分娩更顺利，此时要做好这样一些事：

1 保持体力。第一产程体力消耗太大，会影响第二产程的进展。因此这个阶段不要大喊大叫，那会让体力大量消耗，另外要适时进食，在疼痛的间隙少量多次吃易消化、能量高的食物，煮鸡蛋、面条、粥等都可以，在进产房之前30分钟还可以吃些巧克力。还有活动量也不要太大，有可能就在床上半躺着。

2 设法缓解疼痛感。疼痛到来的时候，准妈妈可以到处走走，也可以洗个热水澡或者练习分娩呼吸法、上厕所等，以此转移注意力。还可采取一些辅助动作，如深呼吸，用两手轻揉下腹，腰骶部胀痛较重时用手或拳头压迫胀痛处，直到缓解为止。

3 释放精神压力。紧张、恐惧等负面情绪对分娩都会形成障碍，准妈妈可以听听音乐，看看书，跟家人聊天，会让你舒服些，尽量不要闷着忍受疼痛。

4 按时排尿、排便。按时排尿、排便，以免过度膨胀的膀胱和充盈的直肠影响胎宝宝的下降。

第二产程：胎宝宝娩出期1～2小时

第二产程是子宫口开全到胎宝宝娩出的这段时间。这一产程初产妇约需2小时，经产妇约需1小时。

胎宝宝产出的感觉

在第二产程中，胎宝宝会顺着一个方向慢慢旋转下降，在这个过程中，疼痛感有所减轻，已经不再处在高峰，疼痛的部位逐渐向下移动。

准妈妈有一种用力的冲动，像要解大便一样，有想尽快结束的心理，但是又担心胎宝宝掉出来，有些不敢用力，医护人员会在阵痛时让你进行呼吸和用力，最后当胎宝宝露头的时候，会阴部位有严重的烧灼感和延展感。

第二产程怎么做

第二产程开始，如果可以的话，尽量选择觉得舒适的姿势，蹲着、平躺着或者侧躺着都是可以的。

这时要利用呼吸法转移疼痛感，并配合身体反应用力，如果准妈妈已经练习了拉梅兹分娩呼吸法，此时正好派上用场：宫缩开始时，深吸一口气，憋住用力，将胎宝宝向下挤。一口气尽量维持最长时间，待宫缩结束，呼气并放松全身肌肉，休息一会，宫缩再次开始时再用力。

在第二产程，很重要的一点就是要听医生的提示和指挥，不要任性用力，一般当胎宝宝露头的时候，医生会警告准妈妈不要再用力，这是因为担心发生会阴撕裂，这时静静躺着，开嘴“哈气”，使会阴肌肉充分扩张，让胎宝宝慢慢转出来。

第三产程：胎盘娩出期5～30分钟

宝宝娩出还不能算是完成了整个分娩过程，还剩最后一个产程，即分娩第三产程。第三产程是胎盘娩出期，从胎宝宝娩出到胎盘娩出需5～15分钟，一般不超过30分钟。

胎盘娩出的感觉

宝宝冲出产道的那一刻，妈妈会有一种突然解脱的感觉，到了胎盘娩出时也有些许疼痛感，但相对于第二产程的激烈，这点疼痛几乎可以忽略不计，很多准妈妈都是在不知不觉中就将胎盘娩了出来。当然大多数的准妈妈还是需要稍稍用力，才能完成这个工作，医护人员会提醒你用力。

第三产程怎么做

孩子出生、剪完脐带后，妈妈会迫切地想

把他抱在怀里，这是自然天性使然，而医护人员也会第一时间把孩子放在妈妈臂弯里。

在这个时候妈妈可以给孩子喂第一顿奶，虽然正式奶水还没有下来，但是他还是可能吮吸到一些初乳，为自己补充些体力，这是其次的，这么做关键是让孩子熟悉妈妈的味道、温度并锻炼吮吸能力和觅食反射，为母乳喂养的成功打下基础。

跟孩子接触的这段时间，也是医疗观察时间，如果没有出现什么特殊情况，妈妈会被送回病房好好休息。

减轻阵痛可以这样做

阵痛是分娩时最让准妈妈难受的，如果能够令阵痛的感觉好一点，相信分娩会顺利很多，不妨试试这样一些方法来减轻阵痛：

1 **放松：**初次生产的准妈妈的子宫口完全打开需要十几个小时。阵痛微弱的时候，不必一动不动地躺在病床上，准妈妈可以换成舒服些的姿势，也可以和陪床的丈夫聊聊天，消除紧张情绪。

2 **呼吸：**要保持放松，准妈妈就要特别注意呼吸，这跟提重物时的呼吸方法是一样的。无论准妈妈是采取喘气还是深呼吸的方法，只要把注意力放在呼吸上，准妈妈就会找到放松的感觉。如果呼吸的时候发出很大的声音的话，千万不要觉得羞愧而紧张。

3 **活动活动：**阵痛总是很微弱而不变强时，可以活动活动身体，在医院的走廊里散步都能使阵痛减弱。

4 **按摩：**施加一点外力可以有助于产妇舒缓分娩前的阵痛，即使准妈妈没有感觉到这种反压力减轻了痛楚，但准爸爸可以在旁边为准妈妈按摩足部或者手部的话也可以分散准妈妈的注意力。

5 **正确用力：**准妈妈可将注意力集中在产道或阴道，收下颚，看着自己的肚脐，身体不要向后仰，会使不上劲。准妈妈尽量分开双膝，脚掌稳稳地踩在脚踏板上，脚后跟用力。准妈妈紧紧抓住产床的把手，向摇船桨一样，朝自己这边提。准妈妈背部紧紧贴在床上，用力的感觉强烈时，不能拧着身体。背部不要离开产床，只有紧紧地贴住，才能使得上劲。

生活小常识

不要因为有排便感而感到不安，或者因为用力时姿势不好看觉得不好意思，只有尽可能地配合医生，大胆用力才能尽快完成分娩。

分娩前后这样吃

第一产程时间比较长，准妈妈的睡眠、休息、饮食等又会受到接踵而至的阵痛的影响，所以为了保证有足够的精力来完成接下来的分娩，准妈妈需要尽量进食。此时准妈妈的消化能力较弱，易积食，所以最好不要吃不易消化的油炸等油腻性食物或含蛋白质较多的食物，应以半流质或软烂的食物为主，如挂面、粥、面包、蛋糕等。

第二产程子宫收缩频繁，疼痛加剧，所以消耗的能量增加，此时，准妈妈一般都没有什么心思来进食，此时以流食为主，尽量在宫缩间歇喝一些果汁，吃点藕粉、红糖水等，重点是补充体力，也可以试试看能否吃得下巧克力，巧克力能短时间补充大量能量，使得准妈妈恢复力气。

刚分娩的妈妈胃口及消化功能都不是很好，此时还不太能吃一般的饭菜，以易消化的食物，如面条、米粥等为主，同时以清淡为主，不要太过油腻，鸡汤、肉汤等这些可以出院后再吃。

胃口恢复后，除了喝汤，可以吃一些口味清爽营养均衡的菜，比如瘦牛肉、鸡肉、鱼等，配上新鲜蔬菜一起炒着吃，同时也要吃些水果。

生活小常识

产后提倡少吃盐，不过少吃盐并不是不吃盐，所以食物中还是要放点盐，否则妈妈吃不下，还是不利于恢复和泌乳。

进入产房前后要了解的事情

当子宫颈口开到3~5厘米时，准妈妈可能就需要进入产房了，不过具体进入产房的时机还要看医院，有些医院产房资源紧张，准妈妈可能要等到宫口开到10厘米再进产房，在进入产房前后，准妈妈需要做好的事情有哪些呢?

进入产房需要带的东西

巧克力：进入产房后，胎宝宝不会马上出生，所以这个时候还要带点巧克力，用来增加产力。

水：阵痛会使你流很多汗，所以要带点热水进去，抓住机会喝一点，以免发生脱水现象。

卫生纸： 生产时会流出大量的血液、羊水，会沾污你的身体，这时候就需要用卫生纸来擦拭。

包被： 用来包裹新生宝宝。

进入产房后要配合医生

进入产房后，医生会询问你的感觉，然后检查胎位、子宫，确认宫口张开了多少，然后做胎心监护，以了解此时胎宝宝在宫内的情况。如果没有异常，就可以上产床了。

医生或助产士准备好之后，分娩就会正式开始。在分娩的紧要关头，准妈妈很容易忘掉分娩知识，这时助产士会随时提醒你怎样放松、怎样呼吸和用力，准妈妈只需听从助产士的指导，配合医生指令就可以了。

胎宝宝降生过程中会促使一些气体和大便从肛门被迫排出，通俗地说，你可能会在产床上放屁或大便。不过，医生对这件事的态度很客观，他们认为这只是人体器官一种正常的运动，如果真的发生了这样的事，准妈妈也不用感到难堪和不好意思，这完全是正常的反应。

生活小常识

调查发现，有98%的准妈妈在分娩过程中有恐惧感，100%的准妈妈期望在分娩时有家属陪伴。临床实践证明，陪产有利于减轻准妈妈的焦虑，缓解紧张情绪，可使产程缩短，产后出血量减少。进一步研究发现，由家属陪产不能给准妈妈以持续支持，约30%的陪伴者（丈夫居多）随着产程进展，他们往往比准妈妈还紧张、焦虑及不安，从而加重了准妈妈的恐惧情绪，使其对分娩失去信心，从而影响产程进展。所以，要不要家人陪产应仔细考虑后做决定。如果不要家人陪产，但又害怕，可采取导乐式分娩。

如果分娩时宫缩乏力

宫缩乏力是指子宫收缩虽仍有正常的极性和对称性，并保持一定的节律性，但收缩弱而无力，持续时间短，间歇时间长且不规律，这容易影响产程。

分娩时，准妈妈一定要放松心情，宫缩时认真调整呼吸，宫缩过后就休息，该吃饭时就吃些好消化的饭菜，以增强体力。

宫缩乏力时，医生可能会根据情况使用宫缩剂加强宫缩，还会根据情况决定是什么原因造成的宫缩乏力，积极进行处理。如果是因为准妈妈身体疲惫而导致宫缩乏力，医生会给一定的药物让准妈妈稍做休息，吃点东西恢复体力，这样强有力的宫缩就会再次来临。

会阴侧切的影响并不大

阴唇和肛门之间的部位就是会阴，通常情况下，会阴只有2～3厘米长，但生产时，由于激素的作用，会阴将会拉伸至约10厘米长。初次分娩时，拉伸会阴是相对困难的。为了使胎宝宝顺利出生，并防止会阴撕裂，保护盆底肌肉，医生可能会在分娩过程中在会阴部做一斜形切口，这是顺产当中一个极小的手术，即会阴侧切术。

会阴侧切后几乎能恢复如常

会阴侧切术不会对准妈妈产后排便及性生活造成影响，一般也不会留疤。实施会阴切开术后，阴道和会阴部位一般都能在1周内愈合，再经过一段时间，可以完全恢复到正常的位置，阴道仍然能保持良好的弹性。

需要做会阴侧切的情况

有以下几种情况的准妈妈，往往需要做会阴侧切：

1. 由各种原因所致的头盆不称（胎宝宝头过大，不能通过骨盆）。
2. 用产钳或胎头吸引器助产的准妈妈。
3. 初产，胎宝宝臀位经阴道分娩的准妈妈。
4. 患心脏病、高血压等疾病，需要缩短第二产程的准妈妈。
5. 早产、胎宝宝宫内发育迟缓或胎宝宝宫内窘迫需减轻胎头受压并尽早娩出的准妈妈。
6. 经产妇曾做会阴切开缝合，或修补后瘢痕大，影响会阴扩展的准妈妈。
7. 初产头位分娩时会阴紧张、会阴体长、组织硬韧或发育不良、炎症、水肿，或遇急症时会阴未能充分扩张，估计胎头娩出时将发生严重裂伤的准妈妈。

产痛的感觉

生孩子会不会很痛，如果痛得承受不下去岂不是又要去“开一刀（剖宫产）”？相信这是很多准妈妈会担心的问题。

不同的人对产痛的感觉也很不同

有的准妈妈形容自己分娩时的感觉，会说：“女人生孩子就像是人生中‘小死’了一场一样”，想想就觉得无法忍受。但是也有的准妈妈发现自己分娩时并没有那么疼痛，只是一阵腹部和腰部的胀痛不适，忍耐一下就轻松生下了宝宝。

有过自然分娩史的妈妈们，对阵阵腹痛可能记忆犹新，但不管当时如何疼痛难忍，几乎没有准妈妈因为惧怕疼痛而拒绝生育第二胎，或在第二胎时选择剖宫产。这是不是令人难以置信?

有过生育经历的女性往往比没有生育经历的女性能更勇敢地面对分娩，这可能是因为分娩并没有人们描述的那么令人恐惧，相对于迎接新生儿的喜悦之情，阵痛的那几个小时并不算太难忍受。

产痛更多的是主观感受

分娩的疼痛究竟有多痛呢？竟然让有的准妈妈望而却步，有的准妈妈却视之无物?

其实，疼痛是一种很主观的感受，分娩的疼痛有很大一部分是来自于恐惧心理，心理负担越重，就越害怕疼痛，并且还会把疼痛放得越大。

一些心理情绪如紧张、焦虑、恐惧等会引起体内一系列神经内分泌反应，使疼痛加剧，因此有的准妈妈觉得生产达到“痛不欲生”的地步，与心理因素的关系很大。

分娩是一件自然而然的过程，是瓜熟蒂落，所以准妈妈要相信自然的力量，相信自己和胎宝宝，不要因此而心生恐惧，进而影响到情绪，害怕怀孕，害怕生产，使得自己还未到预产期时就已经怕都不得了，紧张得不得了，既影响了身体对分娩所作的准备，也影响了胎宝宝的成长。

产痛也有规律

产痛并不是持续的，而是有规律可循的。一般是痛一下，最多不超过1分半钟，然后突然消失得无影无踪，就像从不曾痛过一样，中间准妈妈就可以休息一下。隔一段时间痛1分半钟，并不是很严重。如果准妈妈注意学习、总结，在下次阵痛来的时候你就知道怎么应对了，自己可以把握的感觉也让准妈妈放松一些。

胎宝宝的小脑袋越向下坠，给子宫口的压力越大，分娩的疼痛就越剧烈，不过，当疼痛达到一定程度时，身体会分泌出一种能减少痛感的激素，所以不少产妇在后来会觉得疼的不那么难以忍受了。

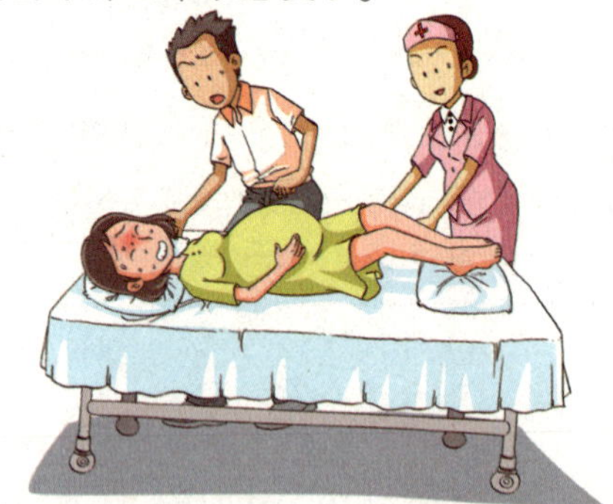

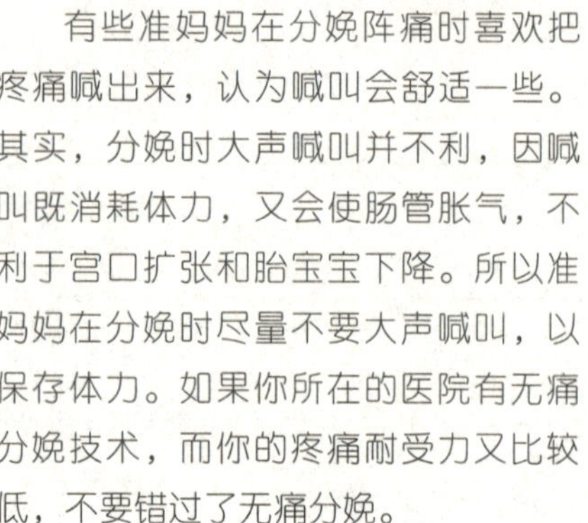

生活小常识

有些准妈妈在分娩阵痛时喜欢把疼痛喊出来，认为喊叫会舒适一些。其实，分娩时大声喊叫并不利，因喊叫既消耗体力，又会使肠管胀气，不利于宫口扩张和胎宝宝下降。所以准妈妈在分娩时尽量不要大声喊叫，以保存体力。如果你所在的医院有无痛分娩技术，而你的疼痛耐受力又比较低，不要错过了无痛分娩。

娩出胎宝宝后要做的事情

胎宝宝娩出后，宫缩会有短暂停歇，准妈妈会一下感到轻松，大约相隔10分钟，又会出现宫缩，将胎盘及羊膜排出，整个分娩过程宣告结束。生产结束后仍需要在产房观察，并注意以下几点：

调整好自己的心态

有些新妈妈看到自己的宝宝会心花怒放，情绪高涨。还有一些新妈妈因宝宝性别或宝宝有不好，情绪低落，甚至沮丧，这都会影响子宫收缩，引起产后出血。

好好休息

分娩是体力消耗较大的过程，会感到疲倦，会不知不觉地睡意袭来，这时要抓紧时间休息，可闭目养神或打个盹儿，但不要熟睡，因为你还要照顾宝宝，要给宝宝喂第一次奶。

给宝宝哺乳

宝宝出生后半小时内就要给宝宝喂第一次奶，同时跟宝宝进行皮肤接触。这有利于刺激乳腺分泌，对母亲子宫的恢复很有好处。

注意观察出血情况

分娩后2小时在分娩室观察，此期间最易出血，所以特别要注意，分娩后2～24小时在病房观察，仍有出血的可能，你可以自己按摩子宫，能减少出血。此时会阴伤口和子宫收缩会引起疼痛，可采取仰卧位休息。

及时大小便

顺产的妈妈，分娩后4小时就要排尿，产后6小时要排出尿，24～48小时排大便。

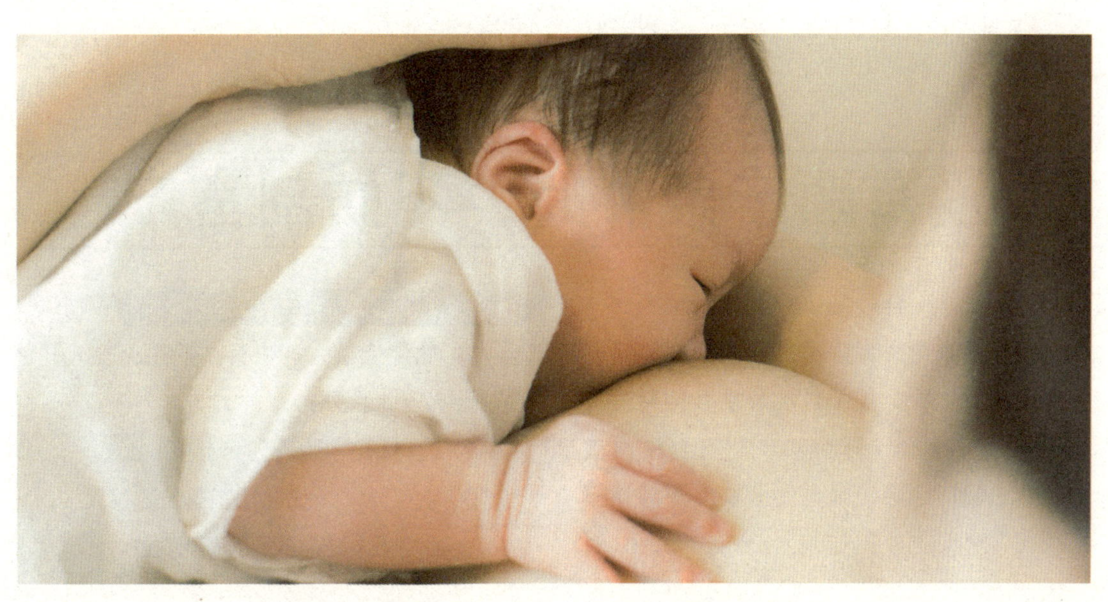

剖宫产

不要因为怕疼而选择剖宫产

因为害怕自然分娩时太疼而主动选择剖宫产的准妈妈也不少见，之所以会这样选择，与对剖宫产不了解有很大关系。

剖宫产有全身麻醉和局部麻醉之分，全身麻醉在分娩中感觉不到任何疼痛，局部麻醉可能会感觉到少许疼痛，但无论是哪种麻醉法，真正的疼痛在分娩之后才开始：

1. 首先护士会挤压伤口排恶露，如果麻醉药在此时已经失效，由此带来的疼痛就成了分娩后的第一波痛。不过挤恶露的时间不长，所以这种疼痛可以忍受。

2. 剖宫产后需要注射宫缩针，促进子宫收缩，子宫收缩也会引起疼痛，此时可以使用镇痛泵或者麻醉药镇痛，但疼痛阈值低的妈妈还是感觉难以忍受。相比之下，刀口的疼痛是在其次。

3. 妈妈在翻身、走路、上厕所、弯腰、大笑、咳嗽时，也可能会感觉到难以言说的痛。

4. 剖宫刀口长好之后，在以后一年内阴雨天可能还会经常感觉隐隐的疼和痒。

所以，剖宫产之痛是一种秋后算账式的痛，准妈妈如果是为了少些疼痛而选择剖宫产是不明智的。

没有顺产条件时，不妨剖宫产

剖宫产是一种较为快捷娩出胎宝宝的方式，在分娩前医生会根据准妈妈的身体情况来决定分娩方式，如果自然分娩确实存在较高的风险，那么选择剖宫产是安全性很高的，在分娩时也会出现自然分娩出现意外而必须改为剖宫产的情况。

分娩前应选择剖宫产的情况

1. 胎宝宝过大造成头盆不称，准妈妈的骨盆无法容纳胎头。
2. 超过预产期2周仍未分娩。
3. 胎位异常，如胎宝宝臀位、横位。
4. 胎盘早剥或前置、脐带脱垂。

5 某些双胞胎或者多胞胎情况。

6 准妈妈的健康状况不佳，分娩时可能出现危险情况，如骨盆狭窄或畸形；患有严重的妊娠高血压综合征等疾病，无法自然分娩；高龄准妈妈初产、有过多次流产史或不良产史及其他因素。

分娩时必须改为剖宫产的情况

1 胎宝宝的腿先娩出。

2 分娩过程中，胎宝宝出现缺氧，短时间内无法通过阴道顺利分娩。

3 分娩停滞：宫缩异常或停止，又无法用宫缩药物排除。

4 下降停滞：胎宝宝的头部或臀部没有进入产道。

5 胎宝宝窘迫：临产时胎宝宝心音发生病态改变，或血液化验显示过度酸化，胎宝宝严重缺氧，无法以自然方法进行快速分娩。

6 胎膜破裂延迟：已超过24小时，分娩仍未开始。

生活小常识

选择在哪一天进行剖宫产手术最好要医生来做决定，医生会根据准妈妈的妊娠的周数和产检情况选择一个最合适的时间的。

剖宫产手术的流程

剖宫产手术流程

1 准妈妈下腹会被清洗消毒，插入导尿管，然后进行麻醉。目前国内经常采用的麻醉方式为硬膜外麻醉，药物生效后，准妈妈依然保持清醒状态，但痛觉消失，并且麻醉药并不会对胎宝宝造成影响。

2 等麻醉生效后，医生会在下腹壁下垂的皱褶处切开一个切口。医生会根据胎宝宝的大小来决定刀口的长短，一般来说13厘米左右。

3 第二个切口会在子宫壁上，羊膜被打开后，吸出羊水，然后取出胎宝宝及胎盘。剪断脐带，缝合子宫及腹部切口。

4 整个手术过程一般需要30~45分钟，整个过程中准妈妈通常能感觉到医生在腹部忙碌着，有轻重的牵拉感，但没有痛感。

生活小常识

剖宫产妈妈等到麻醉药的作用消失后，就会感觉到剧烈疼痛，这时，为了能够很好休息，使身体尽快复原，可请医生在手术当天或当夜给用一些止痛药物。在此之后，对疼痛多做一些忍耐，最好不要再使用药物止痛，以免影响肠蠕动功能的恢复。一般来讲，伤口的疼痛在3天后便会自行消失。

手术前的准备

一旦确定采用剖宫产，医院会安排准妈妈提前一天住院，做些手术前的准备工作，准备工作包括以下几点：

1. 在手术前一晚只能吃清淡的食物，手术前的8~12小时禁止吃任何东西，这样能保证肠道清洁，从而降低手术感染风险。
2. 需要抽血化验和尿液检查。
3. 让家属签署手术同意书和麻醉同意书。
4. 确认身上有没有饰品之类的，有则必须取下。
5. 由护士给你插入尿管，以排空膀胱。
6. 送进手术室。至于让家属陪同进入手术室，目前国内还没有医院提供此项服务。

手术前后这样吃

剖宫产手术前后的饮食要点是：

剖宫产前的饮食

为能使术后尽快恢复如初，饮食应注意术前不宜滥用高级滋补品，如高丽参、洋参等。因为参类含有人参皂苷，具有强心、兴奋作用，在手术时，准妈妈难与医生配合，且刀口较易渗血，影响手术正常进行和手术后产妇休息。

剖宫产术后饮食

从营养方面来说，剖宫产的妈妈对营养的要求比正常分娩的妈妈更高。手术中的麻醉、开腹等手段，对身体本身就是一次打击，因此，剖宫产的妈妈产后恢复会比正常分娩的妈妈慢些。同时，因手术刀口的疼痛，妈妈的食欲会受到影响。

在手术6小时后，妈妈可先喝点萝卜汤，帮助因麻醉而停止蠕动的胃肠道保持正常运作，以肠道排气作为可以开始进食的标志。易发酵产气多的食物，如糖类、黄豆、豆浆、淀粉等食物，新妈妈也要少吃或不吃，以防腹胀。

术后第一天： 一般以稀粥、米粉、藕粉、果汁、鱼汤、肉汤等流质食物为主，分6~8次进食。

在术后第二天： 妈妈可吃些稀、软、烂的半流质食物，如肉末、肝泥、鱼肉、蛋羹、烂面烂饭等，每天吃4~5次。

第三天后： 新妈妈就可以吃普通饮食了，注意补充优质蛋白质、各种维生素和微量元素，每天可选用主食350~400克，牛奶250~500毫升，肉类150~200克、鸡蛋2个、蔬菜水果500~1000克、植物油30克左右，这样才能有效保证新妈妈和婴儿的营养充足。

分娩镇痛的常见方式

无痛分娩

“无痛分娩”在医学上其实叫作“分娩镇痛”，就是用各种方法使分娩时的疼痛减轻，甚至消失。医院普遍采用麻醉药或镇痛药来达到镇痛效果，临床上常用的方法一般是硬膜外阻滞镇痛(麻药注射)等。

无痛分娩是一种既止痛又不影响产程进展的一种分娩方式，对疼痛很敏感、精神高度紧张，或患有某种合并症的准妈妈，就可以考虑选择这种分娩方式。

不过，无痛分娩也并不是人人适用的，一般来说，硬膜外镇痛是比较安全的，绝大多数准妈妈都可以使用无痛分娩，但如果有下列情况之一者，不适宜使用无痛分娩。

❶ 产前出血。

❷ 低血压。

❸ 患有败血症、凝血功能障碍。

❹ 背部皮肤感染，腰部感染，让麻醉无法实施。

❺ 有心脏病且心功能不全。

❻ 有胎位不正、前置胎盘、胎心不好、羊水异样、产道异常、胎宝宝发生宫内缺氧等情况。

❼ 持续性宫缩乏力，使用催产素点滴后仍无明显变化。

❽ 患有脊柱畸形或神经系统疾病等。

总之，你能不能使用无痛分娩还是应该由医生来判断并决定。

生活小常识

无痛分娩并不是完全无痛的，它也只是相对的，因为分娩时用的麻醉剂用量很小，所以准妈妈仍然能感觉到宫缩的存在，当然比起不打麻醉药还是要好很多的。如果医院技术过硬，准妈妈又对疼痛十分敏感，就可以要求医生检查是否可以选择无痛分娩。

导乐式分娩

导乐式分娩是指由一个有爱心、有分娩经历的女性，在整个产程中给准妈妈以持续的生理、心理及感情上的科学支持。导乐一般是从有过生育经验的助产士、产科医生里选拔，并经过正规培训的。

导乐一般会具有这样的特点

❶ 具备一定的分娩知识，在分娩时一旦有突发事件能及时处理。

❷ 性格较好，与人交往时能做到轻声细语、动作轻柔、态度和谐，能让人产生亲切感和依赖感。

❸ 富有同情心、责任人和爱心，能充分体谅产妇和家人的心情，及时给予支持和安抚。

❹ 心理素质良好，能冷静面对产妇的各种情况，并有支持和帮助产妇渡过难关的能力。

当有这样一个人陪你分娩的时候，你的心里是不是更稳定、更安宁呢?

导乐会在分娩时做些什么

目前，在我国的医院里，导乐是从临产开始到产后2小时这段时间服务，几乎是全程陪伴的，所起到的作用是实际而有效的:

❶ 缓解紧张情绪。绝大多数的产妇精神都紧张，希望有人在身边陪伴，这时候导乐比家人更适合，她知道怎么让你放松下来，而陪产的家属可能比产妇还紧张，这时候导乐还会同时安抚家属，使家属的紧张情绪不会影响产妇。

❷ 专业指导。导乐拥有丰富的孕产知识和临床经验，能够在不同的阶段给你提供有效的方法和建议，促进产程。这些指导对减少产时和产后出血以及术后并发症也都有效。

❸ 减少风险。导乐分娩不用药物、器械，本身就是最安全的方式，而且可以减少其他风险。据统计，有导乐助产的分娩可使顺转剖的剖宫产率下降50%，使产程缩短25%，需要静脉滴注催产素的概率减少40%，需要镇痛药物概率减少30%，产钳使用率减少40%。

④ 产后指导。产后，导乐会指导你伤口修补、母乳喂养和科学育儿，所传授的也都是你急需要的知识。

怎样预约导乐

先了解分娩医院是否提供导乐式分娩这项服务，然后再进行预约，最好能够提前向医院预约，越早越好，以便医院有充足的时间来安排。

提供这项服务的医院都会有各导乐的介绍，准妈妈可以自行选择，约好后医院会安排你们见面，可以跟导乐进行交流，以便生产时的沟通能够更顺畅。

水中分娩

水中分娩是一个很有趣的过程，准妈妈整个身体浸泡在水中，水波轻微地拍打着准妈妈的身体，这样可使子宫肌肉的活性增强，减轻准妈妈的压力和痛苦，使分娩更顺畅、更容易。

水中分娩过程

① 准妈妈的子宫口张开5厘米时，转到水中分娩室。入水前，检查胎宝宝的心跳，入水后阵痛期间，间歇性地检查胎宝宝的心跳。

② 分娩时，浴缸内的水温应保持与羊水温度相同的37℃，同时应当设置朦胧的照明、播放准妈妈爱听的音乐，给准妈妈创造舒适的环境。如果分娩时间过长，准妈妈很容易脱水。因此，在分娩过程中，准妈妈应随时喝水解渴。准妈妈应消除紧张，宫缩时进行深呼吸，采用最舒适的姿势。

③ 分娩后，让妈妈怀抱宝宝，由医护人员剪断脐带。

④ 水中分娩时，胎盘娩出也在水中进行。

生活小常识

采取水中分娩时，宝宝是不会呛水的，这是因为宝宝在宫内羊水中没有呼吸，他的肺没有张开，在水中分娩后，新生宝宝仍然在水中，并没有开始呼吸，所以不会呛水，但如果新生宝宝的头部已经接触了空气，再把宝宝的头放进水里的话，很可能会呛水，因为宝宝的肺接触空气后就会迅速张开。

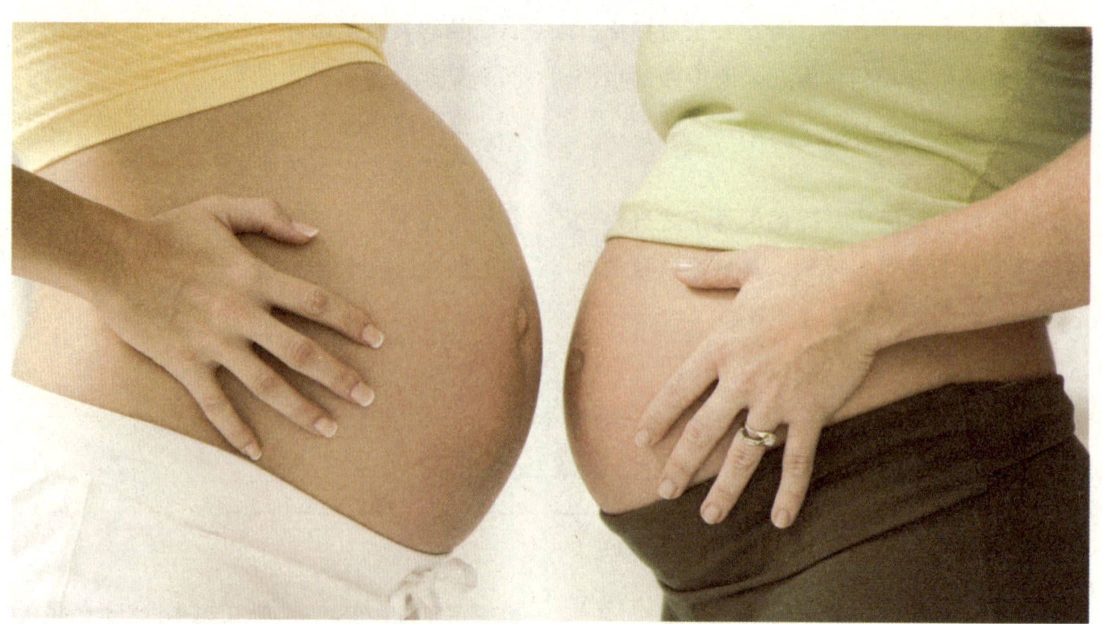

秋千分娩

在中国，人们对秋千分娩还比较陌生，是近来国外颇受青睐的分娩方法之一，它以产妇可自如调整姿势的坐式分娩为基础。分娩台像秋千一样被吊在具有缓冲作用的弯圈状铁棒上，根据身体的姿势可以更换托座。分娩时，准妈妈可自如采取向后躺或坐等各种姿势，且在腰部上设有热敷器具。

阵痛时，准妈妈可坐在秋千上前后左右晃动骨盆。同时可以通过机器操作，采取轻松坐式分娩姿势，很大程度上可以减轻分娩的痛苦。在分娩过程中，准妈妈根据医生的口令，抬膝盖，向臀部用力，胎宝宝就会娩出。

秋千分娩法的优点

❶ 迄今为止的临床结果表明，大部分采用秋千分娩的产妇都顺利实现自然分娩，其效果获得了认可。

❷ 采取此种分娩方法时产妇可以自由变换姿势，以荡秋千方式前后活动，因而能够有效缓解疼痛，并且因配合机器操作，肌肉得到放松，可以加快分娩速度。

秋千分娩法的缺点

❶ 难以有效应对分娩时出现的紧急情况。

❷ 秋千分娩采用坐式分娩法，利用的是重力，因此会阴部受胎宝宝娩出时的力量而被裂伤的可能性较大。

Part 4 胎 教

你所不了解的胎教常识

胎宝宝能够感知外界

人们通过胎宝宝镜观察到，当触碰胎宝宝手心的时候，他的手指会握紧；胎宝宝的眼睛会随着送入的光线而活动；胎宝宝从四个半月起就非常注意外界的声音。这些现象都说明，胎宝宝在宫内已具有触觉、视觉、听觉等感知能力，准父母可以利用胎宝宝的这种能力给他传递有益的信息，这就是胎教的生理基础。

同样的，胎教的目的并不是教会胎宝宝去做什么，而是对胎宝宝进行“六感”训练，即嗅觉、听觉、视觉、味觉、运动觉及皮肤感觉的训练，通过适当的外界信息刺激，促进胎宝宝各种感觉功能的发育，令胎宝宝更加聪敏，也为出生后的早期教育打下良好的基础。

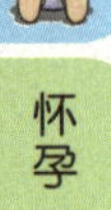

快乐是最好的胎教

孕期的情绪是至关重要的，心情快乐是最好的胎教。

准妈妈的情绪会不知不觉间影响到胎宝宝

准妈妈与胎宝宝拥有共同的血液循环，会通过不知不觉中的内分泌改变来影响胎宝宝的发育。

当母亲受到强烈的精神刺激、惊吓、忧郁、悲痛时，植物神经系统活动会迅速加剧，内分泌发生变化，释放出来的乙酰胆碱等化学物质可以通过血液经胎盘进入胎宝宝体内，影响胎宝宝正常的生长和发育。准妈妈情绪低沉还会直接影响食欲。

如果准妈妈心情快乐，大脑下垂体会相应分泌一种良性激素，也可以说是“快乐”激素，之后到达全身，当然也会到达子宫的血管，通过脐带送到胎宝宝身上，在脐带血管的放松过程中，提供给胎宝宝更多、更好的养分和氧气，促进胎宝宝更好地发育。

研究显示：准妈妈情绪不佳，长期过度紧张，如发怒、恐惧、痛苦、忧虑，会对胎宝宝造成不良影响，使得胎宝宝出生后好动、情绪不稳定、易哭闹、消化功能紊乱、发病率高。

如果准妈妈拥有良好的环境和心态，并且能坚持对腹中的胎宝宝进行适当的胎教，那么宝宝的语言能力、运动能力、听力、适应力等都会表现更佳。

保有一颗平常心

准妈妈无须高估自己也不能低估自己，将孕育一个宝宝看作是一件平常事，既积极主动，尽力而为，又顺其自然，不苛求事事完美，做好每天要做的事情，享受生活，享受做好每一件事情所带来的快乐，这会让自己有足够的力量承担挫折和苦闷。

时常深呼吸

准妈妈不要忽视自己与胎宝宝之间这条情感传递途径，随时想到腹中的小生命是个聪明伶俐的宝宝，需要很多快乐的因素，多给他一些温暖和爱。情绪不好的时候，建议准妈妈做深呼吸，这会对放松非常有益，这不仅在调节情绪时大有裨益，并且在应对身体不适时也很有效。

胎教令准妈妈与胎宝宝受益无穷

胎教能令准妈妈的生活变得更加丰富有趣，增加了母子交流，也刺激了胎宝宝发育，坚持胎教既对准妈妈有益，也对胎宝宝十分有利。

胎教让准妈妈受益

1 充实生活。准妈妈常常有孤独的感觉，尤其是离开工作岗位，加上怀孕期间身体上诸多不适，导致生活范围受限、生活内容无趣，一些准妈妈在家里除了看电视就不知道还能干吗，时间久了人也会变得呆板。准妈妈将胎教加入到日常生活中，不仅能使生活变得丰富多彩，还可以使头脑灵活，心情保持舒畅，胎宝宝也会感觉到外面多彩美丽的世界。

2 修养身心。胎教会促使准妈妈学习知识，提高个人修养，培养兴趣爱好，改变不良生活习惯，以便给胎宝宝提供一个良好的身教平台。10个月的孕育旅程，便会将准妈妈潜移默化地影响成为一位知识丰富、内外兼修的女性，使准妈妈终身受益。

胎教对胎宝宝的好处

1 提高宝宝智商。胎教的内容情感化、艺术化，形象和声音于一体，从而可促进胎宝宝右脑的发育，使胎宝宝出生后知觉和空间感灵敏，更容易具有音乐、绘画、整体和几何、空间鉴别能力，并使孩子情感丰富，形象思维活跃，直觉判断正确。同时，胎教给胎宝宝大脑以新颖鲜明的信息刺激，具有怡情养性的作用，从而又有利于胎宝宝大脑的健康和成熟。

2 完善宝宝个性。人的性格雏形来源于胎宝宝期，胎教对胎宝宝的影响是整体性的，胎宝宝学习的结果也是整体性，因此胎教有助于胎宝宝以及胎宝宝出生后精神素质各个方面的塑造，即有助于个性的完善。

3 学习兴趣高。受过良好胎教的胎宝宝在出生后学习兴趣高，喜欢听儿歌、故事，喜欢看书，容易接受新的知识。同时，其记忆力较同年龄的宝宝强，记忆的速度也较快。

4 语言能力强。受过良好胎教的胎宝宝在出生后开始说话的时间较早，语言能力较强，5~6个月时便可以发出声音来表达各种意思，使妈妈很快能明白宝宝的心理活动。

生活小常识

准妈妈的习惯将直接影响到胎宝宝的习惯。如果有些准妈妈本身生活无规律，有不良的习惯，那么一定要从怀孕时就从自身做起，尽快纠正它们，这样才能培养出具有良好习惯的胎宝宝。

胎教不拘泥于某一种方法

从广义来讲，胎教是为了促进胎宝宝的生理上和心理上的健康发育成长而采取的一系列孕期保健，包括营养、环境、精神等方面。

从狭义来讲，胎教则是根据胎宝宝发育的情况，采取各种胎教措施，比如拍打、对话、听音乐、唱歌等，激发其大脑功能、身体运动功能、感觉功能及神经系统功能的潜能。

总的来说，胎教是采取一些方法和手段来对胎宝宝实施刺激，使胎宝宝大脑皮质得到良好的发育，从而实现开发胎宝宝潜能的目的。不过准父母不应当被方法束缚住，无论胎教过程中采取了哪一种方法，首先都应当建立在父母对胎宝宝的爱上，怀着一颗快乐的心生活，那么父母的一举一动都会像春雨一样滋润宝宝。

所以，准父母不要陷入为了教宝宝而胎教的误区，并不是只有教宝宝认字、教宝宝算术等方法才是胎教。我们认为，凡是你出于对胎宝宝的爱而做出的行动，都是良好的胎教。

随时开始胎教都不晚

胎教也许创造不了奇迹，但是胎教完全可以通过调节你的身心以及给胎宝宝以合适的刺激，来激发胎宝宝的潜能，让胎宝宝在生命之初得到良好的培养。

妊娠从卵子受精的一瞬间就开始了，理想的胎教，应包括受精前至少3个月的准备期到胎宝宝娩出这段过程，因为精子从精细胞分裂、形成到成熟约需要90天的时间。

当然，并不是说已经怀孕或者孕期过半再做胎教已经没有意义，其实胎教对怀孕任何一阶段的胎宝宝来说都不晚，因为胎宝宝和母体有一种奇妙的联系。现代科学认为，胎教得以实现的基础是胎宝宝以后可以感受到你的情绪，可以辨认来自你的心跳声……因此，只要认真努力地实施胎教，用一颗充满慈爱的心期待着与胎宝宝共度的每一天，宝宝一定会更聪明、更快乐、更活泼。

生活小常识

你知道吗？12周的胎宝宝大脑发育就已经十分可喜了，逐渐有了接受能力，16周时胎宝宝已能表示喜恶。

音乐胎教

世界名曲：《摇篮曲》

这首《摇篮曲》是一首民歌风格的歌曲，作于1868 年。它通过强弱拍节奏的起伏，来塑造摇篮摆动的形象。

1864 年，勃拉姆斯在汉堡遇见了一位维也纳青年女歌手贝尔塔。奥地利姑娘特有的温柔和天真烂漫打动了他的心，但由于种种原因，他俩未能结合，贝尔塔与他人结了婚，当她的第二个孩子出世时，勃拉姆斯写了这首摇篮曲送给他们。

这首摇篮曲与舒伯特的不同，伴奏部分没有那首模仿摇篮的摇动，而是描绘一种夜色朦胧的景象。

这首曲子好像使我们看到了一个年轻慈爱的母亲在朦胧月色的夜晚，借着月光轻声地在摇篮前吟唱。

这首曲子曲调优美抒情，语气安详平缓，情绪亲切、温柔、恬静，细腻地勾画出一幅母亲对孩子亲切祝福的动人画面。听来使我们仿佛看到一位母亲坐在摇篮旁边，用手摇动摇篮，以亲切对话的语气，唱着催眠的歌曲，表达了人类最崇高的感情——母亲对孩子的慈祥的爱，也使我们感受到和平、幸福和温馨的生活气息。

生活小常识

如果准妈妈喜欢唱歌，每晚入睡前，也可给胎宝宝轻轻哼一首摇篮曲，那恬静、优美的旋律将很快在准妈妈和胎宝宝的身心弥漫开来。

世界名曲：《月光》

德彪西的《月光》是一首脍炙人口的钢琴小品，是情境音乐的典范，也是德彪西作品中最受大家喜爱的佳作。凡动人之音乐，必有真切的动人之情，《月光》便体现此道理。赏曲之中，可让人因旋律而联想到曲中之人，并同与其情感波动，且整首曲子情绪过度合理，丝毫不矫揉造作，也体现了作者的品行。

乐曲开始时平和、舒缓、悠扬、清新、柔和，仿佛像在漆黑的夜晚，欣赏着一轮明月，沐浴在月光银丝中，并与内心娓娓道来。接着，节奏始而有序地紧凑起来，月下之人的情绪似乎也开始驿动，此为一段内心激烈的独白，曲终前回复起初之舒缓，但似乎又多了一些厚重，难道领悟到更多的真谛？伴随着这份厚重，全曲慢慢地结束了。

生活小常识

想象一下月色的朦胧与美，在这美丽的景色中，看到远处深蓝如钻石般的天空。这种静谧的美感也会通过准妈妈的感觉静静地感染着腹中的胎宝宝。

世界名曲：《欢乐颂》

《欢乐颂》是贝多芬《第九交响曲》的终曲乐章。《欢乐颂》原本是德国诗人席勒的一首诗作，气势磅礴，意境恢宏。席勒在诗中所表达出来的对自由、平等生活的渴望，也正是一直向往共和的贝多芬的最高理想。他曾经说过：“把席勒的《欢乐颂》谱成歌曲，是我20年来的愿望！”

《欢乐颂》主题首先由低音大提琴奏出，接着渐渐发展扩大到弦乐器和整个乐队，并且力度和节奏越来越强，形成巨大洪流，势不可挡，人们在通往自由欢乐的大路上迅猛前进。

《欢乐颂》主题变奏之后，再次出现急风暴雨般的声响。但这次引出的是人们发自内心的歌唱。由男中音领唱：“啊！朋友们，不要唱旧的调子，让我们畅快、欢乐地唱起来吧。”于是曲子在领唱的带动下，以合唱的形式加入了演奏的乐队。所要歌颂的主题——欢乐，一个简单却又优美的旋律将它表现得淋漓尽致。

生活小常识

聆听音乐最重要的还是让准妈妈舒缓心情，进而影响到胎宝宝，所以选择那些自己真正欣赏与喜欢的音乐效果才更好。

世界名曲：《爱之梦》

《爱之梦》是一首婉转优美，充满了爱恋、期盼、回忆的曲子，具有情意绵绵的旋律和梦一般的境界。

这首乐曲是根据德国诗人弗莱里格拉特的著名诗作《爱吧，你可以爱的这样久》改编的。

爱吧!

能爱多久，愿意爱多久就爱多久吧!

你守在墓前哀悼的时刻快要来到了。

你的心总是保持炽烈，保持眷恋，只要还有一颗心对你回报温暖。

只要有人对你披露真诚，你就尽你所能让他时时快乐……

这首曲子表达了沉浸在幻梦之中的纯洁情感，这无限爱恋的情况，难以用言语来表达。它将所爱的对象化成一个理想中圣洁而美好的形象，用音乐来表白，激起人们内心的共鸣，这共鸣就是——柔情蜜意，纯洁高尚的爱情。

乐曲分三段：

第一段如轻声吟诵，情意绵绵的旋律，这是一个含蓄深沉、含情脉脉的内心独白。

在第二段，旋律不断高涨，原来含情脉脉的内心独白，在这一段终于发展成炽热的爱情倾诉，难以抑制的热情终于在这一段中爆发出来，并形成了火一般的热烈情感。华彩段那一连串音型，好比爱情主题镶嵌了一个闪闪发光的蓝宝石。

在第三段，主题旋律加上高音区明亮的和弦伴奏，把一种纯真、高尚的爱情推到了新境界，使这种爱的情感散发出更加动人心弦的光辉。

世界名曲：巴赫《谐谑曲》

“谐谑”是指用音乐来表现诙谐、幽默的情趣。这首《谐谑曲》速度轻快，节奏活跃而明确，常出现突发的强弱对比，带有舞曲性与戏剧性的特征。

谐谑曲是一种生动活泼而富于诙谐和戏谑情趣的器乐曲，是在小步舞曲的基础上发展演变而成的。

谐谑曲比小步舞曲速度快，节奏活跃，并且常用独特的音调、不常见的节奏型、出其不意的转调和强弱对比、突如其来地反复前面的主题或引进新的主题、突如其来地结束一个段落或结束全曲等手法，造成一种幽默和风趣的效果。

巴赫的《谐谑曲》采用了二部曲式，其主题具有明显的快速舞曲特点，这是一段非常有名的旋律，长笛明快、轻巧的演奏表现出生动、活泼的情绪，滞缓的弦乐在低音区与之呼应，使乐曲显得诙谐而轻快。曲子对演奏技巧的要求不高，因此成为许多业余长笛演奏者十分喜爱的曲目。

世界名曲：《田园交响曲》

田园交响曲又名《F大调第六交响曲》，是贝多芬九首交响乐作品中标题性最为明确的一首。此时的贝多芬双耳已经完全失聪，这部作品正表现了他在这种情况下对大自然的依恋之情。这部作品首演时由贝多芬亲自指挥，在首演节目单上，他写道：“乡村生活的回忆，写情多于写景”。

整部作品细腻动人，朴实无华，宁静而安逸。这首作品共分为五个乐章，分别为初到乡村的愉快感受、溪畔小景、乡民欢乐的聚会、暴风雨、暴风雨过后的愉快情绪。

这里向准妈妈推荐的是其中的第三乐章。这个乐章的主题是如牧笛风格的旋律，单纯活泼，表现了欢笑的乡民来自四面八方，并跳起了快乐的舞蹈。音乐取材于民间旋律，描写乡间村民兴高采烈的舞蹈场面，活跃而喧闹，质朴而粗犷，像一幅色彩鲜明、线条粗豪的民间风俗画。当欢乐的场面达到顶点的时候，音乐出现了一些不安并很快变成远处的雷声，欢乐的集会被打断。

语言胎教

和胎宝宝聊聊天

和胎宝宝聊天也叫作子宫对话，子宫对话的目的是将父母的情感、心绪、思考等，通过和胎宝宝聊天的方式传达给胎宝宝。

● 子宫对话，关键是“爱”

对着子宫中的胎宝宝说话，想起来似乎不太可行，胎宝宝听觉还没有发育，这么早就说话有用吗?

事实上，对着子宫讲话并没有想象中那么深奥难懂，全凭对胎宝宝的爱意。只要准父母用爱来看待腹中的胎宝宝，经常对胎宝宝说话，准父母亲切的语调，动听的语言，通过语言神经的震动传递给胎宝宝，使他产生一种安全感，促进大脑发育，使大脑产生记忆。

● 子宫对话可以进行的内容

❶ 根据生活内容和宝宝对话。根据日常生活，随意确定与胎宝宝的对话内容。比如给胎宝宝讲自己看到的东西，或者正在做的事情，等等。

❷ 为胎宝宝读文学作品。给胎宝宝读文学作品，尤其是优美的散文和诗歌，也是语言胎教的一项内容。

总之，与胎宝宝对话不必要拘谨，话题很多，信手拈来即可，还可以将自己对胎宝宝的期望也说出来，这对于强化胎宝宝的形象也是有益的。

● 子宫对话的技巧

❶ 对话时声音要适当大和清晰，速度要缓慢，要发自内心，满怀爱意。传递给胎宝宝的声音通过羊水后往往有些模糊不清，因此在对胎宝宝说话时，声音要适当大一些，吐字要清晰一些，停顿要长一些，语速要慢一些。

❷ 对话时注意简化并重复短句，准爸爸最好能将针对日常生活内容和表达感情的话语简化，如“宝宝，我们吃饭了。”“饭好香。”“宝宝，我们很爱你！”等，然后经常性地重复对胎宝宝讲，以加深胎宝宝对这些话的印象，促进他的记忆力和理解力。

❸ 怀孕第5个月后，他就能听到准爸爸的话语，接下来可以尝试着让胎宝宝集中意识，大声地给他说说各种准父母擅长的东西，比如汉字、数字、字母、花草树木，等等，胎宝宝能感受到这种交流，从而促进智力的发展。

❹ 子宫对话可以从怀孕初期就开始施行，并一直坚持到胎宝宝出生以后，要知道胎宝宝是很喜欢听准父母说话的，多与胎宝宝聊聊天，胎教效果会十分好。

国学经典：《三字经》

《三字经》节选

人之初，性本善。性相近，习相远。
苟不教，性乃迁。教之道，贵以专。
昔孟母，择邻处。子不学，断机杼。
窦燕山，有义方，教五子，名俱扬。
养不教，父之过。教不严，师之惰。
子不学，非所宜。幼不学，老何为。
玉不琢，不成器。人不学，不知义。
为人子，方少时，亲师友，习礼仪。
香九龄，能温席。孝于亲，所当执。
融四岁，能让梨。弟于长，宜先知。
首孝悌，次见闻，知某数，识某文。
一而十，十而百，百而千，千而万。

《三字经》已有700多年历史，共1 000多字，内容包括了中国传统的教育、历史、天文、地理、伦理、道德以及一些民间传说，言简意赅又很生动。

《三字经》中讲述教育和学习对儿童成长的重要性的内容最为人所津津乐道，认为后天教育及时、方法正确可以使儿童成为有用之才，这与胎教和早教的理念是相通的。以上是节选的其中部分，准妈妈可反复诵读，即使有些地方不太懂也不碍事，读着读着就理解了，读熟之后就可以经常背诵给胎宝宝听。

生活小常识

准父母平时与胎宝宝对话或者读书给他听，虽然不可能特别文雅，但也要讲究用词，一定不要说脏话、粗话。

国学经典：《诗经·邶风·击鼓》

诗经·邶风·击鼓

击鼓其镗(tāng)，踊跃用兵。土国城漕，我独南行。

从孙子仲，平陈与宋。不我以归，忧心有忡。

爰居爰处？爰丧其马？于以求之？于林之下。

死生契阔，与子成说。执子之手，与子偕老。

于嗟阔兮，不我活兮。于嗟洵兮，不我信兮。

怀孕·胎教·百科

这首诗歌描述了一个出征的士兵，在战场上回忆与妻子的誓言的故事。夫妻俩平凡的相许，非常刻骨铭心，里面的甜蜜和期待甚至消散了战争的惨烈和悲凉。现在“执子之手，与子偕老”的盟誓，已经成为了千百年来恋人们和夫妻间永久的追求与不变的情怀。

准爸爸和准妈妈和睦的关系是让胎教取得良好效果的基础，和爱人一起读读这首诗歌吧，将自己对对方的爱表达出来，也让胎宝宝感受到你们和谐的家庭氛围。

生活小常识

怀孕以后，很多准妈妈因为胎宝宝而忽略了丈夫的感受，不妨用漂亮的信纸给准爸爸写封信，告诉他，你对胎宝宝的期望，你对他最近的努力表达感谢等，然后把信放在某个他一定会看到的地方，给他一个浪漫的惊喜。

散文诗：《孩童之道》

孩童之道

只要孩子愿意，他此刻便可飞上天去。

他所以不离开我们，并不是没有缘故。

他爱把他的头倚在妈妈的胸间，他即使是一刻不见她，也是不行的。

孩子知道各式各样的聪明话，虽然世间的人很少懂得这些话的意义。

他所以不想说，并不是没有缘故。

他所要做的一件事，就是要学习从妈妈的嘴唇里说出来的话。那就是他所以看来这样天真的缘故。

孩子有成堆的黄金与珠子，但他到这个世界上来，却像一个乞丐。

他所以这样假装了来，并不是没有缘故。

这个可爱的小小的裸着身体的乞丐，所以假装着完全无助的样子，便是想要乞求妈妈的爱的财富。

孩子在纤小的新月的世界里，是一切束缚都没有的。

他所以放弃了他的自由，并不是没有缘故。

他知道有无穷的快乐藏在妈妈的心的小小一隅里，被妈妈亲爱的手臂所拥抱，其甜美远胜过自由。

孩子永不知道如何哭泣。他所住的是完全的乐土。

他所以要流泪，并不是没有缘故。

虽然他用了可爱的脸儿上的微笑，引逗得他妈妈的热切的心向着他，然而他的因为细故而发的小小的哭声，却编成了怜与爱的双重约束的带子。

——选自泰戈尔《新月集》，郑振铎译

孩子为什么会来到这个世界上，成为你的宝贝？泰戈尔的《孩童之道》这首诗将给你一个不一样的答案。现在，准妈妈和胎宝宝之间那种联系越来越强，你在朗诵诗歌时，传达的一种柔柔的爱意，胎宝宝都能感受到。

散文诗：《论孩子》

论孩子

你们的孩子，都不是你们的孩子，
乃是生命为自己所渴望的儿女。
他们是借你们而来，却不是从你们而来，
他们虽和你们同在，却不属于你们。
你们可以给他们爱，却不可以给他们思想，
因为他们有自己的思想。
你们可以荫庇他们的身体，却不能荫蔽他们的灵魂。
因为他们的灵魂，是住在明日的宅中，那是你们在梦中也不能想见的。
你们可以努力去模仿他们，却不能使他们来像你们，
因为生命是不倒行的，也不与昨日一同停留。
你们是弓，你们的孩子是从弦上发出的生命的箭矢。
那射者在无穷之间看定了目标，也用神力将你们引满，使他的箭矢迅速而遥远地射了出来。
让你们在射者手中的弯曲成为喜乐吧。
因为他爱那飞出的箭，也爱了那静止的弓。

——选自卡里尔·纪伯伦《先知》，冰心译

卡里尔·纪伯伦（Kahlil Gibran），黎巴嫩诗人、作家、画家，他认为要唱出“母亲心里的歌”，作品多以“爱”和“美”为主题，而这正是准妈妈需要多多欣赏的东西。

孩子对你而言是怎样的一个存在呢？在纪伯伦眼里，父母是弓，孩子是箭，你们给孩子成长储备的能量越充足，孩子将在未来的社会上走得更远。

英语口语不错的准妈妈，可以用中文念一遍，再用英文给胎宝宝念一遍，感受下胎宝宝在腹中的变化。

散文诗：《爸爸，你一定不能走》

爸爸，你一定不能走

在这沉睡的乡村里，中午寂静无声，恍如阳光灿照的午夜，我的假日已经过去了。

整整一个早晨，我的四岁的小女孩跟着我，从这间屋子走到那间屋子，严肃而沉默地望着我准备行装，到后来她厌倦了，就带着一种奇怪的静默坐在门旁，自言自语地咕噜，“爸爸一定不能走！”

在吃饭的时候，一天一度的睡意袭上了她的身子，可是她的母亲已经把她忘记了，孩子伤心得连抱怨的话都不想说了。

最后，当我伸出手臂向她道别的时候，她一动都不动，只是悲哀地望着我说，“爸爸，你一定不能走！”

她这句话逗得我笑出了眼泪，使我想到这小小的孩子竟敢向这个为生计所驱使的巨大世界挑战，她不用别的，仅仅凭借这几个字：“爸爸，你一定不能走！”

——选自泰戈尔《游思集》，汤永宽译

这是一首令人动容的散文诗，真正拥有一个孩子后，生活可能会发生无法预料的幸福片段，孩子对父母的依恋是以那样天真而纯洁的原始冲动上演着，没有比做了父母的人更能体会到这微妙的感觉了。

养育孩子，不仅仅是心甘情愿的付出，更是沉甸甸的人生收获。和新生命的故事，准爸爸准妈妈才刚刚开始呢，未来还有数不尽的好时光。

散文诗：《仙人世界》

仙人世界

如果人们知道了我的国王的宫殿在哪里，它就会消失在空气中的。

墙壁是白色的银，屋顶是耀眼的黄金。

皇后住在有七个庭院的宫苑里，她戴的一串珠宝，值得整整七个王国的全部财富。

不过，让我悄悄地告诉你，妈妈，我的国王的宫殿究竟在哪里。

它就在我们阳台的角上，在那栽着杜尔茜花的花盆放着的地方。

公主躺在远远的隔着七个不可逾越的重洋的那一岸沉睡着。

除了我自己，世界上便没有人能够找到她。

她臂上有镯子，她耳上挂着珍珠，她的头发拖到地板。

当我用我的魔杖点触她的时候，她就会醒过来，而当她微笑时，珠玉将会从她唇边落下来。

不过，让我在你的耳朵边悄悄地告诉你，妈妈，她就住在我们阳台的角上，在那栽着杜尔茜花的花盆放着的地方。

当你要到河里洗澡的时候，你走上屋顶的那座阳台来罢。

我就坐在墙的阴影所聚会的一个角落里。

我只让小猫儿跟我在一起，因为它知道那故事里的理发匠住的地方。

不过，让我在你的耳朵边悄悄地告诉你，那故事里的理发匠到底住在哪里。

他住的地方，就在阳台的角上，在那栽着杜尔茜花的花盆放着的地方。

——选自泰戈尔《新月集》，郑振铎译

这首诗以一个孩子的角度来看自己眼中的世界，借传说中的皇后、公主等形象，写出在孩子的心目中，自己的母亲就像这些仙人一样美丽动人。

全诗充满了童心童趣以及对母亲深挚的爱，从孩子描述的美丽景致中，纯真可爱、想象力丰富的孩子形象跃然纸上，多带胎宝宝在奇妙美丽的诗歌中遨游吧，这是令准妈妈和胎宝宝都感到快乐的事情。

讲故事：《聪明的小牧童》

聪明的小牧童

从前有个小牧童，由于别人无论问什么，他都能给出个聪明的回答，因而名声远扬。

国王听说了，不相信他有这么厉害，便把牧童招进了宫。对他说："如果你能回答我所提出的三个问题，我就认你做我的儿子。"牧童问："是什么问题呢？"

国王说："第一个是：大海里有多少滴水？"小牧童回答："我尊敬的陛下，请你下令把世界上所有的河流都堵起来，不让一滴水流进大海，一直等我数完放水，我将告诉你大海里有多少滴水。"

国王又说："第二个问题是：天上有多少星星？"牧童回答："给我一张大白纸。"

于是他用笔在上面戳了许多细点，细得几乎看不出来，更无法数清。任何人要盯上的星星跟我这纸上的点儿一样多，请数数吧。"但无人能数得清。

国王只好又问："第三个问题是：永恒有多少秒钟？"牧童回答："在后波美拉尼亚有座钻石山，这座山有两英里高，两英里宽，两英里深；每隔一百年有一只鸟飞来，用它的嘴来啄山，等整个山都被啄掉时，永恒的第一秒就结束了。"

国王说："你像智者一样解答了我的问题，从今以后，你可以住在宫中了，我会像亲生儿子一样来待你。"

——选自雅格·格林、威廉·格林《格林童话》

遇到困难的时候，创造性的思维方式通常是最好的解决方式。当我们遇到难题的时候，不妨学习一下聪明的小牧童，从另一个角度来寻求解决办法。

讲故事：《蜡烛的热度》

蜡烛的热度

有一年冬天，天气寒冷。阿凡提与几位朋友打赌说，他能在这冰天雪地里，在野外过上一夜而不被冻死。

"阿凡提，如果你真能这样，我们将输给你两枚金币。"朋友们说道。

"一言为定！"阿凡提说。

当晚，阿凡提带上一本书和蜡烛，到野外度过了一个对他来说是最寒冷的夜晚。

天亮后，阿凡提哈着气、搓着手跑回村里向朋友们索要打赌钱。朋友惊诧地问他："阿凡提，难道你没有用任何取暖的东西吗？"

"没有哇！"阿凡提耸耸肩膀说。

"连一支蜡烛也没点吗？"朋友们又问。

"我是点了一支蜡烛，可我是用它来照明看书的！"阿凡提说。

"蜡烛不仅可以照明，它也有热度，你肯定用它取暖了，这样不能算你赢。"朋友们耍赖道。

阿凡提没有争辩，默默地走了。过了一个月，阿凡提请这几位朋友到家吃饭。可朋友们坐在客厅里等了数小时，肚子饿得咕噜噜直叫，阿凡提还是不端饭来招待。朋友们等得不耐烦了，出去想看个究竟。他们拥进厨房，发现阿凡提架了一口大锅，锅底下点着一支蜡烛正烧着，锅里一点热气都不冒。"阿凡提，用蜡烛能做熟饭吗？"朋友们取笑他说。

"你们说蜡烛有热度，我从一大早就用蜡烛的热度烧饭，可到现在都做不熟，我也感到非常奇怪。"阿凡提回答道。

——阿凡提的故事

面对朋友们的刁难，阿凡提给予了巧妙的回击。我们要像阿凡提一样，面对难题时不急不慌，调动自己的头脑，挖掘自身的智慧，轻松解决难题。

讲故事：《司马光砸缸》

司马光砸缸

司马光是北宋时著名的政治家、文学家和史学家，他从小就喜欢读书，后来他编写的《资治通鉴》更是名扬天下。不过更让人津津乐道的是司马光小时候砸缸的故事。

那时候，小司马光才七岁，但俨然是一副小大人的模样。因为喜欢读书，他懂得的道理比别的小孩多，遇到事情也沉着冷静，一点都不慌乱，能想出好办法来。

一天，司马光和一群小伙伴在后院玩耍，他们追逐打闹，大声叫嚷，好不热闹。院子里有一口大水缸，里面盛满了水。有个孩子突发奇想，踩着水缸边的石头就趴在了水缸沿上，用他的小手去拨水，水扬洒在一些小伙伴身上，那个孩子兴奋极了。

小伙伴们也跟着兴奋地欢笑起来，纷纷跑到缸边，想像那个孩子一样来拨水。孩子们争抢着要上那块石头，结果人太多，那个孩子脚下不稳，身体一下子失去了平衡，“扑通”一声掉到水缸里了。

这个缸又大又深，里面的水也几乎是满满的，孩子在缸里扑腾着，眼看就快没过脑袋了。其他孩子一见都乱了方寸：有的吓得坐在地上又哭又喊，有的急忙跑到前院去找大人求救，有的趴在缸边想用手去抓那个孩子。

这时，司马光却非常冷静，他观察了一下四周，突然想出了一个办法。他找了一块大石头，抱到缸边高高举起，用尽全身力气砸向那个大水缸。只听“咣当”一声，水缸被砸出一个大洞，里面的水从破洞处“哗哗”地流了出来。缸里的水渐渐流干，缸里的小孩得救了，从破洞里爬了出来，害怕得开始大声哭。

后来，有人把这件事画成了图画，司马光砸缸救人的故事就流传开来，变得家喻户晓。

——选自《宋史》

讲故事：《知识的光亮》

知识的光亮

晋平公是一代国君，政绩卓越，学识渊博。在他70岁的时候依然还希望多读点书，多长点知识，总觉得自己所掌握的知识实在是太有限了。可是70岁的人再去学习，困难很多，晋平公有点不自信，于是他去询问他的一位贤臣——师旷。

师旷是一位双目失明的老人，博学多智。晋平公问师旷说："我已经70岁了，可是我还很希望再读些书，又总是没有信心，你觉得是否太晚了呢？"

师旷回答说："您说太晚了，那为什么不把蜡烛点起来呢？"

晋平公不解其意地说："此话怎么讲？"

师旷回答说："我听说，人在少年时代好学，就如同获得了早晨温暖的阳光一样，那太阳越照越亮，时间也久长。人在壮年的时候好学，就好比获得了中午明亮的阳光一样，虽然中午的太阳已走了一半了，可它的力量很强，时间也还有许多。人到老年的时候好学，虽然已日暮，没有了阳光，可他还可以借助蜡烛啊，蜡烛的光亮虽然不怎么明亮，可是只要获得了这点烛光，尽管有限，也总比在黑暗中摸索要好多了吧。"

晋平公恍然大悟，高兴地说："您说得太好了，的确如此！我有信心了。"

是啊，不爱学习的人，即使白天睁着眼，两眼也是一抹黑；只有经常学习，不断增长知识，不论年少年长，学问越多心里才越亮堂，也才能遇事沉稳，更好地处理和解决事情。

——选自刘向《说苑·建本》

知识可以指引我们前进的方向，帮我们累积经验、充实头脑、增长智慧，我们在生活中一定要保持旺盛的求知欲，在任何年龄都不忘学习。

讲故事：《达·芬奇画蛋》

达·芬奇画蛋

400多年前，有个意大利人叫达·芬奇，他是个著名的画家。达·芬奇小时候非常喜欢画画，于是父亲就把他送到了佛罗伦萨，拜著名的画家韦罗基奥为师。

达·芬奇开始学画时，满以为老师能教给他高超的画画技巧，不想老师却先让他画鸡蛋，画了一个，又让画一个。达·芬奇画了一天，就有些不耐烦了，但老师却一直让他画蛋，画了一天又一天。达·芬奇心中满是疑问，也有些厌倦了，画得也不那么认真了。一天，他就问老师："老师，您天天要我画鸡蛋，这不是太简单了吗？"

老师看了看达·芬奇的画布，严肃地说："你以为画鸡蛋很容易，这就错了，在1000个鸡蛋当中，没有两个是形状完全相同的。就是同一个鸡蛋，从不同的角度去看，形状也不一样。每个时刻，太阳的光线也不一样，蛋的投影更是千差万别。我让你画鸡蛋，就是要训练你的眼力和画画技巧，使你能看得准确，画得熟练。你现在年龄还小，打好基础很重要。"

达·芬奇听了老师的话，惭愧地低下了头，看看桌子上的鸡蛋，感觉那些鸡蛋也在嘲笑自己似的。从此，达·芬奇没了怨言，用心画鸡蛋，画了一张又一张，每一张都画了许多形状不同的鸡蛋。

后来，达·芬奇无论画什么，都能画得又快又像。

——选自人教版小学语文二年级下册

不积跬步，无以至千里。我们做任何事都要有耐心和毅力，要坚持不懈、持之以恒。不砌一砖一瓦，难建万丈高楼。

审美胎教

名画欣赏：《婴戏图》

这幅画作是清代画家焦秉贞的作品。焦秉贞是天主教传教士汤若望的门徒，通天文，擅长画肖像。焦秉贞的作品从整体上看多用色浓重艳丽，布局紧凑，细致工整，采用西洋画法来安排布局。其山水、人物、楼观之位置，自近而远，自大而小，不爽毫发。

这是焦秉贞所作《婴戏图》中的其中一幅，描绘了儿童玩耍游戏的情景。画中一群小儿嬉戏打闹，形态各异，整个画境童意盎然，充满欢乐的气氛。细赏此画，能将准妈妈带入一个充满童声童趣的绝美意境中，相信准妈妈能通过画面走入儿童纯真的世界中，展开对胎宝宝美好的想象，自然与淡泊的画境能令准妈妈心绪宁静，这是对胎宝宝最好的胎教。

名画欣赏：《摇篮》

《摇篮》是法国女画家摩里索（1841—1895年）作于1872年的一部优秀作品。白色纱帐中，宝宝恬静入睡，母亲一边轻摇着摇篮，一边深情地凝视着熟睡的婴儿。画家从母亲的守护与孩子的酣睡中，极具诗意地表现了温馨而博大的母爱。

名画欣赏：《向日葵》

这幅名作的作者是文森特·威廉·梵高，名为《向日葵》，是梵高一生中最重要的艺术作品。

梵高是一位生活在法国的荷兰画家，他个性强烈，人生经历十分坎坷，因此，他的画作有奔放热烈的情绪。

梵高笔下的向日葵不仅仅是植物，还是一首赞美阳光和生命的欢乐颂歌。他以大胆恣肆、坚实有力的笔触，把向日葵的黄色画得极其刺眼，每朵花的花瓣活力飞扬，呼之欲出，犹如燃烧的火焰，那种锋锐劲厉，更接近于画家对自我的表达。

观看这幅画，准妈妈一定为那激动人心的画面效果而感应，心灵为之震颤，激情也喷薄而出。这份情感腹中的胎宝宝也能感受得到，他的感受也同样可以获得升华。

名画欣赏：《还家图》

这幅画作为齐白石所作，画面上路边的平坡上有篱笆一圈，篱笆里有两座低矮的平房，背靠大山，山鹿松林一片，院内一架瓜藤颇有农舍气氛。一位老者身穿黄色长袍，手执竹竿走向院子，篱笆上的两扇柴门全开，一个儿童头戴高帽身穿红衣，正过来迎接老者。整个画面温馨和谐，给人以家的感觉。

家是我们生活的乐园，也是我们避风的港湾；家是一个充满亲情的地方，无论什么时候，无论在什么地方，只要一想到家，就会有一种亲情感回荡在心头，让人觉得温暖又安全。

胎宝宝就要到来了，准爸爸准妈妈已经为他准备了一个温暖的家，等待胎宝宝的到来，胎宝宝也一定能感觉到这份等待，快乐健康地成长。

名画欣赏：《鸢尾花》

这幅古典油画《鸢尾花》是由荷兰著名画家、野兽派的创始人和主要代表人物文森特·威廉·梵高在1889年5月创作的。

《鸢尾花》是一幅很简单的油画作品，在整幅油画作品中只是简单地描绘了一片的鸢尾花，它们开的是那么欣欣向荣，那么朝气蓬勃。

梵高笔下的鸢尾花，有一种天然本真的生命力，它也代表了画家本人对生命的一种期许。

细细品味中，鼻间处仿佛飘过淡淡的花香，蓝紫色的色调把准妈妈带入了一个梦幻的世界，身边的鸢尾花蹁跹飞舞着，美丽、光芒、生机勃勃……

名画欣赏：《星夜》

《星夜》是梵高在艺术成熟期时的代表作。这幅画中呈现两种线条风格，一是弯曲的长线，一是破碎的短线。二者交互运用，使画面呈现出炫目的奇幻景象。

画面使用强烈对比的色调，村庄是蓝的，与之形成鲜明对比的无疑就是天空中的那金光闪闪的繁星。蓝色的夜空占了画面的大半部分，月亮如同太阳一般发出强烈的光线，与闪烁的十一颗星星共同呈现在夜空，云彩、月亮、星群像漩涡一样展现出炫目的光彩。

在画面下方，整个村庄都在沉睡。一棵棕色的丝柏树略微曲折地站立在画面的左侧，宛如一棵倚靠着墙壁的老人，守护着身前的村庄。村庄中最高的房屋便是一个类似教堂的尖顶建筑，只差一点，它就碰到了那闪烁的繁星。

平静的村落与骚动的天空形成对比，仿佛一种力量和激情抑制不住，要喷薄而出。

这幅充满激情和幻想的画作，能给准妈妈和胎宝宝带来阳光和力量，这份力量和激情将带领准妈妈和胎宝宝战胜孕期的所有困难，共同迎接美丽生活。

电影欣赏：《白兔糖》

看电影容易让人放松心情，舒缓情绪，获得有益的信息，一部好电影还可以提升准妈妈的美学修养。

《白兔糖》是让人感觉很温暖的一部电影，影片以诙谐的情节和演员滑稽的表演、一波三折的剧情，构建了一部“父女”亲情感人至深的轻喜剧。

影片里年轻妈妈说，“与孩子度过的时光，也正是我们的时光”。这句话很值得我们反复玩味和深思，孕育胎宝宝的时光，也是“我们的时光”。有可能这段时光会给准妈妈身体带来颇多不适，给生活带来一些不便，但这也是生命中宝贵又不可或缺的一部分。如果细细体会，感觉一个生命在慢慢地成熟长大，有很多的感动，有时候甚至有要抓住这段时光的冲动，因为它确实过一天就少一天了。

电影欣赏：《孩子的天空》

《孩子的天空》是由陈坤厚导演，陈至恺、周幼婷和童星吴浚恺主演的一部温情电影。影片以70年代的中国台湾为背景，描述年轻美术老师郭云天来到偏远茶乡小学教书，与具有绘画天赋的男孩古阿明产生的师生情。

没有复杂的故事情节，没有深奥的言语，《孩子的天空》这部影片却好像带给了观者整个生命的诠释，一个梦想改变人的整个童年，一颗坚持的心改变整个人，如此真实与朴实。

如何爱宝宝？如何保护宝宝的天性和才能？如何与宝宝相处？如何理解、尊重、帮助宝宝，为宝宝插上梦想的翅膀？似乎不需要用太多的言语去解释，准妈妈看完了定会有自己的感悟。

电影欣赏：《放牛班的春天》

生命是个偶然，我们常常在无意的邂逅中，获得永恒的情感。在一个被命名为“池塘之底”的寄宿学校，一群渴望理解而又桀骜不驯的孩子和一个才华横溢而又不得志的音乐老师马修就这么相遇了。

一所只有高压手段对待学生的学校，一所没有音乐没有歌唱缺乏生机勃勃的学校，让这些本就被视作“问题儿童”的孩子更加像这所学校的外号一样沉入“池塘之底”。善良敦厚的马修老师努力去寻找能够和这些孩子们对话的方式，能与这些孩子们沟通的心灵语言。最终，通过音乐，通过歌唱，马修老师将温情注入这些孩子的心灵，也让这所学校变得温暖而富有希望。

《放牛班的春天》是一部温暖人心的电影，它的情感在平淡中积蓄，在最末处升华，在落幕后令你久久回味，看这部电影会让准妈妈感觉有一股暖流久久回荡在心间，准妈妈和胎宝宝定会被那些关于爱与宽容的故事所感动。

生命中每一次令我们感动的相遇，都会给我们的心灵注入新的温暖和希望，让我们在人生的道路上，充满感恩，满怀希望。

好书欣赏：《芒果街上的小屋》

生活在美国芝加哥拉美移民社区芒果街的女孩埃斯佩朗莎，生就对他人的痛苦具有同情心和对美的感觉力。她用清澈的眼睛打量周围的世界，用诗一样美丽稚嫩的语言讲述成长，讲述沧桑，讲述生命的美好与不易，讲述年轻的热望和梦想……

《芒果街上的小屋》精彩书摘：

1.你永远不能拥有太多的天空。你可以在天空下睡去，醒来又沉醉。在你忧伤的时候，天空给你安慰。可是忧伤太多，天空不够，蝴蝶不够，花儿也不够，大多数美的东西都不够。于是，我们取我们所能取，好好地享用。

2.有一天，我会有我自己的最要好的朋友。一个我可以向她吐露秘密的朋友，一个不用我解释就能听懂我的笑话的朋友。在那之前，我将一直是只红气球，一只底下被拴住的气球。

《芒果街上的小屋》是一本优美纯净的小书，一本“诗小说”，一个关于成长，关于追求现实和精神家园的故事。书中散落的韵脚会敲打到准妈妈微妙的神经，纤细的笔触将牵动起准妈妈久远的记忆。

准妈妈会爱上它，爱上它的简单，它的不故作高深，一眼可以看到它的心，以及记忆深处一小块朴素的青草地。它们会让准妈妈停下来，回望自己走过的路以及自己的内心，这是一本会让准妈妈和胎宝宝感到温暖的书。

好书欣赏：《小王子》

本书的主人公是来自外星球的小王子。书中以一位飞行员作为故事叙述者，讲述了小王子从自己星球出发前往地球的过程中所经历的各种历险。

在童话中，小王子住在B612号小行星上。有一天，他来到了地球，初次登陆，他降落在无边无际的沙漠上，像创世纪的旱地那么凄凉，小王子与飞行员的对话，闪闪烁烁，看似憨直好笑，但实际上阐述了对社会上不同类型的大人的看法和批评，提出了一些发人深思的问题。作者特别借小王子之口赞颂了情谊和友爱，希望人们要发展友情，相互热爱。在作者看来，爱就要像小王子住的星球上的火山一样炽热，爱就要像小王子那样兢兢业业为玫瑰花铲除恶草。

《小王子》精彩书摘：

1.也许世界上也有五千朵和你一模一样的花，但只有你是我独一无二的玫瑰。

2.只有心灵才能洞察一切，最重要的东西，用眼睛是看不见的。

3.成人们对数字情有独钟。如果你为他们介绍一个朋友，他们从不会问你“他的嗓子怎么样？他爱玩什么游戏？他会采集蝴蝶标本嘛？”而是问“他几岁了？有多少个兄弟？体重多少？他的父亲挣多少钱？”他们认为知道了这些，就了解了这个人。

读《小王子》，准妈妈一定会被这种孩子式的看待世界的态度感动，多么天真幼稚、可爱纯洁，它也许能让准妈妈想起自己曾经也是个孩子，简单、无忧无虑，将这份简单又纯净的感觉带给胎宝宝吧，这也是小王子的理想和祝福。

好书欣赏：《追风筝的人》

12岁的阿富汗富家少爷阿米尔与仆人哈桑情同手足，然而在一场风筝比赛后，发生了一件悲惨不堪的事，阿米尔为自己的懦弱感到自责和痛苦，他无法面对哈桑，于是想办法逼走了他，不久，自己也跟随父亲逃亡到美国。

成年后的阿米尔始终无法原谅自己当年对哈桑的背叛，为了赎罪，阿米尔再度踏上暌违二十多年的故乡，希望能为不幸的好友尽最后一点心力，却发现一个惊天谎言，原来哈桑竟是他的手足。

故事残忍而又美丽，作者以温暖细腻的笔法勾勒人性的本质与救赎，读来令人荡气回肠。

《追风筝的人》精彩书摘：

1.许多年过去了，人们说陈年旧事可以被埋葬，然而我终于明白这是错的，因为往事会自行爬上来。

2.我不记得那是何年何月的事情了。我只知道记忆与我同在，将美好的往事完美地浓缩起来，如同一笔浓墨重彩，涂抹在我们那已经变得灰白单调的生活画布上。

这本书文字优美，虽然是一个悲伤的故事，但是在故事中却让读者感到莫名的温暖，或许这就是情感的共鸣。

我们每个人都可能会犯下令人羞愧的错误，即使时间过得再久远，每当往事爬上心头，总是会让人感到不安，然而却不敢碰触。

追风筝的人，他追逐的不仅仅是风筝，还是追寻心里那只飘忽不定的风筝，努力获得内心的无愧与宁静，无论历经多久，只要勇敢面对，放下心中的不安与懦弱，一定能够获得无愧于心的答案。

感受插花的艺术

插花是一项深受人们喜爱的艺术，不仅可以怡情养性，并且插花也是一种隐性胎教。准妈妈平和、宁谧的心绪在插花的过程中传递给胎宝宝，让他从小就懂得热爱生活，善于发现生命之美。

家居花艺不妨随意发挥

只要肯发挥想象力，你也可以是艺术家，家居的花艺布置应该是舒适而随意的。

随手剪下几朵喜爱的花朵，巧花心思摆放一下，就能成为最美丽的花艺装饰品。在一个闲散的周末，你不妨准备些鲜花，开始趣味的插花。如在香槟杯中放入白色鹅卵石，加水，然后在杯口边缘参差地插入三四朵玛格丽特或太阳花，打造一种透明清新的氛围，让你的心情飞扬。

● 树叶、蔬果也可以用于插花

插花艺术可不仅仅限于花，树叶、蔬果也可以成为你很好的插花材料。春天发芽的柳枝，夏天郁郁葱葱的树枝，秋天变红的枫叶、银杏叶，都可以插在花瓶里，为房间增添自然之色。你还可以用颜色鲜艳的蔬果，以你喜欢的方式摆放。插花是一门与插花人的喜好和欣赏风格很有关系的艺术，因此你完全可以根据自己的风格来插出自己的作品来。

练习书法

书法是一门艺术，能提高人的审美感觉。准妈妈学写毛笔字是一种艺术胎教，对自身来说能怡情养性，进而将这种好的影响传达给胎宝宝，一旦练习上，相信你会喜欢这项活动的。如果能坚持每周写，坚持不懈地练习，对身体及性格调整会有益处。

需要准备的工具

毛笔、墨汁：办公用品店有售。

纸张：刚开始练习用宣纸太浪费了，可用学生用的十五格纸，用废报纸也行。

字帖：一本好字帖对于初学者非常重要，最好从真书（楷、隶、魏碑等）入手，行草比较难，不宜先行练习。

几本适合临摹的好字帖：

楷书：颜真卿的《颜勤礼碑》《多宝塔感应碑》《麻姑仙坛记》，柳公权的《玄秘塔碑》《神策军碑》，欧阳询的《九成宫醴泉铭》等。

隶书：《史晨碑》《张迁碑》等。

魏碑：《郑文公碑》等。

怎样开始写毛笔字

❶ 从笔画开始练起，再循序渐进，穿插带笔画的字进行练习，如“三、王”练横画，练熟后可以临古诗帖。

❷ 不练笔画，可以直接从练字开始，主要方法有：

描红：在勾勒出的字框内填写笔画，一般书店都有售。

摹临：在前人的法帖上覆上白纸临摹。

临摹：参照前人的法帖进行临摹。

背临：先学习消化前人的法帖，然后不看法帖完成书写。

趣味胎教

画一画宝宝的样子

从胎教的角度来看，准父母的想象非同小可，它能通过意念构成胎教的重要因素，转化渗透在胎宝宝的身心感受之中，影响他的成长过程。

准爸爸准妈妈此时可以互相想象一下胎宝宝以后的样子。可以想一想胎宝宝会长着什么样的鼻子、嘴巴，可以讨论一下胎宝宝会有多健康、多聪明，如果能动笔画一画那就再好不过了。画与说的过程中不仅能够将自己的意念传递给胎宝宝，与宝贝做第一次的互动，还能留作胎宝宝出生以后的一份生日礼物。

准爸爸准妈妈要尽可能想象一切美好、健康、积极的因素，用自己的意念塑造一下理想中的胎宝宝，要相信，父母和胎宝宝是心有灵犀的，美好的意念能让胎宝宝长得更完美。

动动脑筋来推理

5个人来自不同地方，住不同房子，养不同动物，从事不同职业，喝不同饮料，喜欢不同食物。根据以下线索确定谁是养猫的人。

1.红房子在蓝房子的右边，白房子的左边（不一定紧邻）。

2.黄房子的主人来自香港，并且他的房子不在最左边。

3.爱吃比萨的人住在爱喝矿泉水的人的隔壁。

4.来自北京的人爱喝茅台，住在来自上海的人的隔壁。

5.做证券分析师的人住在养马人的右边隔壁。

6.爱喝啤酒的人也爱吃鸡。

7.绿房子的人养狗。

8.爱吃面条的人住在养蛇人的隔壁。

9.来自天津的人的邻居（紧邻）一个爱吃牛肉，另一个来自成都。

10.养鱼的人住在最右边的房子里。

11.做平面设计师的人住在做证券分析师的人和做网络工程师的人的中间（紧邻）。

12.红房子的人爱喝茶。

13.爱喝葡萄酒的人住在爱吃豆腐的人的右边隔壁。

14.做建筑工程师的人既不住在做通信工程师的人的隔壁，也不与来自上海的人相邻。

15.来自上海的人住在左数第二间房子里。

16.爱喝矿泉水的人住在最中间的房子里。

17.爱吃面条的人也爱喝葡萄酒。

18.做网络工程师的人比做证券分析师的人住得靠右。

（答案：养猫的人来自北京）

简笔画毛毛虫与蝴蝶

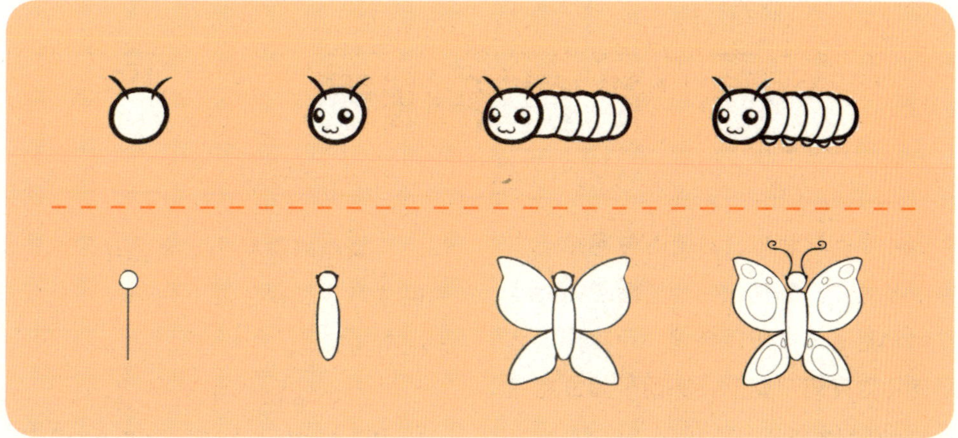

所有的毛毛虫都会变成蝴蝶吗？其实不是，我们所说的毛毛虫通常是指鳞翅目昆虫的幼虫，但鳞翅目昆虫分成两大类，一类是蛾子，另一类就蝴蝶，也就是说，所有的毛毛虫将来有可能变成蝴蝶或者是蛾子。

每一只美丽蝴蝶都有一段“毛毛虫”时光，蝴蝶变美丽之前会经过四个阶段：卵、幼虫（毛毛虫）、蛹、成虫期，这四个时期又称为“完全变态”。一只毛毛虫在经过“完全变态”后，终于变成人见人爱的美丽花蝴蝶时，我们称为蜕变。

其实，孕育也何尝不是毛毛虫化蝶的过程，学习一下毛毛虫和蝴蝶的画法吧，用心感受一下宝宝的蜕变。

水培植物

我们的生活中到处充满了生命力，各种水果的种子、根茎植物都可以发芽，红薯、胡萝卜、白萝卜以及白菜根等不用土也可以养成郁郁葱葱的小盆栽！准妈妈来试试看吧，生活的小乐子就是这样来的。

● 水培蔷薇

材料：蔷薇枝条1根。

容器：养水仙花的盆、碗、玻璃杯、矿泉水瓶等都可以拿来使用。

方法：将蔷薇枝条的一端泡在水里，上面摆些雨花石，摆在温暖、阳光充沛的地方就可以了，平时水少时及时添些水就好。1~2周后，水中节点处就会有细弱的根冒出，慢慢地白色的根须会长出来，水上部分的叶子也会一片片地伸展开来，一个月左右，便是枝繁叶茂的一大片绿色了，能给房间平添一份娴静优雅的韵味。

除了蔷薇，红薯、生菜、白菜等菜根，荔枝、桂圆等水果的果核都可以种植，准妈妈多花点心思，就可以让绿意装点出更美丽的心情了。

简易手指画

手指画对色彩感知、右脑图像思维能力的锻炼十分有益。鲜艳色彩的情感魅力能有效激发你和胎宝宝的积极情绪，手指画的艺术效果会让你充满成就感，有助于建立胎宝宝自信与乐观的天性。

手指画所需要的工具和材料都非常简单，专用手指画颜料，加上纸和笔，最好配上工作罩衫和袖套就行了，这种绘画方式简单好玩，特别容易上手，不用学复杂的绘画技法。

所需的材料是专用手指画颜料（在各大网上商城和儿童玩具店可以买到）、纸、笔。手指画的颜料一定要选择安全无毒的，气味浓烈的颜料要避免使用，以免对胎宝宝产生不利影响。

可爱小动物手指画技法：

1.同样的方法在纸上按下手指印。

2.发挥想象力，用笔在手指印上画出各种可爱小动物形象。

漫画人物手指画技法：

1.手指沾上喜欢的颜色，在纸上按下手指印。

2.用笔在手指印上勾勒出各种人物表情。

去公园或者大自然里游玩

在我们生存的这片土地上，不管是神奇辽阔的草原，挺拔峻峭的高山，还是幽静神秘的峡谷，惊涛拍岸的河海，无不开阔着我们的胸襟，启迪着我们的思考，给我们以希望。准妈妈在大自然中感受到这一切，这种感受传递给胎宝宝，使得胎宝宝也能受到大自然的陶冶。

早上起床后，如果天气不错，不妨到有树林或者草地的地方去散散步，走一走，感受一下大自然带来的清新的气息，呼吸一下新鲜的空气。

大自然的色彩和风貌对促进胎宝宝大脑发育是十分重要的。准妈妈漫步在大自然的美景中时，可以把内心的感受描述给腹内的胎宝宝，如：深蓝色的白云、翩翩起舞的蝴蝶、歌声悦耳的小鸟，以及沁人肺腑的花香，等等。胎宝宝都可以通过与准妈妈的“心灵感应”体会这种美的感受。同时，准妈妈还可以跟胎宝宝讲一讲自己看到的是什么，它们是什么样子，比如花儿会有五彩斑斓的颜色，树上的鸟叫什么名字等。通过准妈妈的感受和描述，胎宝宝可以更好地和准妈妈一起体会大自然的美好。

生活小常识

准妈妈在外出时，要记得多带一件宽松的衣服，在需要的时候可以保暖。另外，准妈妈不要过劳，走走停停是很好的，能得到充分的休息。

猜谜语

即使没有出生，胎宝宝的神经系统也在不断发展与完善，准妈妈一定要勤于动脑，如果准妈妈在孕期始终保持着旺盛的求知欲，则可使胎宝宝不断接受刺激，促进他的大脑神经和细胞的发育。

准妈妈可以和准爸爸一起玩猜谜语游戏，也可以自己出题，让准爸爸猜，这样更有趣：

1. 白嫩小宝宝，洗澡吹泡泡，洗洗身体小，再洗不见了。(打一物)
2. 一个老头，不跑不走；请他睡觉，他就摇头。(打一物)
3. 白胖娃娃泥里藏，腰身细细心眼多。(打一植物)
4. 脱了红袍子，是个白胖子；去了白胖子，是个黑圆子。（打一植物）
5. 身穿大皮袄，野草吃个饱，过了严冬天，献出一身毛。(打一动物)
6. 会飞不是鸟，像鼠不是鼠。白天躲暗处，夜晚捉害虫。（打一动物）
7. 来到屋里，赶也赶不走，时间一到，不赶就会走。(打一自然现象)
8. 从一算起（打一成语）
9. 哪种动物最没有方向感?
10. 一个人被老虎穷追不舍，突然前面有一条大河，他不会游泳，但他却过去了，为什么?

谜底：

1. 香皂。
2. 不倒翁。
3. 藕。
4. 荔枝。
5. 绵羊。
6. 蝙蝠。
7. 太阳光。
8. 接二连三。
9. 麋鹿（迷路）。
10. 昏过去了。

下棋

胎宝宝的大脑正在形成，他的脑部发育非常迅速，这是对他进行适当的脑部刺激的好机会。准妈妈多动动脑，玩益智游戏，下下棋，都可以帮宝宝开发他的潜能。

下棋是一种有益的智力运动，在不断提出和解决问题的过程中，能使得大脑得到良好的锻炼，是培养思维能力的高雅运动，因此，下棋也被人们形象地称为“智慧体操”。

准爸爸一般都喜欢下棋，现在可以多找机会与准妈妈下棋，至于下哪种棋则可根据准妈妈的喜好选择，围棋可以，象棋也不错，跳棋、五子棋等也是可行的选择。

准爸爸一般都对下棋有更多的兴趣，更了解下棋的规则和战术。因此准爸爸要掌握和准妈妈下棋的技巧，不要让准妈妈赢得轻松，也不能让准妈妈输得难堪。

七巧拼板

七巧拼板是由一种古代家具演变来的。宋朝有个叫黄伯思的人，他热情好客，发明了一种用6张小桌子组成的请客吃饭的桌子，后来为了用餐时人人方便，气氛更好，有人把它改进为7张桌，可根据吃饭人数的不同，把桌子拼成不同的形状，比如3人拼成三角形，4人拼成四方形等，后来演变成一种拼图玩具，由于巧妙好玩，人们叫它“七巧板”。

无论在现代或古代，七巧板都是启发孩子智力的好伙伴，能够培养宝宝的观察力、想象力，以及形状分析和创意逻辑上的能力，还可引导宝宝辨认颜色，领悟图形的分割与合成，增强耐性。准妈妈玩七巧拼板也有助于开发胎宝宝的智力。

七巧拼板里的无穷变化：

1. 拼几何图形，如三角形、平行四边形、不规则的多角形等。
2. 拼各种人物形象或者动物，如猫、狗、猪、马等，还可以拼桥、房子、塔，或中、英文字符号。
3. 说故事，将数十幅七巧板图片连成一幅幅连贯的图画，再根据图画内容说给胎宝宝听，如先拼出数只猫、几只狗、一间屋，再以猫和狗为主角给胎宝宝讲述一个动人的故事。

手指童谣

手指活动也有利于促进胎宝宝的健康发育，准妈妈不妨与准爸爸一起玩一玩可爱的手指游戏。

一个手指点点点（伸出一个手指轻点肚皮，也可以轻点准妈妈的头部）。

两个手指敲敲敲（伸出两只手指在肚皮上或准妈妈身上轻敲）。

三个手指捏捏捏（伸出三只手指在准妈妈身上轻捏）。

四个手指挠挠挠（伸出四只手指在肚皮上轻挠）。

五个手指拍拍拍（两个手对拍）。

五个兄弟爬上山（从肚皮底下或准妈妈身上做爬山状爬上来）。

叽里咕噜滚下来（双手翻滚着滑下去）。

小手摊开，咱们来包饺子吧（伸出左手手掌）。

擀擀皮（右手在左手上做擀皮状）。

和面和面（右手手指立起在左手手掌上做和馅的动作，就像手指在抓挠）。

包个小饺子（说一个字，用右手食指依次点着左手的手指）。

香喷喷的饺子给谁吃（用右手把左手指包起来，盖住，问肚子里的胎宝宝）。

饺子送给胎宝宝吃（把手放到肚皮前）。

饺子送给准爸爸吃（把手放在准爸爸面前）。

怀孕·胎教·百科

绕口令

一只青蛙一张嘴

一只青蛙一张嘴，两只眼睛四条腿，扑通一声跳下水。

两只青哇两张嘴，四只眼睛八条腿，扑通、扑通跳下水。

三只青蛙三张嘴，六只眼睛十二条腿，扑通、扑通、扑通跳下水。

…… ……

就是这样，一只接着一只说下去，相信你有胎宝宝的帮助一定会赢准爸爸的。

板凳谣

板凳板凳歪歪，上面坐着乖乖；

乖乖出来踢球，上面坐着小猴；

小猴出来赛跑，上面坐着熊猫；

熊猫出来拔河，上面坐着白鹅；

白鹅参加啦啦队，大家来开运动会。

好玩的绕口令可不光是为了练练嘴皮子，更多的是考验准妈妈的速算能力以及记忆能力，像青蛙的绕口令，最初几只青蛙应该是不在话下的，但多了可能就绕不过来了。板凳谣是小动物们的集合，如果脱稿念，就要考验准妈妈的速记能力啦，是不是很有趣？叫上准爸爸一起参与吧，一定很讨胎宝宝喜欢。

手工胎教

折个“东南西北”来玩

还记得吗？“东南西北”这个折纸也是一个好玩的游戏，这个“东南西北”有着神奇的力量：它能提出一些要求，让对方无条件地去做。

想折一个“东南西北”，然后将你想要对方做的要求写上去，然后和准爸爸一起来重温儿时的回忆吧。

东南西北的折法

①准备一张正方形的纸。

②对角折好，压痕。

③打开后，另外一边也同样对折，压痕。

④把四个角分别对准中心折好。

⑤把折好的正方形翻过来。

⑥重复上一步的做法，再把各角向中心折好。

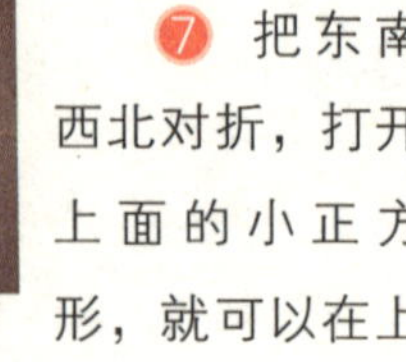

⑦把东南西北对折，打开上面的小正方形，就可以在上面写字了。

⑧完成。

写些什么呢

在折好的“东南西北”四面分别标上东南西北四个字，在里层的八个面分别写上有趣的表示各种要求的词，这些要求代表你想要对方做的一些事情，比如：

胎教东南西北：内容可以包括说故事，唱儿歌，深情地对胎宝宝说爱你，等等。

点心东南西北：将你要吃的东西写上去，可以给自己的加餐增添不少乐趣。

搞笑东南西北：如笑一笑马上又哭，帮对方捶背，学猫叫，学狗叫，等等。

准爸爸准妈妈可以想象胎宝宝想看到的内容，发挥自己的聪明才智来提要求，一定会收获不一样的乐趣。

● 玩的规则

玩法很简单，先选择方向，再要求开合若干次，准妈妈拿着搞笑东南西北，问准爸爸：你要哪个方向，动多少次。如果准爸爸要东面动十二次，你一张一合动十二次后停下，看看标注着“东”内的要求是什么，然后让准爸爸照做。当然，准爸爸也可以向你提要求，玩到最后一定会十分开心。

叠幸运星

叠幸运星不但可以帮助准妈妈充实孕期生活，让孕期变得丰富多彩，更重要的是，这是一件特别有意义的事情。幸运星是爱的寄语，通过自己的双手为胎宝宝叠一罐幸运星，胎宝宝会感受到这份幸运和祝福。

● 材料

1 彩色长条纸一张。可以用礼物包装纸等代替，纸张不要太薄，不然做出的效果会不够。

2 准备一把剪刀。

● 手工步骤

1 用指头弯曲纸条一端，做一个结，然后将另一端穿过，轻轻地拉平成五边形。

2 剪掉较短的一端，使之与一边平齐，压平，然后将较长的一端沿着一边以正确的角度折回，翻转后继续沿着一边折叠，依样折至纸张尽头。

3 把多出来的部分穿进纸缝，用指头轻轻地挤压五个边，让星星鼓起来，完工。

开始折之前可以试着在纸上写下想对胎宝宝说的话，完成之后放在一个漂亮的透明玻璃瓶里，每天可以和胎宝宝说说自己今天折了多少，这对胎宝宝出生以后也是一份很好的纪念礼物。

纸折千纸鹤

纸折千纸鹤是人们寄托感情的一种经典方式，准妈妈如果想要表达对胎宝宝的热爱之情，或者对亲朋好友的思念之情，也都可以试试纸折千纸鹤。

1 正方形纸沿折线对折，横折一次，竖折一次，对角各折一次，这样留下一个“米”字形的折痕。

2 再对折,沿着折痕叠成如图所示的状态，用手按下，是一个正方形。

3 打开袋子并压平。

4 翻面，再打开另一个袋子，两边折向中间。

5 沿中缝对折，如图所示。

6 同样的方法折反面，折成菱形。

7 将盖子折下，往上拉开，全部打开还原，利用制造出来的折痕将上面一片往上拉开。

8 将两个三角形均抻开向上对折，使底部的两个角（原来的分叉的三角形）掀进去，让三角形的顶部从上边左右各露出来一点，再把底下的两层三角形打开。

9 拉开过程中将两边折向中间，对齐中间压平、翻转，对齐中间折、翻转，再对齐中间折。

10 头及尾巴向内从中折，头部再向内从中折出嘴部，翅膀向两旁拉开，出现了纸鹤的模样，再折出头部，最后将一端露出的小三角形的顶角向下折，使得三角形尖（头部）向下，纸鹤完成。

做布书

布书有近100年的历史了，最近20余年在发达国家非常普及，并受到婴幼儿教育专家的广泛推崇，被公认为“小宝宝最好的软性益智读物”。准妈妈现在就可以着手制作一本布书，可以作为未来宝宝一件非常不错的礼物，并且准妈妈做做手工，动动手，动动脑，不但能让自己身心愉悦，还可使胎宝宝不断接受刺激，促进大脑发育。

● 准备材料

各种色彩的棉布、贴画、剪刀、胶水、针线（最好包括各种彩色的线）、签字笔、纸（普通A4纸即可，不要太小）、铅笔。

● 制作步骤

1 确定一个题材。讲一个故事，展示一些漂亮可爱的图片，写下一段想对胎宝宝说的话，这些都不错。

2 将几块棉布剪裁成书本的大小，缝制成书本。

3 在纸上用铅笔勾勒出布书的草图，如小树、小花、小草、小动物等。

4 将棉布按照纸样裁剪成草图，再把剪好的棉布图案放在棉布书上，对齐压平后沿着四周与棉布缝在一起。如果觉得缝制太麻烦，也可以将素材用胶水粘贴上去。

布书最好用棉布缝制，不要用化纤的布料，那样会产生静电，沾染灰尘，将来宝宝玩的时候，有可能导致宝宝尘埃过敏。

做小玩具

在我们日常生活中，有很多用过的东西都当成废品扔掉，这是很可惜的，如纸盒、小瓶、小桶、瓶盖、蛋壳，等等，但这些东西对于孩子颇有吸引力。

聪明的准爸爸妈妈不妨自己动手，利用家里的废弃物品给胎宝宝制作小玩具，这样既节约了玩具花费，制作的过程又加深了亲子间的交流。

● 纸盒玩具

用各种不同形状、不同大小的纸盒经过剪、粘、画等方面可以做成床、衣柜、桌子、凳子、沙发及家用电器，如电视机、电冰箱等。胎宝宝出生后可以借助它们玩“过家家”的游戏。

利用长纸盒和圆纸片制作各种车辆、楼房，用纸筒做各种动物，利用圆柱形纸盒将两头切去一半做小篷船，用大纸盒和小纸盒组合粘成机器人，在各种形状纸盒下面加上纸穗儿可以做灯笼，等等。

● 塑料瓶、瓶盖及蛋壳玩具

将大塑料瓶切去一半，下段可以做小桶，上段做漏斗，可以玩水、玩沙。从瓶底部切开，留出提梁，其他部分剪成细条，瓶口处四周扎出眼，将每条都拉下来插进小口，这样就做成了花篮；用瓶盖串成一圈可做成手铃。

将蛋壳洗净，做动物身体，再用彩纸、黑纸剪贴可以做成熊猫、金鱼、大公鸡、小白兔、小老鼠等，好玩极了。

做闪光卡片

闪光卡片就是用色彩笔写上字母、文字、数字的纸片，制作卡片时，因为在色彩上很醒目，因此我们将它称作闪光卡片。闪光卡片可以帮助准妈妈强化意念和集中注意力，并让准妈妈获得明确的视觉感，从而获得比较好的胎教效果。

● 准备材料

1. 选择一些稍大点的白纸，将白纸裁成若干等大的正方形，大小可随意，但不要太小，最好宽15厘米以上。

2. 准备一些彩色笔，可选择那些线条稍微粗一些的，另外还要准备一支钢笔或黑色签字笔。

● 制作步骤

1. 把纸裁剪成等大的正方形。

2. 在卡片上用铅笔写下想要教胎宝宝的内容，可以是数字以及用这些数字进行加法、减法、乘法、除法算式等，也可以是字母或者文字图画。

3. 钢笔或者黑色签字笔定形、勾边，使胎教内容的边缘具有醒目和有利于区别的作用。

4. 用彩色笔美化、描边。

在制作卡片的时候，准爸爸要考虑颜色搭配，最好主题用比较显眼的色彩，周围的色调可以是自然色。在进行胎教的过程中，这可以强化准妈妈的意念和集中注意力，并促使准妈妈获得明确的视觉感。

人对图画和照片这样更为形象的信息，比对字母、数字、汉字等抽象信息更具有偏向性，胎教和早教时应该顺应这样的规律，多用带颜色的图画或照片来辅助。

捏泥娃娃

● 手工制作步骤：

❶ 用黑色的橡皮泥捏出娃娃的头发、眉毛、耳朵、圆圆的小眼睛和嘴巴。

❷ 用肉色的橡皮泥搓一个小圆球做娃娃的头部，然后粘上头发、眉毛、耳朵、眼睛和嘴巴。

❸ 用红色的橡皮泥搓一个大一些的圆球做娃娃的身体部分，将上面搓尖。

❹ 在身体尖的部分插上火柴棒或者是牙签，然后将头部插上固定住。

❺ 稍作调整，安装完成。

烘焙爱心蛋糕

胎宝宝出生时，爸爸妈妈想不想试着为他做一个生日蛋糕呢，那么，来学做一款美味的爱心蛋糕吧。

● 制作工具

烤箱、手工打蛋器、八寸（20厘米）蛋糕模（可用能耐高温的类似盆具代替）。

● 材料

面粉适量，酸奶200毫升，鸡蛋4个，黄油50克，白醋少许，白糖3大匙。

● 做法

❶ 将黄油隔水融化（装黄油的容器放在水中），加入酸奶，用手工打蛋器搅拌均匀。

❷ 将鸡蛋磕破一个小孔，蛋清均倒入一个空容器中，留蛋黄在壳内。

❸ 放入一个蛋黄到酸奶黄油中，搅拌均匀，再放入第二个，拌匀，依次放入所有的蛋黄。

❹ 将面粉倒入蛋黄糊中，翻拌均匀。（不要转圈搅拌，而应像炒菜一样翻拌）。

❺ 烤箱预热，温度设定在165~170℃，用一个烤盘装上开水放在烤箱最下层，倒数第二层放烤网。

❻ 蛋清中加几滴白醋，用手工打蛋器低速打出粗泡沫，加入一大匙白糖，低速打

20秒左右后，加入第二大匙白糖，中速打20秒左右，再加入第大匙白糖，高速打20秒左右，换成中速一直打到硬性发泡（用打蛋器头舀起蛋清糊，有三角瓦片状出现即可）。

⑦ 将打好的蛋清糊舀起1/3放入蛋黄糊中拌匀，再将蛋黄糊全部倒入蛋清糊中，翻拌（不是转圈搅拌）均匀。

⑧ 将拌好的蛋黄糊倒入八寸蛋糕模中，放入烤烤网上，烤制60分钟就好了。

如果放入烤箱前，蛋黄糊中有大气泡，可稍微抬起蛋糕模具，摔落台面两次，就可以震破气泡了。

立体拼图

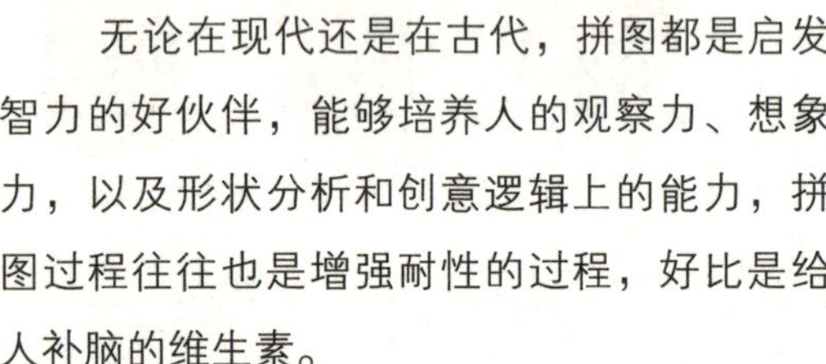

无论在现代还是在古代，拼图都是启发智力的好伙伴，能够培养人的观察力、想象力，以及形状分析和创意逻辑上的能力，拼图过程往往也是增强耐性的过程，好比是给人补脑的维生素。

在一定的时间里，将一堆十分混乱、毫无头绪的图块，拼组成固定的、一块都不能错的美丽图案，要调动敏锐的观察力和相当的耐心才能完成，在相互无关的画片中，寻找能够连接的结合点，对培养思维能力是非常好的锻炼。

玩一玩立体拼图

传统的拼图大多是平面拼图，立体拼图是在平面拼图的基础上延展开的拼图，趣味性和难度都大大增加，令人百玩不厌。

与平面拼图一样，立体拼图有很多题材可以选择。如果准妈妈钟情公主风，那么可以选择美丽的庄园、可爱的白雪公主与小矮人这样的拼图；如果准妈妈是地理控，地球仪、世界知名建筑这类的拼图是不错的选择；当然，童心未泯的准妈妈还会喜欢足球、笔筒，甚至小小钥匙链这样好玩的拼图的。

告诉胎宝宝自己的想法

在做拼图时，准妈妈会有许许多多思路和想法，还有很多美丽画面，不要吝啬自己的语言，将它们一一讲给胎宝宝听，这就好比讲述一个动人的故事，这能锻炼胎宝宝的语言能力，启迪智慧。

闲暇的时候，准妈妈不妨在自己的脑海里做一做记忆拼图，一本相册，一张照片，一个日记本，一篇日志，它们都是生活拼图中的一小片，然而将它放在专属的地方，拼凑起来的却不仅仅是一个画面，而是一个故事，一段回忆，一缕温情。

做树叶书签

在漫步林荫小道时，捡起几片树叶去做植物标本书签也是不错的，这样不但可以留下一点秋天的印记，还可以给胎宝宝看各种各样的植物。

秋叶

将捡来的树叶用餐巾纸把水分吸干，然后夹在字典或书中就可以了。如果树叶比较潮湿，可以在叶片上下垫上吸水纸，再夹入字典或书中，也可存放在通风干燥处，避免虫蛀、霉变。

将干燥的树叶标本拼成各种各样的图案后，塑封好就是一份漂亮的礼物，宝宝将来一定很喜欢。

纸青蛙

还记得小时候折的纸青蛙吗？折好的纸青蛙，轻轻按住屁股，然后放开，就会跳出去，准妈妈可以和准爸爸一起多折几只，然后进行一场比赛，看哪只青蛙跳得更远。

● 纸青蛙制作步骤：

① 不带颜色的一面朝上，向左对齐折。

② 向下对边折。

③ 第1、2层向上对边折。

④ 展开后，将上半部对角折，压出折痕。

⑤ 按照折痕双三角形折，下半部向上对折。

⑥ 左右对折，压出折痕。

⑦ 除上部上层三角形外，下层均向中心线折。

⑧ 将三角形两侧向上折，形成前肢，下半部向上对折。

⑨ 将两角向下折，压出折痕。

⑩ 将下半部打开后按照折痕向两侧压折。

⑪ 将两侧角向下折。

⑫ 将两角向外折成后肢。

⑬ 将下部向上折。

⑭ 取中心线，再向下折。

⑮ 背面朝上，画上眼睛，一只小青蛙就折成啦。

折纸是一个手脑并用的过程，并且充满想象力和创造力，准妈妈折纸对促进胎宝宝大脑发育有着很重要的作用。

Part 5

坐月子与新生儿护理

新妈妈这样坐月子

新妈妈的身体恢复

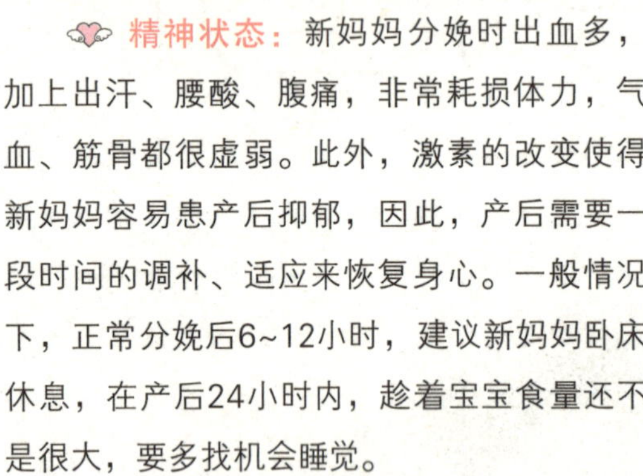

产后第1天

精神状态：新妈妈分娩时出血多，加上出汗、腰酸、腹痛，非常耗损体力，气血、筋骨都很虚弱。此外，激素的改变使得新妈妈容易患产后抑郁，因此，产后需要一段时间的调补、适应来恢复身心。一般情况下，正常分娩后6~12小时，建议新妈妈卧床休息，在产后24小时内，趁着宝宝食量还不是很大，要多找机会睡觉。

体温状况：新妈妈体温多数在正常范围内，若产程延长致使过度疲劳，在产后最初24小时内体温可能略升高，一般不超过38℃，如果新妈妈不哺乳，产后3～4天因乳房血管、淋巴管极度充盈发热，体温可达38.5～39℃，一般仅持续数小时，最多不超过12小时，这是正常现象。

血压状况：一般新妈妈的血压在产褥期平稳，变化不大，患妊娠高血压综合征的新妈妈，在产后血压多有较明显降低。由于子宫胎盘循环停止及卧床休息等因素，新妈妈产后脉搏略缓慢，1周后基本可以恢复正常，不属病态。

宫缩疼痛状况：分娩第一天，子宫就开始下降，子宫大约在产后10天降入骨盆腔内，产后初期，新妈妈会因为持续的宫缩而引起下腹部阵发性疼痛，这叫做“产后宫缩痛”，一般在2~3天后会自然消失。

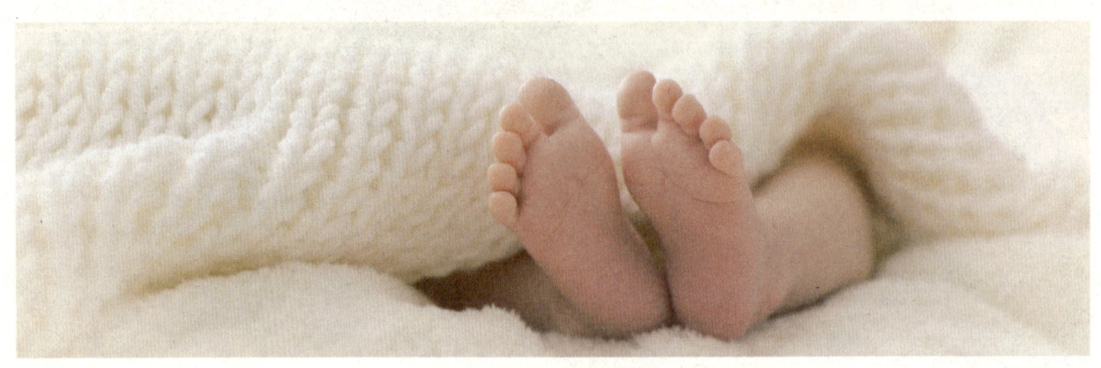

产后出血状况：一般来说，产后1小时左右，新妈妈会出很多血，这是子宫里未排净的余血、黏液和其他组织，此后，血量会逐渐减少。若24小时内阴道出血量达到或超过500毫升，则要特别引起注意，通知医生，查明原因，及时处理。

尿便情况：产后排出尿便非常重要，它们在体内滞留不利身体恢复，严重时还会引起伤口感染、产后出血等。正常情况下，顺产后2～4小时新妈妈就会排尿，产后12～24小时排尿会大为增加。如果4小时后仍没有排尿，建议新妈妈及时找医生就诊，以免发生尿液滞留。

剖宫产妈妈：剖宫产后头6小时内，新妈妈应卧床休息，同时及早哺乳，以促进子宫收缩，减少子宫出血，使伤口尽快复原，麻药劲过了以后，腹部伤口会疼痛，可以请医生开些处方药，或者可以使用镇痛泵缓解痛苦。

产后第1周

体重：分娩后不久，由于胎儿、胎盘、羊水等被排出体外，新妈妈的体重会减少5千克左右。

子宫：怀孕时膨胀的子宫在产后需要慢慢恢复到孕前的状态。在产后第1周，子宫回位、收缩都比较迅速。一般产后1周，子宫位置就会从肚脐处下降到耻骨的位置，大小也缩得和一只拳头差不多。

精神：新妈妈在生产时耗费了大量体力，在产后1周内，大多数时候会觉得倦怠，需要多多卧床休息。注意，随着分娩的结束，新妈妈体内的激素分泌会发生急剧变化，部分新妈妈可能因为激素分泌变化而导致情绪大起大落，因此要注意调试自身的情绪，避免引发产后抑郁症（大多数的产后抑郁都是在这1周出现的）。

恶露：生产后，子宫中的残留物会经由阴道排出体外，形成恶露。产后3～4天的恶露为血性恶露，呈血液颜色，无异味（有血腥味），量较大，但不超过平时的月经量（如果恶露量过大，请及时咨询医生）。血性恶露中有时会有小血块及坏死蜕膜组织，这是正常的。

痛感：新妈妈在生产时用力巨大，会使身体在产后有酸痛感觉，浑身不适。这种感觉一般在分娩2~3天后就会消失。经历了会阴侧切的新妈妈，侧切伤口的疼痛感会在分娩4~5天后逐渐消退。如果疼痛让你难以忍受，就告诉医生，医生会为你想一些办法。总之，产后无论出现什么情况，都要努力寻求解决方法。

产后第2周

体重：随着恶露的排除以及尿量的增加、出汗和母乳分泌等因素，新妈妈的体重还会有一定的下降，具体减重量因人而异。

子宫：新妈妈的子宫位置在继续下降，并逐渐下降回盆腔中，子宫本身也在变小，大约缩小至棒球大小。

精神：虽然新妈妈的身体还没有完全恢复，但却要开始规律地为宝宝哺乳。每天昼夜不停的哺乳工作，会极大地影响新妈妈的休息，所以新妈妈在第2周会比较劳累。家人应多分担并协助新妈妈照料小宝宝。

恶露：进入产后第二周，新妈妈的恶露量会逐渐变少，颜色也有鲜红色逐渐变浅为浅红色直至咖啡色。恶露中的血液量减少，浆液增加，也叫浆液恶露（一般发生于产后5～10天）。如果本周新妈妈排出的恶露仍然为血性，并且量多，伴有恶臭味，请及时咨询医生。

产后第3周

子宫：子宫继续收缩中，子宫的位置已经完全进入盆腔里，在外面用手已经摸不到了。不过，宫颈口还没有完全闭合，所以新妈妈仍需要注意阴部的卫生。

精神：现在新妈妈的精神已经好很多了。经过两周的哺育实践，大多数新妈妈逐渐熟悉了喂养宝宝的规律，能及时调整自己的作息时间，尽量同宝宝保持步调一致，从而避免太过劳累。所以在这一周，新妈妈精神欠佳的状况会有所改善。

恶露：进入产后第三周，大多数新妈妈的浆液恶露会逐渐变成白色恶露。恶露呈白色或黄色，比较黏稠，类似白带，但量比白带大。恶露中的浆液逐渐减少，白细胞增多，并有大量坏死组织蜕膜、表皮细胞等。偶尔恶露中还会带少量血丝，这是正常的，不必太过担忧，继续观察即可。

产后第4周

子宫：子宫的体积、功能仍然在恢复中，只是新妈妈对此已经没有感觉。一般来说，子宫颈在本周会完全恢复至正常大小。同时，随着子宫的逐渐恢复，新的子宫内膜也在逐渐生长。如果本周新妈妈仍有出血状况，很可能是子宫恢复不良，需要咨询医生。

精神：新妈妈在哺喂宝宝、与宝宝的不断接触中，彼此间的感情越来越深厚，加上身体恢复良好，新妈妈这时候心情愉悦、精神饱满。

恶露：大多数新妈妈的恶露此时已经排干净，开始出现正常的阴道分泌物——正常颜色的白带。不过，恶露持续的时间与新妈妈的体质相关，也有一些新妈妈在本周仍会排出黄色、白色恶露。一般来说，剖腹产的妈妈，恶露的结束时间相对更早。

产后第5~6周

子宫：产后第6周，宫颈口已经恢复闭合到产前程度，理论上来说，本周之后新妈妈已经可以恢复性生活了。

月经：有些不进行母乳喂养的新妈妈，可能在产后第6周已经恢复月经。母乳喂养的新妈妈一般月经恢复要较迟一些。研究资料显示，40%进行人工喂养的新妈妈在产后6周恢复排卵，而大多数母乳喂养的妈妈则通常要到产后18周左右才完全恢复排卵机能，有些甚至到产后1年左右才恢复月经。

妊娠纹：有妊娠纹的新妈妈会发现妊娠纹颜色逐渐变淡了，因为怀孕造成的腹壁松弛状况也逐渐改善。最终，妊娠纹会淡至银白色，不仔细看都不会发现，新妈妈的腹壁肌肉也会完全恢复紧致。

月子里怎样吃

月子饮食遵循稀、软、精、杂的原则

产后新妈妈应少吃多餐，因为这个时候新妈妈的胃肠功能还没有恢复正常，为了不给肠胃加重负担，可以一天吃5～6次，同时，月子饮食还需遵循以下四大原则：

1 稀：多吃含水分多的食物

产后要多补充水分，一是有利于乳汁的分泌，二是因为新妈妈月子期间出汗较多，体表的水分挥发也大于平时。因此，新妈妈饮食中的水分可以多一点，如多喝汤、牛奶、粥等，但不能大量饮水，以免给肠胃造成过重的负担。

2 软：食物要做得细软一些

产后适合吃较软的饭，煮饭时可以稍微煮稀一些，不要吃油炸和坚硬的带壳的食物。因为产后很容易出现牙齿松动的情况，吃过硬的食物不仅对牙齿不好，也不利于消化吸收。

3 精：食物选择要精

产后饮食讲究精、全，而不是一味的多。生完宝宝后你可能食欲会很好，新妈妈可以稍微多吃一些，因为产后恢复需要营养，最主要的是宝宝需要吃新妈妈的奶，你需要分泌大量的乳汁来满足宝宝生长发育的需要，宝宝需要的营养和热量比胎儿期要多得多。如果完全母乳喂养，你比孕期要多摄入30%的饮食量。当乳汁充足时，你吃的东西大多产生乳汁了，你不会发胖的。但有一点要注意，你所选择的食物应该是富含蛋白质、维生素、矿物质、纤维素的食物，而不是多吃巧克力、奶酪、油、带有脂肪的肉类等。吃太多高热量的食物，对产后恢复并没有好处，还容易发胖。

4 杂：食物品种多样化

虽然食物的量无需大增，但食物的质却不可随意。产后你在饮食方面应注重荤素搭配，进食的品种越丰富，营养越均衡，对你的身体恢复就越好。除了明确对身体无益和吃后可能会引起过敏的食物外，荤素菜的品种应尽量丰富多样。

尽量不吃这些食物

在坐月子期间，新妈妈不宜食用以下食物：

1. 不要吃生冷食物。像黄瓜、番茄、生菜、白萝卜这类可以生吃的蔬菜也要加热后再吃。产后新妈妈的身体虚弱，应多吃一些温补食物，以利气血恢复。寒性的西瓜、梨在月子期间最好不要吃，这类食物会影响恶露的排出和淤血的去除，如果是母乳喂养还会引起宝宝腹泻。

2. 不要吃没有完全煮透的半生食品，或是生鲜鱼类、贝类。月子和哺乳期间不能为了美味而冒吃入寄生虫的危险。

3. 不要服用人参，因为人参中含有能使中枢神经系统兴奋的物质，食用后往往会使新妈妈出现失眠、烦躁、心神不宁等一系列症状。

4. 同人参一样，桂圆、黄芪、党参、当归等补血补气的中药最好等产后恶露排出后再吃，否则可能会活血，增加产后出血。桂圆中含有抑制子宫收缩的物质，不利于产后子宫的收缩恢复，不利于产后淤血的排出。

5. 不要吃辛辣食物，如辣椒、胡椒、大蒜、韭菜、茴香等，这些食品易上火，导致便秘，进入乳汁后对宝宝也不利。

6. 不要吃腌渍过的食物，如咸菜、泡菜等。

7. 酸味的食物偶尔吃一点没关系，但不宜多吃，如酸梅、醋、柠檬、葡萄、柚子等。这些酸涩食物会阻滞血行，不利于恶露的排出。

8. 不要吃刺激性食物，如浓茶、咖啡、酒等，这些食物会影响新妈妈的睡眠及肠胃功能，也对宝宝不利。

9. 不要吃麦乳精。麦乳精是以麦芽作为原料生产的，含有麦芽糖和麦芽酚，而麦芽对回奶十分有效，食用过多麦乳精会影响乳汁的分泌。

10. 不要吃味精。产后吃过多味精容易导致宝宝缺锌，建议产后3个月内的营养食谱中最好不要放味精。

不要舍弃水果

水果大多为凉性的，水分多，而产后宜温，因此很多人认为坐月子期间不可以吃水果。其实，水果也分性寒、性热以及性平。一些温热性的水果新妈妈是可以吃的，而且产后适量吃水果对新妈妈好处很多。

水果中含有人体必需的营养素，新妈妈产后的身体康复及乳汁分泌都需要更多的维生素和矿物质，尤其是维生素C具有止血和促进伤口愈合的作用，而水果中就含有大量的维生素C，而且其他特有的营养元素也非常丰富，有利于新妈妈身体的恢复。

同时，新妈妈在月子里容易发生便秘或排便困难，而水果中含有大量食物纤维，可促进肠蠕动，水果中的果胶对防止产后便秘也是有利的，利于产后通便。

产后新妈妈只是需要注意少吃或不吃寒性瓜果，如西瓜、火龙果、柿子等。一些温性的水果都是适合新妈妈吃的，比如木瓜、葡萄、苹果、橘子、菠萝、山楂，等等。

产后不要着急喝催奶汤

很多新妈妈从分娩当天就开始喝汤催奶，结果导致乳房胀痛，甚至还没下奶就得了乳腺炎，事实上，产后催奶不能着急。

宝宝出生后3天内，新妈妈的乳腺管多数还没有通，如果这时喝催奶汤，奶会下得急，但因为乳腺管没通，所以奶出不来，出现“上通下堵”的情况，如果奶催得太急，而宝宝吸吮得又不够，就会使奶水淤积在乳房中，造成乳房肿胀、疼痛，严重的还会引发新妈妈高烧、乳房化脓，进而演变成乳腺炎。

催奶汤适宜在三五天之后再喝，这时，新妈妈身体开始逐渐分泌催产素，促使子宫恢复，同时也会分泌催乳素，促使乳汁产生，乳腺管开始逐渐通畅，新妈妈再喝汤，产生的乳汁就不会堵在乳腺管了，通过吸吮，宝宝就可以吃到足够的母乳。

月子汤不宜太油腻

如果汤中的油脂过多，不仅容易导致新妈妈腹泻，同时宝宝因为吃了新妈妈的奶，也会出现腹泻，这是因为乳汁中的脂肪太多导致的，含有高脂肪的乳汁不易被宝宝吸收。

给新妈妈喝的汤，最好把上面的油脂去掉，喝下面的清汤，并且要吃掉汤中的食物，这样对催奶才有效果。

然而月子里熬制的汤一般都较油腻，怎么办呢？最好的办法是在熬制肉汤时不要过浓，或者在熬制好后动手去除过多的油脂，一般的去油方法有这样几种：

1. 等汤烧开了，在沸腾的中心取汤。
2. 等汤放温热，油凝固了，再把油捞出来。
3. 在喝汤时直接用吸管，注意汤不能太烫，这样也可以避免油脂的摄入。

汤并不是喝得越多越好，如果奶量够吃，随着宝宝的长大，可以吃一些流食，例如粥、蔬菜汤，多喝水也有利于催奶。

这些食物有助于排恶露

宝宝出生后，胎盘也随之娩出，之后，阴道会排出一些棕红色的液体，其中含有的血液、坏死的蜕膜组织、细菌及黏液等，这就是常说的“恶露”，一般在产后半个月左右排尽，月子里常吃这样一些食物会有助于尽早排出恶露：

食物	功效
山楂	山楂不仅能够帮助产妇增进食欲，促进消化，还可以散淤血
红糖	红糖有补血益血的功效，可以促进恶露不尽的新妈妈尽快化淤，排尽恶露
藕	藕具有清热凉血、活血止血的作用，适合产后恶露不尽的产妇食用，可以帮助改善症状
阿胶	阿胶具有补血、止血的功效，对子宫出血具有辅助治疗作用，既可养身又可止血，对产后阴血不足、血虚生热、热迫血溢引起的恶露不尽有治疗作用
生化汤	生化汤活血散寒，祛淤止血，适用于产后淤阻腹痛，拒按，恶露不净，滞涩不畅，色黯有块，或见面色青白，四肢不温等症状

如果新妈妈子宫收缩较好，恶露的颜色和量都比较正常的话，就要停止食用这类食材了，因为这些食物食用时间过长，会使恶露增多，导致慢性失血性贫血，而且会影响子宫恢复以及新妈妈的身体健康。

产后一周内不宜补人参

人参属于一种大补药，人人皆知。人参中含有氨基酸、多种维生素以及作用于中枢神经和心血管的“人参皂苷”、降低血糖的“人参宁”等多种有效成分。

合理地食用人参，可以调节人体机能，增强体力和免疫能力，有大补元气、养血活血之功效。但产妇食用人参既有利又有弊，必须谨慎，盲目地滋补并无益处。

新妈妈产后1周内不宜服人参，因为人参含有多种有效成分，如作用于中枢神经及心血管的“人参皂苷”、降低血糖的“人参宁”以及作用于内分泌系统的配糖体等。这些成分能对人体产生广泛的兴奋作用，尤其对人体中枢神经的兴奋作用，能导致服用者出现失眠、烦躁、心神不宁等不良反应。新妈妈刚刚生产完，精力和体力消耗很大，非常需要卧床休息，如果此时服用人参，产妇反而会因兴奋而难以安睡，影响精力的恢复。

可常喝点小米粥

在我国北方地区，产妇素有喝红糖小米粥、大枣小米粥的传统习惯，这对产妇身体的恢复是很有帮助的。小米中含有丰富的脂肪、蛋白质、淀粉、糖、脂肪酸，蛋白质中有谷蛋白、醇溶蛋白、球蛋白等，其中胡萝卜素、铁、锌及核黄素含量比大米、白面都要高，所以，就其营养价值来说，小米粥要比大米粥高出许多。

小米味甘，性微寒。中医很早就主张用小米粥来补养身体，认为小米粥有健脾胃、滋肾气、除湿热、安眠等作用，对脾胃虚热、反胃呕吐、女性带下异常、产后缺乳、产后口渴等病症有很好效果。对于刚刚做了新妈妈的产妇来说，小米粥不仅是一种很好的补养品，还可以促进其乳汁的分泌。

小米粥虽然营养丰富，但产后也不宜长久地食用，因为长久地食用小米粥，必然会影响到其他食物的摄取，也就会造成营养摄取不均衡，这对母婴健康危害较大，所以产妇不宜长久食用小米粥。

尽量少吃或者不吃味精

我们平时做菜、做汤放入适量的味精可使菜、汤味道更鲜美，味精的主要成分是谷氨酸钠，进入人体后可转化为氨基酸，被人体利用，所以，适量的味精对人体健康是有益的。

但是过量的谷氨酸钠对宝宝，尤其对12周以内的宝宝发育有严重的影响。谷氨酸钠与宝宝血液中的锌发生特异性的结合，生成不易被肌体吸收的谷氨酸，而锌却随尿排出，而导致宝宝锌的缺乏。结果，宝宝不仅出现味觉差、偏食的现象，而且会造成智力减退、生长发育迟缓以及性晚熟等不良后果。

一般人食用味精并无大碍，但新妈妈由

于喝汤多，很容易摄入较多的味精，如果新妈妈在摄入高蛋白饮食的同时，又食用过量味精，这样大量的谷氨酸钠就会通过乳汁进入宝宝体内，影响到宝宝的健康，所以新妈妈应控制味精的摄入量，最好在授乳期不食用味精。

吃好别吃多，避免肥胖

坐月子肯定是要保证营养，回复元气、下奶水都需要靠营养才能保证，但是注意热量摄取不要过量，很多新妈妈都是孕期少运动，产后狂进补，结果成了水桶腰。肥胖不仅损害形象，更重要的是损害健康。

产后第一个月最好不要通过节食来恢复身材，除了必要的运动以外，保证不“大吃大喝”就可以了。产后第二个月开始，可以在饮食上配合瘦身运动了，但也不要过度。

月子里怎样做

一定要充分休息

新妈妈产后如果休息不好，身体恢复速度较慢，而且乳汁会明显减少，所以要创造一切条件让自己多休息。

1 首先，放下家务，把休息放在第一位。家务不做不会有多大影响，所以不要急着在宝宝睡着后立刻去做，而是改为好好休息一会或睡一觉。

2 其次，充分利用一切可以提供方便的工具，提高效率。如果新妈妈乳汁多，宝宝吃奶慢，可以购买电动吸奶器，将奶挤出来保存，待宝宝需要时喂宝宝。另外，充分发挥家电的作用，如电饭锅、温奶器、电磁炉、电压力锅等，减轻家务负担。最后准备一些收纳功能较高的小容器，放置随时会用到的物品，方便寻找和使用。

3

再次，多请人帮忙。请月嫂，或者请爷爷奶奶、外公外婆帮忙处理家务，还要充分发挥爸爸的作用。这时候不要担心爸爸做不好，新妈妈从旁指导，慢慢锻炼才是重要的。

休息好不代表一直躺在床上，体力较好时还是要下床适当地活动，也可以做少量的家务，只要避免重体力活即可。

产后的第一次大小便

产后第一次大小便，新妈妈应该重视，因为这与产后恢复息息相关。

产后6～8小时，即使没有尿意也要主动排尿，尽量在床上排，因为此时需要绝对的休息。如果在床上排不出，可以下床去厕所尝试。另外，可以试试用手按压小腹下方或者用温水敷小腹，这样处理后一般都可以顺利解出。

正常情况下，产后2～3天就可以顺利排大便，如果产前做了灌肠，产后的第一次大便时间可以相对晚些，大约到产后1周才排。在此期间要注意饮食合理，多喝水，多吃含纤维丰富的食物，并适量摄入油脂，促进肠胃蠕动和润滑。必要时，可在医生指导下服用果导片或用甘油栓、开塞露塞入肛门内促进排便。

产后尽快活动身体

没有异常的新妈妈，在产后8小时左右就可以下地行走；做会阴切开术的新妈妈，在12小时后开始下地，有助于身体恢复。剖腹产术后的新妈妈身体恢复较慢，不能与阴道自然分娩者一样，在产后24小时后就可起床活动。

第一次下床，可能因姿势性低血压、贫血或空腹造成血糖下降而头晕，应让家人或护理人员协助及陪伴。下床动作要慢，先坐于床缘，无头晕再下床。下床时，可以使用腹带或用手支托伤口，以减轻伤口疼痛。

正常分娩在产后24小时可做些轻柔的练习，如：

1 腿部滑动练习

仰卧，一侧腿平放在床上，在呼气的同时匀速而缓慢地屈另一侧膝关节，脚向身体滑近。滑动的距离和程度要视情况而定，不要有疼痛和不适，换另一侧腿做同样动作。如此重复3~4次为一组，每天做2~3组，在体力逐步恢复的同时增加动作幅度和重复次数，最后达到每组12次。3周后如体力许可可以改为举单侧腿。

2 仰卧挺背练习

仰卧，先吸气，然后在呼气的同时收紧背部肌肉，使上背部稍抬离床面，注意保持腰部不离开床面，坚持数秒钟，放松，重复。开始时每组3~4次，每天2~3组，在体力逐步恢复的同时增加重复次数，最后达到每组12次。

这两个练习均可采用仰卧位，新妈妈不用起床就可以进行。

月子里穿衣不能捂

月子衣服要符合“棉质、吸汗、宽松、保暖”的特点，还要根据季节、房间温度适时调节，并不需要“捂”。在夏天，完全可以穿单衣、单袜，不过不要让风直接吹到皮肤，所以最好选择长袖上衣和长裤，也不要经常撸起袖子或裤管，或光穿拖鞋不穿袜子。冬天坐月子，则需要选择具有保暖功能的衣服、袜子、帽子。

此时新妈妈出汗非常多，所以衣服要经常换洗，贴身的衣服更要如此，内裤需一天一换。洗完的衣服最好能在阳光下暴晒杀菌。

如果室温较低，或者新妈妈有脚跟痛、关节痛的毛病，可以穿上带后跟的棉拖鞋保护脚跟，也可以戴护膝、护肘等保护关节。

气温适宜时，应当洗头、洗澡、刷牙

新妈妈在分娩时和产后都会分泌大量汗液，如果长期不梳洗，覆盖在皮肤表面，不但容易滋生细菌，还会堵塞毛孔、汗腺管，阻碍新陈代谢，影响健康，所以月子里不洗澡、不洗头的做法并不合理。这种风俗形成的原因主要是怕新妈妈受凉，现在保暖条件好，不必过于忌讳这一点，稍加注意即可。首先洗头、洗澡的速度要快，最好5～10分钟之内完成。另外，水温适当，洗澡用45℃左右水，洗头用37～40℃水。洗澡后及时擦干身体，用干燥的毛巾被包裹身体保暖，然后迅速穿上干净衣服以及袜子。洗头后可以用暖风把头发吹干。这样处理后，一般都不会受凉。

月子里新妈妈的牙齿有些松动，这属于正常现象，过一段时间会自行恢复，刷牙并不会加重这种状况。只要操作时不过度刺激牙齿、口腔即可。每天刷牙2次，刷牙水用温水，牙刷用软毛刷，动作轻柔就不会伤到牙齿了。如果长期不刷牙，大量食物残渣留在牙齿、口腔里，极易引起发炎、蛀牙等，反而于健康不利。

月子里的新妈妈常常大汗淋漓，夏天更容易出汗，所以总是贪凉，新妈妈千万不要直接对着风扇或空调吹，很容易着凉感冒，落下病根。

不要过度用眼

月子期间若用眼过度，眼睛容易干涩、肿胀或疼痛，情况严重时可能导致视力下降，发生近视，或者出现迎风流泪、过早老花等不良现象，所以月子期间一定要合理用眼，避免过度：

1 首先，看书、看报、看电视时间不要太长，以感觉不到疲劳为宜，一旦感觉疲劳立刻停止。建议每次连续用眼最好不超过2个小时，期间要多提醒自己放松眼部肌肉，眺望远处或者给眼部做一下按摩。

2 其次，月子里的新妈妈轻易不要哭泣。产后新妈妈血流本来不足，眼部能分配到的血液也比平时少，如果此时哭泣流泪，眼睛很容易疲劳。

3 做眼保健操是比较有效的保护眼睛的方法，新妈妈可以每天做2次。

注意产褥卫生

月子期间几乎每天都在居室里活动，一定要注意产褥卫生：

❶ 居室要安静、整洁、空气新鲜、阳光充足，室温20～25℃，湿度60%～65%为宜。

❷ 衣着要柔软宽松，勤洗换，夏天不要穿得过多，防止中暑，冬天不要着凉。

❸ 保持外阴清洁。大小便后用温开水或用1：5000高锰酸钾冲洗外阴，会阴垫要消毒、勤换。

❹ 要经常擦澡和洗澡。洗澡时使用淋浴，不要盆浴，勤换内衣。

❺ 要正常梳头、洗头、刷牙。

❻ 产褥期不要过性生活。

产后不宜睡弹簧床

新妈妈睡弹簧床会导致骨盆损伤。卵巢于妊娠末期分泌第三种激素，称松弛素，此物质有松弛生殖器官各种韧带与关节的作用，有利于分娩。由于松弛素的作用，产后的骨盆失去完整性、稳固性，而软软的骨盆，加上太软的弹簧床的松泡性、弹力性，压力之下，重力移动又弹起，人体睡上俨如佛龛，左右活动都有一定阻力，很不利于病人翻身坐起。如欲急速起床或翻身，新妈妈很容易造成骨盆损伤。

不要紧腹束腰

产后大多数新妈妈腹部肥胖而松弛，有的新妈妈为了恢复形体，采取了紧腰、束腰的方法，把腰腹部勒得很紧，这种方法是不提倡的，既达不到健美的目的，还影响身体健康。

紧腹束腰的危害

❶ 会使新妈妈腹内压升高，极易导致子宫下垂，严重者会出现子宫后倾后屈、阴道前后壁膨出等生殖器官异常现象。

❷ 会使新妈妈盆腔血液运行不畅，抵抗力下降，极易引起附件炎、盆腔炎等妇科疾病。

❸ 会使人腹式呼吸受阻，膈肌上下移动受限，并影响肺呼吸，导致人体慢性缺氧。

❹ 腹内压升高会使肾、肝、脾、胃、肠等脏器受压，血管变位，动脉供血和静脉回血发生障碍，影响脏器功能，时间长了会使人产生食欲缺乏、消化不良、腹胀、恶心、下肢肿胀等，还会影响新妈妈奶水的质量。

怎样健康地恢复身形

紧腹束腰是不利新妈妈的健康的，新妈妈可以通过自我按摩来逐渐恢复身形：

❶ 腿部：两手紧抱大腿根部的前面，用力向下摩擦，经膝盖骨擦到足踝，然后反转到小腿后面向上回擦，到大腿根部后面为一下，这样如此摩擦30下，再以同样的动作，摩擦另一条腿30下。每天坚持腿部的按摩，能很好地促进血液流通和新陈代谢，进而防止脂肪堆积的产生，使肌肤美丽而柔软。

❷ 腹部减肥，两手手指并拢伸直，左手掌置于右手指背上，右手掌贴腹部用力向前推按，接着左掌用力向后压，一推一回，由上腹移到小腹做3～4次，再从左向右推3～4次，以腹部微有痛感为宜。

❸ 上肢：两前臂胸前交叉，双手拇指和其他四指，同时捏拿对侧肩部，用力捏拿肩部三角肌、上臂和肘部至腕部，内外前后侧都捏拿5～10次。

保持开朗的心情

通过简单的自测，新妈妈可以及时发现自己是否可能患有产后忧郁症，测试方式如下，只需答“是”或“否”即可：

1 入睡很困难，翻来覆去好不容易睡着了，往往一有响动就惊醒了。

2 每天的大多数时间都感觉没有精神，很容易疲倦。

3 食欲不振，吃不下东西或者吃一点儿东西就不想吃了。

4 以前根本不在乎的小事情，现在能让你一整天耿耿于怀。

5 认为宝宝到来后，永远不可能再有属于自己的私人时间。

6 宝宝如果没有我照顾是不是会更好，更健康。

7 对自己缺乏足够的信心，担心丈夫对自己感到厌烦。

8 经常无缘无故地对丈夫和宝宝发火，虽然事后也后悔，但就是克制不住自己的情绪，常常有莫名其妙的怒火想发泄。

9 总觉得别的妈妈都做得比自己好。

10 一点儿小事都会让自己哭好久。

11 好像对什么都提不起兴趣，以前非常感兴趣的事现在都感到很乏味。

12 自从生了宝宝以后，和朋友、邻居都很淡漠，几乎没有交往过。

13 害怕离开家或独自在家。

14 每天都焦躁不安，不能安静地待一会儿。

15 精力总是不能集中，更别提一心一意地做一件事情。

16 经常想婚姻是否还有其他不妥的地方。

17 是否担心目前的状况永远不会得到改善。

如果回答“是”的问题多于3个，那妈妈就有可能患上了产后忧郁症，千万不要掉以轻心，要自我调适或及时看心理医生。

对大多数新妈妈来说，产后忧郁症只持续几天的时间，只要保持一颗乐观的心，很快会恢复到从前，会重新怀着喜悦的心情对新的生活充满希望。若产后长期感到不快乐、忧郁，应及时看心理医生。

本月常见难题一一化解

新生儿黄疸

黄疸是新生宝宝的一种特殊生理现象，正常新生宝宝有80%都会出现黄疸，但这属于生理性黄疸，不必过于担心。若是病理性黄疸，则需要多加注意，居家护理宝宝时要注意观察黄色的变化，小心护理：

1 仔细观察黄疸的变化

黄疸是从头开始黄，从脚开始退，而眼睛是最早黄，最晚退的，所以可以先从眼睛观察起。还有一种简便的看法：按压宝宝身体的任一部位，若按压的皮肤处呈现白色就没有关系，是黄色就要注意了。

2 观察宝宝日常生活

只要觉得宝宝看起来愈来愈黄，精神及胃口都不好，或者体温不稳、嗜睡，容易尖声哭闹，都要及时去医院检查。

3 注意宝宝大便的颜色

如果是肝脏、胆道发生问题，大便会变白，但不是突然变白，而是愈来愈淡，如果此时还有身体突然黄起来的状况，则必须就医。

4 看体重是否持续下降

新生儿体重会有生理性的下降，这是正常现象，一般7～10天后会恢复到出生时的体重，继而持续增长。若发现宝宝体重不增反降，且持续下降，身体又有愈来愈黄的趋势时，一定要及时就诊。

5 家里光线不要太暗

白天窗帘不要都拉得太严实，多让宝宝接近窗户旁边的自然光，但不要让宝宝被太阳直射，以免晒伤，而且也应避免紫外线带来的伤害。

6 让宝宝吃够母乳

有的宝宝出现黄疸是由于母乳摄入不足而引起，若经医生诊断属于这种情况，就要勤哺乳，而且母乳具有很好的免疫力，千万不要因为怕奶水不够宝宝吃或宝宝持续黄疸，而用水或糖水代替母乳喂养。

新生儿鹅口疮

鹅口疮一般是由于宝宝免疫功能低下、营养不良、腹泻或因感染而长期服用各种抗生素或激素造成的，也有2%~5%的正常新生儿是由于使用被污染的哺乳器具或出生时吸入或咽下产道中定植的白色念球菌而发病。鹅口疮在护理上要注意：

1 注意饮食卫生，保持餐具和食品的清洁，如奶瓶、奶头、碗勺要专用，每次用完后需用碱水清洗并煮沸消毒。

2 新妈妈在每次喂奶前，需先洗手，尤其是有手足癣的新妈妈应特别注意，避免双手接触宝宝的喂奶用具及自己的奶头，必要时应停止哺乳。

3 平时注意宝宝的口腔卫生，给宝宝喂食以后帮助清洁口腔。如果宝宝年龄太小，可以用温湿的纱布清洁口腔；如果年龄大一些， 则可以让宝宝用水漱口。可用1：3银花甘草液等擦洗口腔，每日3~4次，局部溃破可外涂适量冰硼散或1%龙胆紫。

4 加强宝宝的营养，进行适量的户外活动，增加抗病能力。

5 宝宝的被褥和玩具要定期拆洗、晾晒，宝宝的洗漱用具应和家人的分开，并定期消毒。

新生儿乳痂

乳痂是一种很厚的、油腻的、不断生长的、覆盖头皮的痂，有时甚至蔓延到脸上、耳后和脖子上，好发于0～4个月的宝宝，在宝宝中非常普遍，会存在一段时间。乳痂摸起来有些油腻，会导致脱皮，但大部分会自然痊愈，属于暂时性的现象。

症状轻微时不一定要处理，但是痂较厚时，就需要看医生了。家庭护理方式：新生宝宝皮肤非常娇嫩，非常容易受到损害，新妈妈可以从基本的卫生保健开始，只要用棉球蘸上宝宝油或经沸腾后放凉了的食用油，涂在有痂块的部位数小时，之后再用梳子轻轻剥落，并用肥皂水等清洁干净即可，但不可强行清除，否则很可能因抓破头皮导致感染。

新妈妈乳头皲裂时怎样喂养宝宝

乳头皲裂的新妈妈可采用下述方法以减轻乳头的疼痛和促使皲裂的愈合：

❶ 当新妈妈的乳头发生皲裂时，首先要特别注意局部的卫生，以防感染。如果只是较轻的小裂口，可以涂些小儿鱼肝油，喂奶时注意先将药物洗净；也可外涂一些红枣香油蜂蜜膏，即取1份香油，1份蜂蜜，再把红

枣洗净去核，加适量水煮1个小时，过滤去渣留汁，将枣汁熬浓后放入香油、蜂蜜，以微火熬煮一会儿，除去泡沫后冷却成膏，每次喂奶后涂于裂口处，效果很好。

❷ 每次喂奶前后，都要用温开水洗净乳头、乳晕，保持干燥清洁，防止再发生裂口。

❸ 哺乳时应先在疼痛较轻的一侧乳房开始，以减轻对另一侧乳房的吸吮力，并让乳头和一部分乳晕含吮在婴儿口内，以防乳头皮肤皲裂加剧。

❹ 勤哺乳，以利于乳汁排空，乳晕变软，利于婴儿吸吮。

❺ 哺乳后穿戴宽松内衣和文胸，并放正乳头罩，有利于空气流通和皮肤损伤的愈合。

❻ 如果乳头疼痛剧烈或乳房肿胀，婴儿不能很好地吸吮乳头，可暂时停止哺乳24小时，但应将乳汁挤出，用小杯或小匙喂养婴儿。

哺乳时怎样预防乳头皲裂：

❶ 哺乳时应尽量让婴儿吸吮住大部分乳晕，因为乳晕下面是乳汁集中之处。宝宝吃奶省力，也达到了保护乳头的作用，是预防乳头皲裂最有效的方法。

❷ 每次喂奶时间以不超过20分钟为好，如果乳头无限制地被浸泡在婴儿口腔中，易扭伤乳头皮肤，而且婴儿口腔中也有细菌，可通过破损的皮肤致乳房感染。

❸ 喂奶完毕，一定要待婴儿口腔放松乳头后，才将乳头轻轻拉出，硬拉乳头易致乳头皮肤破损。

如果新妈妈患了乳腺炎

乳腺炎也是产后头两三个月容易遭遇的问题，主要原因有两个：产后下奶前乳腺管不通，下奶后乳汁淤积在乳腺管导致，多见于产后头几天；哺乳期间，奶水没有及时地喂给宝宝，又没有及时挤出，淤积乳房内导致乳腺炎，这种情况在宝宝吃奶逐渐规律后就不常见了。

如果新妈妈不幸出现乳腺炎，一定要及时就医处理，不要拖延，否则炎症很容易恶化，喂奶时看情况来调整：

由于乳腺炎只感染乳房组织，与乳汁无关，因此不会传染给宝宝，得了乳腺炎其实是可以继续喂奶的。

轻度乳腺炎时，若只有局部红肿，可在喂奶前先热敷红肿部位，将硬块揉散，然后再哺乳。若是乳头感染、破皮，哺喂前先以清水清洁乳头，如果需要上药，在哺乳结束后再使用。

如果情况比较严重，哺乳让新妈妈感到极度不舒服，同时新妈妈也对宝宝是否吃进药物十分顾虑，可以暂停喂母乳，安心治疗，大概一周左右就会好。当然，如果只有一侧患乳腺炎，另一侧健康的乳房还是要照常喂给宝宝。

即便暂停母乳喂养了，患有乳腺炎的乳房也必须照常将奶水排空，避免奶水又继续囤积在乳房内。若新妈妈无法自行处理，可以找医生或家人帮忙将奶水挤出，同时，新妈妈要注意卧床休息，多饮水，加强营养。

产后出汗多

分娩后，新妈妈将会出很多的汗，尤其在饭后、活动后、睡觉时汗更多，被称为“褥汗”，遇到夏天甚至会大汗淋漓，湿透衣服，甚至被褥，这完全是正常现象，新妈妈不必为此担心。

分娩后之所以出汗多，是因为女性怀孕后体内血容量增加，这其中大部分都是水分。分娩以后，身体的新陈代谢和内分泌活动降低，体内潴留的水分必须排出体外，才能减轻心脏负担，有利于产后机体的康复。新妈妈排泄水分主要有两个途经，一是排尿，二是通过皮肤大量出汗的方式排出。所以，新妈妈在产褥早期不仅尿量增多，而且皮肤排泄功能旺盛。同时，新妈妈也会发现，自己的体重在产后1周内迅速减轻。

褥汗虽然是一种正常的生理现象，一般于产后10天左右慢慢好转，但同时也应注意护理。主要护理细节包括以下几点：

1. 室温不要过高，冬春秋季在20℃左右，夏季在28℃以下为好。
2. 每天开窗通风，保持室内空气流通、新鲜，但新妈妈不要对着窗口吹凉风。
3. 穿衣、盖被要合适，“捂”的做法完全是错误的。
4. 出汗多时用毛巾随时擦干，内衣、内裤及时更换。
5. 自然分娩的新妈妈产后第2天即可淋浴，但每次不超过5分钟。剖宫产的新妈妈应每天擦洗身体，等腹部切口完全愈合后再进行淋浴。

产后脱发

根据统计，约95%的女性产后有程度不等的脱发现象，其中30%～40%较明显，主要表现为在分娩后2～6个月头发会逐渐变黄，枕头、衣服上脱落的头发增加，轻拉头发容易脱落等现象，产后脱发大多属于生理现象，不必过分担心。

防治脱发首先要注意精神的调养，即新妈妈产后应保持心情舒畅，精神愉快，气血自然会旺盛，可以促使头发尽快生长。其次要做到合理摄取营养，防止偏食，保证营养均衡。如果还有条件的话，还可以补充一些维生素和微量元素。肥胖症则应注意加强锻炼，多吃植物油，注意减肥。起居上，新妈妈应做到睡眠充足，避免过度疲劳。如果脱发严重，可以在医生指导下服用一些药物进行调理。

新生儿护理

新生儿发育

身体

体重

新生宝宝出生时体重若在2.5千克以上，则为正常新生宝宝；体重不足2.5千克，称为“未成熟儿”，必须采取特殊护理措施。

身长

新生宝宝一般身长46～52厘米，坐高约33厘米。

呼吸

新生宝宝从出生的那一声啼哭开始，即开始建立了自主呼吸，但较浅表且不规则，频率较快，一般40～60次/分，早产儿可达60次/分，出生后2天降至20～40次/分。新生宝宝以腹式呼吸为主，易出现呼吸节律不齐及深浅交替，这是由于新生宝宝呼吸中枢发育不够完善所致。观察新生宝宝的呼吸变化，要在新生宝宝安静的情况下，观察其胸、腹部起伏情况，每一次起伏即是一次呼吸。注意观察胸廓两侧的呼吸运动是否对称；呼吸是否急促、费力，有无呼吸暂停；口周皮肤的颜色有无青紫。

脸部

由于受产道挤压的缘故，新生儿的脸部、眼睛看上去都会有些肿，两颊可能不对称，鼻梁也比较扁，在鼻尖还会出现黄白色的粟粒疹，这种疹子并无大碍，1~2周后便会自行消失。

姿势

由于子宫内的空间限制，绝大多数新生儿都是以头向胸俯屈、双手紧抱在胸前，双腿蜷曲、双手紧握的姿势出生的。出生后，头、颈、躯干虽然会逐渐伸展开，四肢仍会在一段时间内保持蜷曲，小手也会保持一段时间的握拳姿态。

皮肤

新生儿的皮肤非常薄，颜色发红，皱褶很多，有的婴儿皮肤上还沾着灰白色的胎脂或覆盖着一层软软的绒毛。有的婴儿腰腹部还会出现青紫色的“蒙古斑”。

体温

新生宝宝的正常体表温度在36～36.5℃，但新生宝宝的体温中枢功能尚不完善，体温不易稳定，受外界温度环境的影响体温变化较大，新生宝宝的皮下脂肪较薄，体表面积相对较大，容易散热。因此，要对新生宝宝注意保暖。尤其在冬季，室内温度保持在18～22℃为宜，如果室温过低则容易引起硬肿症。

能力

视觉

新生宝宝一出生就有视觉能力，34周早产儿与足月儿有相同的视力，家长的目光和宝宝相对视是表达爱的重要方式。眼睛看东西的过程能刺激大脑的发育，人类学习的知识85%是通过视觉而得来的。

听觉

新生宝宝的听觉是很敏感的。如果用一个小塑料盒装一些黄豆，在宝宝睡醒状态下，距宝宝耳边约10厘米处轻轻摇动，宝宝的头会转向小盒的方向，有的宝宝还能用眼睛寻找声源，直到看见盒子为止。如果用温柔的呼唤作为刺激，在宝宝的耳边轻轻地说一些话，那么，宝宝会转向说话的一侧，如换到另一侧呼唤，也会产生相同的结果。新生宝宝喜欢听新妈妈的声音，这声音会使宝宝感到亲切，不喜欢听过响的声音和噪声。如果在耳边听到过响的声音或噪声，宝宝的头会转到相反的方向，甚至用哭声来抗议这种干扰。

触觉

新生宝宝从生命的一开始就已有触觉，触觉是宝宝安慰自己、认识世界和外界交流的主要方式。当新妈妈抱起宝宝时，他们喜欢紧贴着新妈妈的身体，依偎着新妈妈。新生宝宝对不同的温度、湿度、物体的质地和疼痛都有触觉感受能力。就是说他们有冷热和疼痛的感觉，喜欢接触质地柔软的物体。嘴唇和手是宝宝触觉最灵敏的部位。

味觉和嗅觉

新生宝宝有良好的味觉，从出生后就能精细地辨别食物的滋味。给出生后只有一天的新生宝宝喝不同浓度的糖水，发现他们对比较甜的糖水吸吮力强，吸吮快，所以喝得多；而对比较淡的糖水喝得少；对咸的、酸的或苦的液体有不愉快的表情，如触到酸橘子水时会皱起眉头。

新生宝宝还能认识和区别不同的气味。当他开始闻到一种气味时，有心率加快、活动量改变的反应，并能转过头朝向气味发出的方向，这是新生宝宝对这种气味有兴趣的表现。

心理

妈妈可以发现，新生宝宝最喜欢看妈妈的脸，被妈妈多加关注的宝宝安静、易笑。

在宝宝出生后30分钟内，最好把宝宝放置在妈妈胸前。不管新妈妈此刻是否精疲力竭，都应努力抱持宝宝，让宝宝伏在妈妈胸口睡上一小觉。分娩后的搂抱对母子关系的建立和日后安抚宝宝都有事半功倍之效，宝宝的表情也会因此显得安恬及放松。如果宝宝出生后12小时还没有躺进妈妈怀抱，会使宝宝情绪上惶惑不安。

此外，每当小宝宝醒来时，妈妈可在宝宝的耳边轻轻呼唤宝宝的名字，并温柔地与其说话，如“宝宝饿了吗？妈妈给宝宝喂奶”“宝宝尿尿了，妈妈给宝宝换尿布”等等，宝宝听到妈妈柔和的声音，会把头转向妈妈，脸上露出舒畅和安慰的神态，这就是宝宝对妈妈声音的回报。经常听到妈妈亲切的声音使宝宝感到安全、宁静，亦为日后良好的心境打下基础。

皮肤是最大的体表感觉器官，是大脑的外感受器。温柔的抚摸会使关爱的暖流通过爸爸妈妈的手默默地传递到宝宝的身体、大脑和心里。这种抚摸能滋养宝宝的皮肤，并可在大脑中产生安全、甜蜜的信息刺激，对宝宝智力及健康的心理发育起催化作用。在平时，你可以发现，常被妈妈抚摸及拥抱的宝宝性格温和、安静。

新生儿特殊的生理现象

体重减轻

新生宝宝出生后2～3天，由于皮肤上胎脂的吸收、排尿、体内胎粪的排出及皮肤失水，以及刚出生的新生宝宝吸吮能力弱、吃奶少，体重非但不增，反而出现暂时性下降。在出生后3～5天体重下降有时可达出生体重的6%～9%，在出生后7～11天恢复到出生时的体重，这称为生理性体重下降。如果体重下降超过出生体重的30%，或在出生后第13～15天仍未恢复到出生时的体重，这是不正常的现象，说明有某些疾病，如新生宝宝肺炎、新生宝宝败血症及腹泻或母乳不足等，应做进一步检查。

巩膜、皮肤发黄

新生宝宝出生后的皮肤为粉红色，生后2～3天时，细心的家长会发现宝宝的皮肤发黄，有的眼睛白眼珠（巩膜）也发黄，第4～5天明显，8～12天后自然消退。宝宝除皮肤发黄外，全身情况良好，无病态，医学上叫作生理性黄疸。

生理性黄疸的表现是：宝宝吃奶很好，哭声响亮，不发热，大便呈黄色，4～6天时黄疸明显，在出生后第10～14天消退，如果是早产儿可以在出生后第3周消退。

生理性黄疸的产生主要是由于新生宝宝红细胞破坏过多和肝细胞功能不完善造成的，一周以后，随着红细胞破坏的减少，肝功能日趋完善，生理性黄疸便逐渐消失。

早产儿黄疸可能较重，常持续7～10天，个别的生理性黄疸可持续40多天，但是如果宝宝精神很好，体重增加，大便正常，家长也不必担心。

如果黄疸在出生后24小时之内出现，黄疸程度严重，血清胆红素大于205毫摩尔/升，且黄疸持续2周以上不消退，或黄疸消退后又重新出现或进行性加重，要考虑为病理性黄疸，应查找原因，进行治疗。

头部血肿

新生宝宝头颅血肿是头经产道娩出时受挤压，位于骨膜下的血管受损伤出血所形成的，多于出生时或出生后数小时出现，数日后更明显。

头部血肿多发生在骨膜下，不超过骨缝，局部肤色正常，有波动感，消退时间需2～4周。此症多无明显不良后果，如果头颅血肿过大，可引起新生宝宝贫血或胆红素血症，即出现黄疸，此时应做相应处理。

乳房肿胀

新生宝宝出生以后数日内，可见乳房肿大，在3～5天内可挤出水样分泌物，继之为乳汁样，与初乳相似，乳量少至数滴，多可达20毫升，如经过化验，在乳汁中含有白细胞和初乳小体，这叫做新生宝宝泌乳。

这种现象是因为来自脑垂体前叶的催乳激素刺激肿大的乳腺而引起的泌乳，这也是新生宝宝常见的一种生理状况，这时千万不要挤压乳房，以免损伤、感染，引起乳腺炎。

阴道出血

细心的家长常常发现刚出生1～2天的女婴尿布上有白色的黏液，少数女婴在出生后第一周末还会流出血性分泌物，人们把它叫作“假月经”。

这种假月经与成年女性的月经从道理上讲是相同的，为雌激素及孕激素的撤退所造成的，对新生宝宝只是一次性的暂时现象。因为胎儿在妈妈子宫内受胎盘雌激素及孕激素的影响，激素维持在一定水平，生后断脐，激素的来源中断，就可以引起子宫内膜脱落，有时色鲜红，有相当的量，属于正常的生理现象，不需要任何治疗，一般过几天就会自然消失，家长不必为此而担心。

脱皮

出生3～4天的新生宝宝的全身皮肤开始"落屑"，有时甚至是大块的脱落，这可吓坏了家长们，不知是怎么回事，其实，这也是正常生理现象。由于胎儿一直生活在羊水里，当接触外界环境后，皮肤就开始干燥，表皮逐渐脱落，1～2周后一般就可自然落净，呈现出非常柔软光滑的粉红色皮肤。

由于新生宝宝的皮肤角质层比较薄，皮肤下的毛细血管丰富，脱皮时，家长千万不要硬往下揭，这样会损伤皮肤，引发感染。

血尿

出生后2～5天，有的家长发现宝宝尿血，很紧张，到处求医问药，其实，宝宝并没有尿血，这是因为宝宝出水多而入水少，导致尿量少，尿液浓缩，含有较多的尿酸盐结晶而使尿液呈红色，只要宝宝每天喝奶充足，很快就会消失。

黑色便

出生后2天内，新生儿会排出呈暗绿或者黑褐色的大便，这是胎便，有不少宝宝刚出生就可能排出胎便，3~4天后，宝宝的大便会慢慢变成黄色，说明胎便已经排尽，肠道已经畅通了。

马牙

新生儿的牙床上可能会长出米粒或绿豆大小、白色的凸起物，看起来像刚刚萌出的小牙，就是俗称的"马牙"。马牙是牙床下牙齿发育过程中，口腔黏膜上皮增生加厚、角质化形成的，这不是病，也不是每个宝宝都长，在以后吮奶过程中会自行脱落。

螳螂嘴

新生儿口腔内两颊部帮助吮吸的脂肪层（医学上称为颊脂体）发达，因此两颊向口腔部突出，俗称"螳螂嘴"，这是适应婴儿吸奶的需要而存在的，不需要特别处理，随着吮吸期的结束，它将随着婴儿的饮食从乳汁、粥到软饭等的改变而逐渐消失。

斜视

一般情况下，由于新生儿的眼球尚未固定，眼部肌肉调节不良，大部分宝宝会出现暂时性的斜视，有的还会出现"斗鸡眼"，这种斜视是正常的生理现象，家长不用过分惊慌，如果3个月后宝宝仍然斜视，则可以及时咨询医生。

新生儿怎样喂

新妈妈要有母乳喂养的信心

若想母乳成功，新妈妈一定要对自己有信心，这是母乳喂养成功的基本要求。

新妈妈有能力供应充足的奶水给宝宝

从理论上来说，新妈妈无论乳房的形状、大小如何，都能制造出足够的奶水供给自己的宝宝，即便是双胞胎妈妈也是可以的。因为奶水是随着宝宝一起来的，宝宝的吸吮刺激，新妈妈自己对喂奶的强烈意愿，都能够刺激垂体前叶，发出产奶的信号，使得奶水逐步增多。

哺乳有利于恢复新妈妈的身形

很多新妈妈害怕母乳喂养，怕工作紧张没有时间，怕身体变胖，是新妈妈最担心的两个原因。其实这种担心完全是不必要的。

喂奶本身是一个大量消耗热量的过程，消耗热量的顺序依次是腹部、腿部、臂部和脸部，能够起到瘦身的效果，不但不会增肥，还有利于减轻体重。

而新妈妈产后若不哺乳，这些热量不能散发出去，不但不利于保持身材，还容易发胖。对于乳房变形、下垂等哺乳后很可能出现的问题，新妈妈除了要注意正确的哺乳姿势外，还应该选戴肩带宽一些、罩杯合适的内衣，断奶后乳房也会基本恢复到原来的形状，不会导致严重的下垂。

同时，宝宝在吸吮过程反射性地促进新妈妈催产素的分泌，促进新妈妈子宫的收缩，能使产后子宫恢复，减少产后的并发症，这些都有利于新妈妈们消耗掉孕期体内堆积的脂肪，促进形体恢复。

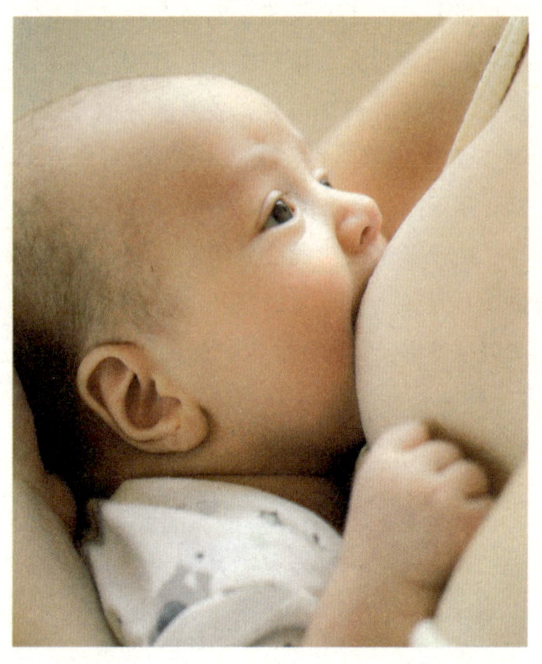

家人不要质疑新妈妈

宝宝初生的前几周至几个月，对新妈妈来说也许是最艰难的时期：产后虚弱、伤口疼痛、疲劳等都会让人感到力不从心，此时除了要多让宝宝吸吮，还需要家人多配合，宝宝和新妈妈都要尽量保证休息时间。

家人一定不要质疑新妈妈的奶量，奶量是渐渐增加的，但家人甚至旁人的质疑对新妈妈来说却是致命的，会直接让新妈妈感到焦虑甚至抑郁，家庭成员应当做的是多给予鼓励和陪伴。

出生后半小时就可以吸奶

很多新妈妈以及家里的长辈都会犯这样一个错误：认为只有乳房发胀来奶了才需要给宝宝吸奶，不然吃也吃不到。

其实，喂奶是赶早不赶晚，宝宝早吸奶的目的并不是吃到多少奶，还有十分重要的意义：

1. 母乳分泌受神经内分泌调节，新生宝宝吸吮新妈妈乳头，可以引起射乳反射，促使乳汁分泌和子宫复原，减少产后出血，对哺乳和恢复产妇健康都有利。
2. 研究发现，新生宝宝在出生后20～30分钟吮吸能力最强，如果未能得到吸吮刺激，将会影响以后的吸吮能力。
3. 新生宝宝在出生后1小时是敏感时期，是建立母婴相互依赖的最佳时间。
4. 早喂奶还可以预防宝宝低血糖的发生和减轻生理性体重下降的程度。

只要新妈妈情况正常，宝宝出生后半个小时就应当抱到新妈妈身边吸吮乳房，或起码在2小时以内吸吮。

吃上初乳可以提升免疫力

初乳是新妈妈在生产后5天内分泌的乳汁，初乳颜色淡黄，是宝宝出生后最佳的营养品。

1. 初乳中所含的脂肪、碳水化合物、无机盐与微量元素等营养素最适合宝宝早期的需要，不仅容易消化吸收，而且不增加肾脏的负荷。
2. 初乳里面还含有许多抗体，被称为分泌型IgA，这种抗体可以保护新生儿的肠道，防止细菌侵入并且会导致新生儿过敏的大蛋白分子的侵入。
3. 初乳含有大量免疫球蛋白、生长因子、乳铁蛋白等有益成分，有很高的营养价值，可以让宝宝长得快、少生病，是新生儿非常需要的。

生活小常识

有些新妈妈因为初乳颜色看上去不太干净而把初乳挤出来扔掉，千万不要这样，之所以初乳看上去不太干净，是因为其中含有较大量的胡萝卜素，完全可以放心给宝宝食用。

下奶前一般不必喂奶粉

宝宝出生后头2~3天不下奶是正常的，但家人怕宝宝饿着，可能会想着用糖水、配方奶等替代品喂养宝宝，建议千万不要这样做。

● 宝宝并不会饿坏

新生儿在出生前，体内已贮存了足够的营养和水分，可以维持到新妈妈来奶，而且只要尽早给新生儿哺乳，少量的初乳就能满足刚出生的正常新生儿的需要。

一般情况下，在宝宝出生后几天新妈妈才会真正下奶，但在宝宝出生的第一周必须让他多吸吮、多刺激新妈妈的乳房，使之产生射乳反射，才能使新妈妈尽快下奶，直至足够宝宝享用。

● 过早喂奶粉等代乳品对宝宝不利

① 宝宝吃饱以后，不愿再吸吮新妈妈的乳头，也就得不到具有抗感染作用的初乳。

② 人工喂养极易受细菌或病毒污染而容易引起新生儿腹泻。

③ 过早地用牛奶喂养容易导致宝宝日后对牛奶的过敏。

④ 如果开奶前用母乳替代品喂宝宝，可能会使宝宝产生“乳头错觉”（奶瓶的奶头比新妈妈的奶头易吸吮）。

⑤奶粉冲的奶比新妈妈的奶甜，会造成新生儿不爱吃新妈妈的奶，导致母乳喂养失败。

多让宝宝吸吮，奶越吸越多

宝宝出生后，新妈妈的乳汁一般不会凭空而下，也不会一来就像洪水般汹涌而来，往往是随着宝宝的吸吮和需求慢慢地增加，而后越来越多。

新妈妈的乳房是为宝宝“量身定做”的，宝宝吸的次数多了，奶水的分泌量适应宝宝的饭量而增长；吮吸的频率少了，或者一次吮吸的时间短了，奶水的分泌量也随之减少。

尽量纯母乳喂养新生儿

母乳是为新生儿量身打造的营养源泉，没有什么比母乳更适合新生儿的身体，即使最接近母乳的配方奶也无法媲美，所以新生儿期最好纯母乳喂养。

有些新妈妈总是担心宝宝会吃不饱，其实这个问题对新生儿来说并不存在，因为新生儿的胃容量很小，即使母乳量的确较少，但通过宝宝频繁地吮吸，也能吃饱。且频繁的吮吸可以刺激泌乳，让乳汁逐渐多起来。所以不要着急添加代乳品，以免减少宝宝吮吸频率，减少乳腺刺激，导致最后乳汁真的不够吃。

另外，宝宝可能出现腹泻、体重增长不理想等问题，千万不要把这个问题归罪于母乳。任何食物喂养的宝宝都可能有些问题，相比之下，母乳喂养宝宝问题要少得多。坚定信心，才有可能最终成功实现纯母乳喂养。

母乳喂养的正确姿势

一般来说，给宝宝喂奶时，新妈妈可以采取这样3种姿势：

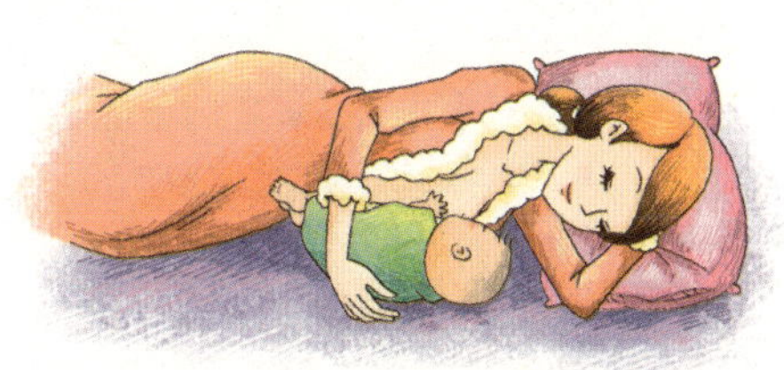

侧躺（足球）法

摇篮法

橄榄球法

侧躺（足球）法

让宝宝在新妈妈身体一侧，用前臂支撑他的背，让颈和头枕在您的手上。如果新妈妈刚刚从剖宫产手术中恢复，那么这样是一个很合适的姿势，因为这样对伤口的压力很小。

摇篮法

用新妈妈手臂的肘关节内侧支撑住宝宝的头，使他的腹部紧贴住您的身体，用另一只手支撑着新妈妈的乳房。因为乳房露出的部分很少，将它托出来哺乳的效果会更好。

橄榄球法

橄榄球抱姿适用于那些吃奶有困难的宝宝，同时还可以有利于新妈妈观察宝宝，在宝宝吃奶的时候可以调整宝宝的位置。首先让宝宝躺在一张较宽的椅子或者沙发上，将他置于新妈妈的手臂下，头部靠近新妈妈的胸部，用新妈妈的手指支撑着他的头部和肩膀。然后在宝宝头部下面垫上一个枕头，让他的嘴能接触到新妈妈的乳房。

生活小常识

很多新妈妈喜欢用手夹着乳头往宝宝嘴里放，这个是不提倡的，用手夹住乳头会把乳头的乳腺管堵住，这样会影响宝宝吸吮。

按需喂养宝宝

曾经人们普遍认为宝宝应该按时喂养，即使新生儿也不例外。实际上，宝宝之间存在个体差异，胃容量和消化能力都不同，所以不能一刀切地按时喂养，按需喂养才更符合初生阶段宝宝的身体特点和生长发育规律。

按需喂养就是饿了就喂，或新妈妈感到奶胀，就可以喂，最初几天宝宝吃奶的次数很多，多的能达到20次，少的也会达到12次，每次吃奶的时间为5～15分钟。

宝宝啼哭时，给奶就停止了，说明饿了，就是需要喂了；而给奶不吃，就说明不饿，可以暂时不喂。不过喂奶间隔不能超过4小时。

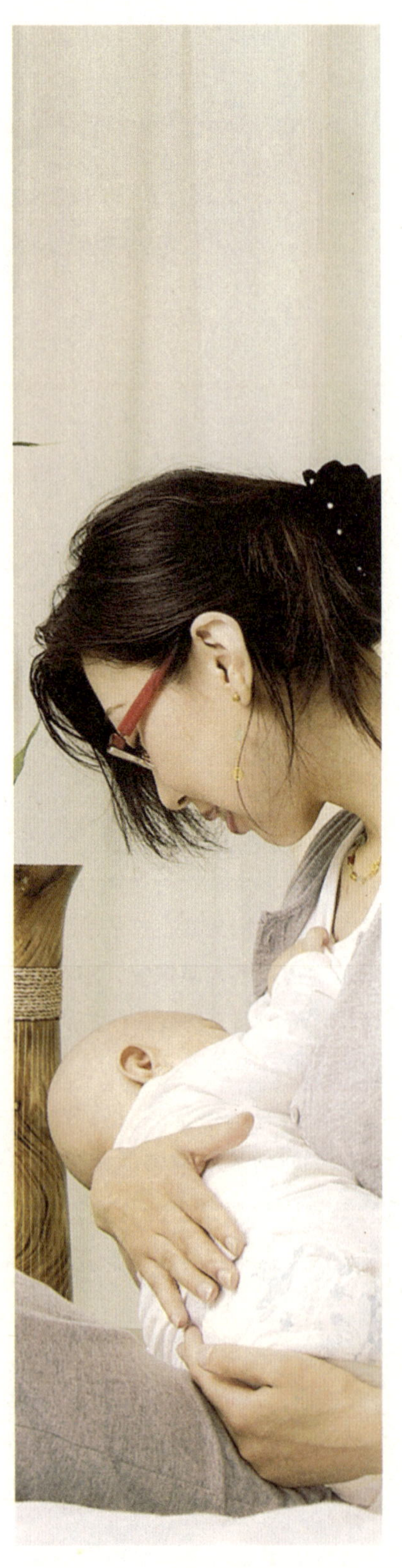

方法正确，乳头内陷也不影响哺乳

大概有10%的新妈妈会有乳头内陷或扁平的苦恼。其实，只要宝宝能够很好地含住新妈妈的乳头，那么扁平或内陷的乳头都不会影响母乳喂养。

正确的含乳方法

宝宝应该含住包括乳晕在内的整个乳头，在最开始喂奶的阶段，新妈妈应该帮助宝宝，把乳头乳晕等都衔在嘴里，且衔着的乳晕越多越好。如果有必要的话，可以把乳房压低一些，为宝宝提供足够的呼吸空间。

乳头内陷的新妈妈，可以这样教宝宝衔乳

乳头内陷的新妈妈头几次喂奶，可以让有熟练技巧的人帮助宝宝正确含住乳头，宝宝需要学会如何把嘴张大，以便可以把大部分乳晕含进嘴里。

乳头突出并不是母乳喂养成功的关键，当宝宝吃奶时，他不应只是含住了乳头，而应该尽量把乳晕都含进嘴里。

新妈妈可以在产前向医生咨询这一问题，以便确保宝宝生下来后得到正确的帮助，不少新妈妈都会发现，怀孕时期还扁平的乳头在哺乳期间由于宝宝的吸吮而突出了。

很多新妈妈是一边的乳头内陷而另外一边是正常的。这种情况下，宝宝可能本能地更愿意吃容易吃的一侧乳房，不过重要的是要有耐心，坚持让宝宝定期吃不容易吃的那一边。

在开始哺乳的头几天，喂奶前使用吸奶器可以帮助内陷的乳头突出，新妈妈尽量避免胀奶，好让宝宝可以在新妈妈乳房柔软的时候“练习”。

夜间给宝宝喂奶要注意三点

忙碌一天的新妈妈，到了夜间，特别是后半夜，当宝宝要吃奶时，新妈妈睡得正香，在朦朦胧胧中给宝宝喂奶，新妈妈困倦，容易忽视乳房是否堵住宝宝鼻孔，使宝宝发生呼吸道堵塞。另一方面，光线暗、视物不清，不易发现宝宝皮肤的颜色，不易发现宝宝是否溢奶，尤其是躺着给宝宝喂奶，宝宝有可能溢乳窒息。

所以，夜间给宝宝喂奶新妈妈要注意以下三点：

保持坐姿喂奶

建议新妈妈应该像白天一样坐起来喂奶。喂奶时，光线不要太暗，要能够清晰地看到宝宝皮肤颜色；喂奶后仍要竖立抱，并轻轻拍背，待打嗝后再放下。观察一会儿，如安稳入睡，保留暗一些的光线，以便宝宝溢乳时及时发现。

延长喂奶间隔时间

如果宝宝在夜间熟睡不醒，就要尽量少地惊动他，把喂奶的间隔时间延长一下。一般说来，新生儿期的宝宝，一夜喂2次奶就可以了。另外，在喂奶过程中应注意，要让宝宝安静地吃奶，避免宝宝夜晚受惊吓，也不要在宝宝吃奶时与之嬉闹，以防止呛咳。每次喂完奶后应将宝宝抱直，轻拍宝宝背部使宝宝打出嗝来，以防止溢奶。

尽量不要让宝宝叼着奶头睡觉

有些新妈妈为了避免宝宝哭闹影响自己的休息，就让宝宝叼着奶头睡觉，或者一听见宝宝哭就立即把奶头塞到宝宝的嘴里，这样就会影响宝宝的睡眠，也不能让宝宝养成良好的吃奶习惯，而且还有可能在新妈妈睡熟后，乳房压住宝宝的鼻孔，造成宝宝窒息死亡。

每次给宝宝喂多久因人而异

宝宝一般是8～10分钟吸空新妈妈的一侧乳房，这时再换吸另一侧乳房。让两个乳房每次喂奶时先后交替，这样可刺激产生更多的奶水。喂哺新生宝宝，因产妇奶液还少，且母婴均处于学习阶段，喂的次数可多些，时间可以相应缩短一些。

新生宝宝喂奶的时间间隔和次数应根据宝宝的饥饿情况来定，也就是说宝宝饿了就要喂。若不到时间宝宝还不饿就喂，宝宝消化不了，容易造成腹泻；也不能长时间不喂，以免宝宝一下子吃得过饱，消化不良。

一般白天每3～4小时喂一次，夜间可6～7小时喂一次，一天喂5～7次，夜里若宝宝不醒也可不喂，尽量让宝宝休息。刚出生的宝宝因为胃的容量小，所以喂奶的次数多一些，随着年龄增长，喂奶的次数会减少，一般出生后2周左右才能按需要自然形成定时喂养。

要注意，不要宝宝一哭就用喂奶来哄宝宝，因为宝宝哭的原因有很多，应查找原因。如果喂奶次数过多或每次喂奶时间过长才能满足宝宝的需要，很可能是奶水分泌不够，应及早咨询医生寻找原因。

判断宝宝是否吃饱可以看这些

由于我们无法直接知道宝宝是否吃饱了，因此可以从宝宝和新妈妈的各种外在表现方面来进行判断：

1. 喂奶前乳房丰满，喂奶后乳房较柔软。
2. 喂奶时可听见吞咽声（连续几次到十几次）。
3. 新妈妈有下奶的感觉。
4. 尿布24小时湿6次或6次以上。
5. 宝宝大便软，呈金黄色、糊状，每天2～4次。
6. 在两次喂奶之间，宝宝很满足、安静。
7. 宝宝体重平均每天增长18～30克或每周增加125～210克。

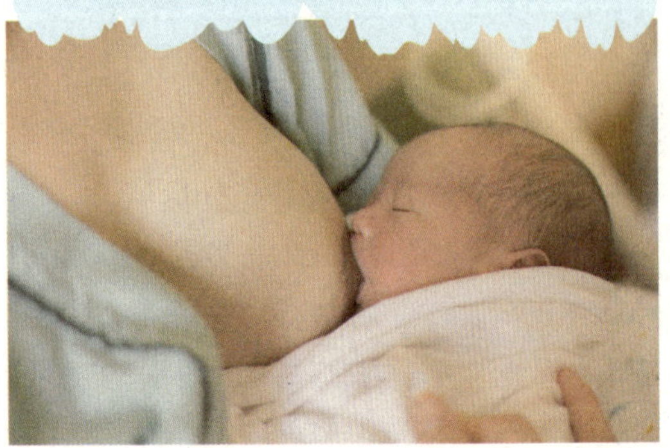

宝宝总醒来要吃，并非因为奶不够

在早期，特别是前两个月，宝宝频繁要吃奶大多数不是因为奶不够吃，有这样几个原因：

1. 宝宝的胃很小，小到玻璃球这么大，几天后可能比乒乓球大一点，母乳又很容易吸收，所以吃了没多久肚子很快又空了。
2. 宝宝的成长速度非常快，前三四个月每周长170克左右，半岁内体重会翻倍，所以宝宝对奶的需求量会比较大。
3. 第一年是大脑发育最快的阶段，所以宝宝的轻睡眠比较多，沉睡眠比较少。
4. 宝宝为了获得安全感，也会经常有吸奶的要求。

所以新妈妈不要因为宝宝频繁要吸奶而担心奶不够，只要按照宝宝的需求来做就可以了，享受和宝宝互相信赖的感觉，让宝宝多和新妈妈待在一起，他听到新妈妈的呼吸心跳，会很安全，也会睡得更好，等他醒来就直接吸奶，皮肤的接触也可以使新妈妈获得刺激，产生更多乳汁。

不要因为乳房瘪就认为没奶

有的新妈妈发现自己喂奶时很快乳房就瘪下去了，于是觉得自己没奶，其实并不会，因为乳汁是可以边吃边产的，即使新妈妈的乳房并不胀，但只要宝宝在吃，就能吃到。此外，越空的乳房产奶速度越快，越满的乳房，产奶速度越慢，所以乳房空了也能刺激新妈妈产更多的奶，这也是奶越吸越多的原因之一。

前奶和后奶都要吃到

每次哺乳，开始分泌出来的乳汁和后面分泌出来的分别叫作前奶和后奶，其营养构成是不同的，前奶稀薄、清淡，含有丰富的水分和蛋白质，后奶质浓稠，颜色较白，富含脂肪和乳糖。

因此，前奶和后奶都吃到，才能保证营养均衡，而后奶更是宝宝热能的保证，只有吃足了后奶，宝宝才不那么容易饿，睡眠时间才能更长。哺乳时，不要频繁更换乳房，那样可能让宝宝吃了较大量的前奶，后奶还没有吃足就吃饱了，最好是让宝宝把一侧乳房吸空后再吸另一侧，一般一侧吃10分钟后换另一侧就可以了。

如果奶水较足，而宝宝胃口较小，新妈妈则可以选择性地喂奶。体重超标的宝宝可以多喂些前奶，少些后奶；体重不足的宝宝则可以多吃后奶，少吃前奶。在宝宝体重正常的情况下，尽量让他前奶、后奶都吃到。

生病、吃药了也不一定得停奶

除了一些确实不宜母乳的疾病情况，一般生病或者偶尔吃药了也是可以继续喂奶的，这要看具体的情况，是否确实得停奶或者怎样吃药才安全，新妈妈最好先咨询医生。

有下列病症的新妈妈不宜母乳喂养宝宝

1. 患慢性病需长期用药的新妈妈：如癫痫需用药物控制者，甲状腺功能亢进尚在用药物治疗者，肿瘤患者正在抗癌治疗期间，这些药物均可进入乳汁中，对婴儿不利。

②处于细菌或病毒急性感染期的新妈妈：新妈妈乳汁内含致病的细菌或病毒，可通过乳汁传给婴儿。感染期新妈妈常需应用药物，因大多数药物都可从乳汁中排出，如红霉素、链霉素等，均对婴儿有不良后果，故应暂时中断哺乳，以配方奶代替，定时用吸乳器吸出母乳以防回奶，待新妈妈病愈停药后可继续哺乳。

③正在进行放射性碘治疗的新妈妈：由于碘能进入乳汁，有损宝宝甲状腺的功能，应该暂时停止哺乳，待疗程结束后，检验乳汁中放射性物质的水平，达到正常后可以继续喂奶。

④接触有毒化学物质或农药的新妈妈：有害物质可通过乳汁使婴儿中毒，故哺乳期应避免接触有害物质及远离有害环境。如已接触者，必须停止哺乳。

⑤患严重心脏病和心功能衰竭的新妈妈：哺乳会使新妈妈的心功能进一步恶化。

⑥患严重肾脏疾病的新妈妈：患有肾功能不全者，哺乳可加重脏器的负担和损害。

⑦患严重精神病及产后抑郁症的新妈妈：会对婴儿的安全构成威胁。

⑧处于传染病急性期的新妈妈：如新妈妈患开放性结核病，各型肝炎的传染期，此时哺乳对婴儿感染的机会将增加。

⑨其他：服用哺乳期禁忌药物、急性或严重感染性疾病、乳头疾病、孕期或产后有严重并发症、红斑狼疮、恶性肿瘤、艾滋病等。

纯母乳喂养期间不必喂水

水确实是宝宝不可缺少的营养素，不过，纯母乳喂养的宝宝是不需要喝水的，因为母乳的主要成分就是水，能够满足宝宝对水的需求。

很多新妈妈认为喝水不算吃东西，然而，对于几个月内吃奶的宝宝来说，不应当轻易喝水，因为宝宝的胃还很小，如果多次喝水，会影响到母乳的摄入，母乳吃得少了，就会错误地反馈给身体减少乳汁分泌的信号，奶水就会减少，反而不利于持续的母乳喂养。

纯母乳喂养期间（宝宝4～6个月），除了母乳，宝宝不需要喝任何饮料，包括水、果汁、葡萄糖水等，如果宝宝感觉口渴，他会在吃奶时多吃几口奶。

不过，每次喂奶后应当给宝宝喝少许水漱漱口，这样做不是为了给宝宝喝水，而是为了清洁口腔。

母乳不够时优先选择混合喂养

对于宝宝来说，原则上应用母乳喂养，采用混合喂养的，只限于母乳确实不足，或新妈妈有工作而中间又实在无法哺乳的时候。

混合喂养的两种方式

混合喂养时，如果想长期用母乳来喂养，最好采取第一种方法。因为每天用母乳喂，不足部分用人工营养品补充的方法可相对保证母乳的长期分泌。如果新妈妈因为母乳不足就减少喂母乳的次数，就会使母乳量越来越少。

1 每次哺乳时，先喂5分钟或10分钟母乳，然后再用人工营养品来补充不足部分。

2 根据乳汁的分泌情况，每天用母乳喂3次，其余3次或4次用人工营养品来喂。

第一种方法比较适用于母乳不足而有哺乳时间的新妈妈。

第二种方法适用于无哺乳时间的新妈妈。

母乳不足的判断及混合喂养的具体方法

母乳是否不足，最好根据宝宝体重增长情况分析。如果一周体重增长低于200克，可能是母乳量不足了，可添加1次配方奶，一般在下午四五点钟吃1次配方奶，加多少可根据宝宝的需要。新妈妈可以先准备100毫升配方奶，如果宝宝一次都喝光，好像还不饱，下次就冲120毫升，如果宝宝不再半夜哭了，或者不再闹人了，体重每天增长30克以上，或一周增加200克以上了，就表明配方奶粉的添加量合适。如果宝宝仍然饿得哭，夜里醒来的次数增加，体重增长不理想，可以一天加2次或者3次，但不要过量，过量添加奶粉会影响母乳摄入，也会使宝宝消化不良。

夜间新妈妈比较累，尤其是后半夜，起床给宝宝冲奶粉很麻烦，最好采取母乳喂养。因为夜间新妈妈休息时，乳汁分泌量相对增多，而宝宝的需要量又是相对减少的，因此，母乳就能满足宝宝的需要。但如果母乳量太少，宝宝吃不饱，反而会缩短吃奶的间隔时间，影响母子休息，这时还是以配方奶为主才比较妥善。

确实无法喂母乳时可选择人工喂养

人工喂养相对母乳喂养与混合喂养复杂一些，当确实因为种种原因无法进行母乳喂养时，人工喂养仍然是最适合宝宝的喂养方式，只要细心，同样会收到较满意的喂养效果。

奶粉的调配

配方奶粉应严格按照奶粉说明调配，过浓、过稀达不到营养效果，第一次喂食注意观察宝宝的皮肤和大便，在两次奶之间一定要给水，人工喂养的宝宝要多喝水才行，否则容易上火。

奶的温度

给宝宝喂奶时奶的温度要适宜，新妈妈可滴一滴奶于手臂内侧，感觉稍有点儿热最为合适，一般在40℃左右，也可以用温度计测量下。千万不能由成年人先吮几口再去喂宝宝，成年人口腔里常常有一些细菌，宝宝抵抗力差，吃进去容易生病。

喂奶的姿势

喂养时姿势同母乳喂养时一样，但奶瓶不要倾斜过度，其次奶嘴内应全部充满奶液，以防吸入空气而引起溢乳。双眼最好温柔地看着宝宝。

奶量的计算

新生儿期奶量（指牛奶）可按每千克体重计算。新生宝宝一般每天要喂7~8次，每次间隔时间为3~3.5个小时。如3千克体重的宝宝，每日则需给奶为100毫升×3=300毫升，再加上150毫升水，总量为450毫升，分7~8次吃，每餐为60~70毫升。如宝宝消化功能好，大便正常，出生后15天到满月可给纯奶吃，可按每千克体重100~150毫升计算，每顿吃60~100毫升。

奶瓶、奶嘴的清洗与消毒

每次喂完奶后都要立即清洗奶瓶，以免奶汁发酵、变质滋生细菌，除了奶瓶内部，瓶颈和螺旋处也要仔细清洗，清洗奶嘴时要先把奶嘴翻过来洗。

奶瓶、奶嘴每天都要消毒，放入干净的开水锅中煮5分钟左右即可，取出晾干后备用。可以直接在微波炉里消毒的奶瓶，可在奶瓶中加入7分满的水，奶嘴则放入装有水的容器中（为防止浮起，可用小盆子等压住），用高火加热一分钟左右即可。

早产儿的喂养

早产儿体质差，若不注意喂养则容易造成宝宝营养不良，使生长发育受到影响。

● 尽早喂养

目前，多主张尽早喂养早产儿。如果生活能力强的宝宝，可在出生后4～6小时开始喂养；体重在2 000克以下者，应在出生后12小时开始喂养；若情况较差者，可推迟到24小时后喂养。

● 少量多次

喂奶应少量多次，以母乳为优，喂奶后要让宝宝侧卧，防止宝宝呛奶。无力吸奶的宝宝可用滴管将奶慢慢滴入其口中，先由5毫升开始喂，以后根据吸吮吞咽情况逐渐增多。

对有吸吮能力的早产儿，应尽量直接哺喂母乳；吸吮能力差的，可先挤出母乳，尔后用滴管缓缓滴入口内。一般每2～3小时喂养一次。

早产儿的喂哺量最初2～3日以体重为准，每日每千克体重喂奶60毫升，以后随宝宝体重增长逐渐增加喂奶量。一般每日喂哺8次，即每3小时喂一次。

● 遵医嘱补充维生素

早产儿体内各种维生素贮量少，可遵医嘱特别添加些营养物，宝宝出生后每日可给3毫克维生素K_1和100毫克维生素C，共2~3天。出生后3天，可给50毫克复合维生素半片和维生素C，每日两次。10天后可喂浓缩鱼肝油滴剂，由每日1滴增加到每日3~4滴。出生后1个月，可给铁剂。

观察宝宝大便可知消化情况

宝宝的大便是与喂养情况密切相关的，同时也反映了胃肠道功能及相关疾病，新妈妈应该学会观察宝宝的大便，观察大便需观察它的形状、颜色和次数：

1 新生儿出生不久，会出现黑、绿色的焦油状物，这是胎粪，这种情况仅见于宝宝出生的头2～3天，这是正常现象。

2 宝宝出生后1周内，会出现棕绿色或绿色半流体状大便，充满凝乳状物。这说明宝宝的消化系统正在适应所喂食物。

3 一般来说，母乳喂养的宝宝大便多为均匀糊状，呈黄色或金黄色，有时稍稀并略带绿色，有酸味但不臭，偶有细小乳凝块。宝宝每日排便2~4次，有的可能为4~6次，也算正常，但仍为糊状。宝宝此时表现为精神好、活泼。添加辅食后粪便则会变稠或成形，次数也减少为每日1~2次。

4 若是以配方奶来喂养，大便则较干，而且多为成形的、淡黄色的，量多而大，较臭，每日1~2次，有时可能会便秘。若出现大便变绿，则可能是腹泻或进食不足的表现，家长要留意。

5 有时候宝宝放屁带出点儿大便污染了肛门周围，偶尔也有大便中夹杂少量奶瓣，颜色发绿，这些都是偶然现象，妈妈不要紧张，关键是要注意小儿的精神状态和食欲情况。只要精神佳，吃奶香，一般没什么问题。

6 如果宝宝长时间出现异常大便，如水样便、蛋花样便、脓血便、柏油便等，则表示宝宝可能身体出现问题，应及时去咨询医生并治疗。

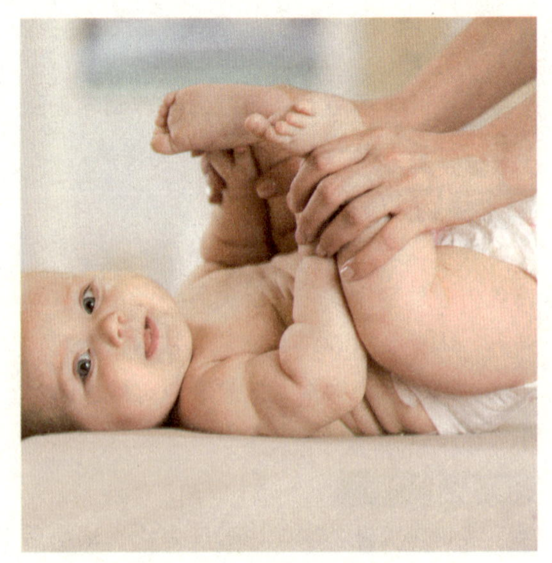

新生儿怎样照护

抱新生宝宝的主要方式

抱宝宝的姿势有很多种，但在新生儿期，最好的方式是打横抱，让宝宝像躺在摇篮里一样舒服：

❶ 将宝宝仰面抱在手臂中：妈妈的左手臂弯曲，让宝宝的头躺在妈妈左臂弯里，右手托住宝宝的背和臀部，右胳臂与身子夹住宝宝的双腿，同时托住宝宝的整个下肢。左臂要比右臂略高10厘米左右。这样的抱法能使宝宝的头部及肢体受到很好的支撑，有安全感，也比较舒适。

❷ 将宝宝面向下抱着：妈妈左臂弯曲，使宝宝的下巴及脸颊靠着妈妈的左前臂，妈妈的左手按着他的外臀，宝宝的两只手分别放在你左手臂的内外。妈妈的右臂从宝宝的屁股处插入宝宝的腹部，手一直伸到宝宝前胸。这样，妈妈的两只手臂完全托住了宝宝的身体，宝宝面向下会感到舒适和安全。这种抱法在宝宝8周以后采用为好。

❸ 让宝宝靠住大人的肩膀抱着：妈妈的一只手放在宝宝的臀下，支持其体重；另一只手扶住宝宝的头部，使宝宝靠住妈妈的肩膀，直卧在妈妈的胸前。这样抱宝宝，不但会使宝宝感到安全，而且直立，无压迫感。

给新生宝宝选合适的衣服

由于宝宝生长发育迅速和好动，所穿服装不应束缚其活动，不得有碍自由呼吸、血液循环和消化，不应对皮肤有刺激和损害，不能使用腰带，以防约束胸腹部。

上衣最好是无领的衣服，掩襟略宽过中线，大襟在腹前线处系布带，以使腹部保暖好。后襟较前要短1/3，以免尿便污染和浸湿，这种上衣适合3个月以内的宝宝。

新生宝宝下身可穿连腿裤套，用松紧搭扣与上衣相连。一方面可防止松紧腰带对胸腹部的束缚，也便于更换尿布，还对下肢有较好的保暖作用，可避免换尿布时下肢受凉。

宝宝的衣服宜纯棉材质，不含荧光剂等有害成分，透气吸水性佳，不伤宝宝肌肤。

生活小常识

许多家庭喜欢把宝宝的衣物放入大人的衣柜里，但有一点是需要注意的，大人的衣柜中常会放入一些樟脑丸或其他化学制品，以防虫蛀，防潮湿等，而这些化学制品对宝宝会造成一定的影响。因此，贮藏宝宝衣物不要放樟脑丸。

给新生宝宝穿脱衣服靠多练

很少有新手家长一开始就能很好地为宝宝穿脱衣服的，但是往往照顾宝几个月后就都能胜任，而且会越来越熟练。

给新生宝宝穿衣服时可采用如下方法：

1. 把宝宝放在一个平面上，确信尿布是干净的，如有必要，应更换尿布。
2. 穿汗衫时先把衣服弄成一圈并用两拇指在衣服的颈部拉撑一下。把它套过宝宝的头，同时要把宝宝的头稍微抬起。把右衣袖口弄宽并轻轻地把宝宝的手臂穿过去；另一侧也这样做。
3. 把汗衫往下拉。解开连衣裤的纽扣，当你这样做的时候，要密切注意着宝宝。
4. 把连衣裤展开，平放备穿用。抱起你的宝宝放在连衣裤上面。
5. 把右袖口弄成圈形，通过宝宝的拳头，把他的手臂带出来。当你这样做的时候，把袖子提直；另一侧做法相同。
6. 把宝宝的右腿放进连衣裤底部，左腿做法相同。

给新生宝宝脱衣服时可采用如下方法:

1. 把宝宝放在一个平面上，从正面解开连衣裤套装。

2. 因为你可能要换尿布，先轻轻地把双腿拉出来。必要时换尿布。

3. 把宝宝的双腿提起，把连衣裤往上推向背部到他的双肩。

4. 轻轻地把宝宝的右手拉出来;另一侧做法相同。

5. 如果你的宝宝穿着汗衫，把它向着头部卷起，握着他的肘部，把袖口弄成圈形，然后轻轻地把手臂拉出来。

6. 把汗衫的领口张开，小心地通过宝宝的头，以免擦伤他的脸。

包裹新生宝宝的方法

新生宝宝抵抗力较弱，容易受凉，特别是在寒冷的冬天，不仅要注意环境、室温等，还要将宝宝包裹好:

1. 为达到保暖好的效果，包裹宝宝的衣被要柔软、轻、暖，并应选用纯棉软浅色质料的内衣;冬天可将内衣和薄绒衣或薄棉袄套在一起穿。

2. 放置尿布时，将柔软吸水性强的尿布叠成长条形给宝宝穿好（注意尿布向上反折时不能过脐部），再将一块方尿布对折成三角形垫好，塑料薄膜则在尿布的最外边，然后将上衣展平，再用衣被包裹。

3. 随着季节和室温的不同，包裹方法也应不同。冬季室温较低时，可用被子的一角绕宝宝头围成半圆形帽状;如果室温能达到20℃左右则不必围头，可将包被角下折，使

宝宝头、上肢露在外面。包被包裹松紧要适度，太松或太紧都会令宝宝感到不舒服，包被外面也不要用布带紧束捆绑。捆绑过紧不利于宝宝四肢自由活动，影响生长发育。夏季天气较热时，只需给宝宝穿上单薄的衣服或是包一条纯棉质料的毛巾就可以了。

④ 注意不要采取“蜡烛包”式来包裹宝宝，这种“蜡烛包”不仅限制了宝宝的自由活动和正常呼吸，而且严重影响宝宝的正常发育。宝宝下肢的自然状态是屈曲状，下肢屈曲略外展的体位还可以防止髋关节脱位。

换纸尿裤时要注意的事情

如果给宝宝穿纸尿裤，由于新生儿尿便都很多，因此要注意更换，换纸尿裤时要注意：

1 把宝宝两腿之间的松紧带整理好非常重要，最外侧的松紧一定要拉出来，这是预防侧漏的关键。

2 根据宝宝的生长状况，及时给纸尿裤“升级”。

3 在宝宝大便后，一定要立即清理更换，及时水洗或用湿纸巾清理，还可给宝宝涂上护臀霜，这对防止“红屁股”很重要。

4 虽然纸尿裤使用方便，但不宜长时间穿戴。由于穿上纸尿裤会形成一个潮湿的环境，不利于皮肤的健康。所以取下纸尿裤后不要马上更换新的纸尿裤，给皮肤进行适当的透气，保持皮肤干爽，有利于减少尿布疹的产生。

如果使用尿布

传统的棉布尿布透气性强，不刺激皮肤，并且便于清洗，经济实用，仍是很多家长的选择，如果使用尿布，尿湿、尿脏后容易弄脏，换洗时也要多注意：

① 用温水和医用纱布擦洗宝宝的两腿褶皱和生殖器官附近，女孩要从前向后清洗，而不应从后向前擦拭，否则容易将肛门口的细菌带到尿道及阴道口，导致尿道、阴道感染。最后擦干净水分，防止尿布疹的发生。

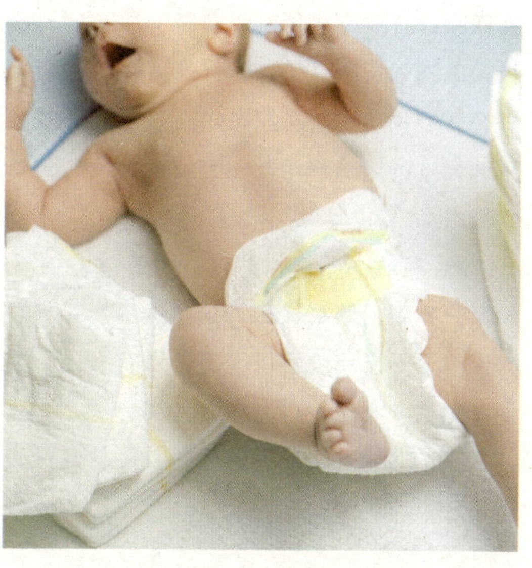

② 将宝宝洗干净后，将干净的尿布放在宝宝的身体下面，尿布的底边放在宝宝的腰部，然后将尿布下面的一个角从宝宝两腿之间向上兜至脐部，再将两边的两个角从身体的两侧兜过来，最后再用别针将尿布的三个角固定在一起，这样宝宝就像穿了条三角小内裤。

③ 如果是男孩，把尿布多叠几层放在阴茎前面；如果是女孩，则可以在屁股下面多叠几层尿布，以增加特殊部位的吸湿性。

④ “穿戴完毕”后，要检查调整腰部的粘扣是否合身，松紧以妈妈的两个手指能放进去为宜。再检查大腿根部尿布是否露出，松紧是否合适，太松会造成尿液侧漏。

⑤ 有的妈妈为了防止宝宝的尿液浸渍被褥，习惯在尿布外再垫上一层塑料布或橡皮布。这类物品不透气、不吸水，致使宝宝臀部的周围环境潮湿，温度升高，容易引起尿布皮炎和霉菌感染。

⑥ 夏季气候炎热，空气湿度大，给宝宝换尿布时不要直接用刚刚暴晒的尿布用，应待其凉透后再用。冬季气候寒冷，为宝宝换尿布时应用热水袋将尿布烘暖，也可放在大人的棉衣内焐热再用，使宝宝在换尿布时感到舒服。

⑦ 尿布必须经常洗涤，如尿布上无大便，只需要用清水洗2～3遍，然后用开水烫一遍，晒干备用就可以了。如果有大便，要用肥皂搓洗干净，再清水浸泡20分钟，之后开水烫泡晾干，洗干净的尿布要妥善收藏，避免污染。

⑧ 尿布直接接触宝宝娇嫩的皮肤，一定要选用专为宝宝设计的洗衣液清洗。这些洗衣液去污力强，易漂洗，而且对皮肤无刺激，无副作用。在没有专用洗衣液时，也一定要选用中性且不含荧光剂的洗衣粉，或碱性较小的洗衣皂、香皂。

试试让宝宝睡单独的小床

宝宝出生后，妈妈可以给宝宝一个专门的小床，但是，在出生后的前6周，妈妈都应该将宝宝的小床放在自己的床边，因为需要频繁给宝宝哺乳。

应当母婴同室

母婴同室有利于母婴安全，有利于促进宝宝健康发育，有利于母乳分泌，有利于妈妈随时哺喂，有利于促进妈妈健康，有利于促进母婴感情，因此提倡母婴同室。但是母婴不宜同床，母婴同床睡觉，妈妈翻身的时候，有可能压着宝宝，对宝宝造成严重的伤害。

选择和装点宝宝的小床

1 宝宝床的表面要光滑，没有毛刺和任何突出物；床板的厚度可以保证宝宝在上面蹦跳安全；结构牢靠，稳定性好，不能一推就晃。

2 床的拐角要比较圆滑，如果是金属床架妈妈最好自己用布带或海绵包裹一下，以免磕碰到宝宝。

3 床栏杆之间的间距适当，宝宝的脚丫卡不进去，而小手又可伸缩自如。床栏最好高于60厘米，宝宝站在里面翻不出来。

4 摇篮床使用中要定期检查活动架的活动部位，保证连接可靠，螺钉、螺母没有松动，宝宝用力运动也不会翻倒。

5 选购好小床后，妈妈还应该用可爱的玩具和鲜艳的色彩装点宝宝的小床，因为宝宝不仅要躺在小床里睡觉、游戏，还要在小床里学站、练爬，甚至蹦蹦跳跳，宝宝第一年的大部分时光是在小床里度过的。

新生宝宝的脐带应保持干燥

宝宝的脐带是连结胎儿和妈妈的生命线，曾经输送着妈妈与胎儿的血液，在胎儿生命形成过程中可以说是功不可没。

胎儿在出生后1～2分钟内就结扎剪断了脐带，与妈妈完全脱离，开始自己独立生存。脐带结扎剪断后，会留有一小段脐带残端，是一个创面，要很好保护，否则细菌在此繁殖，会引起脐部发炎，甚至导致败血症，危及生命。

因此做好脐部护理，避免感染对新生宝宝是非常重要的：

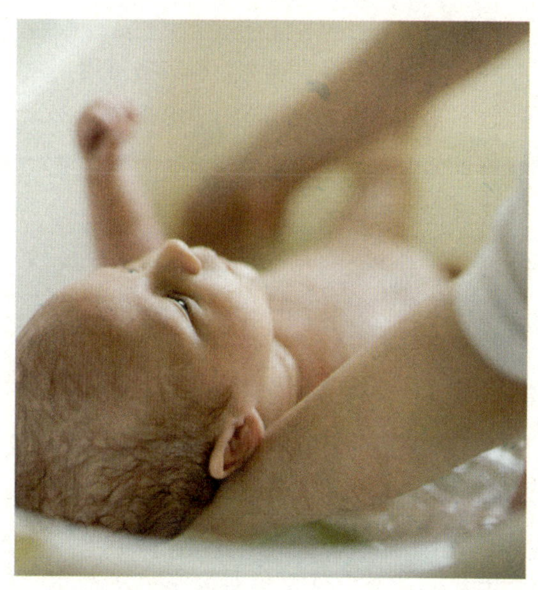

1 结扎剪断脐带时，必须消毒。居住在边远地区的产妇如果来不及赴医院分娩或发生急产，宝宝脐带结扎未来得及消毒的，应该在24小时内请医生重新消毒结扎脐带，并给宝宝注射抗生素与破伤风抗毒素，以预防新生宝宝破伤风和脐炎。

2 脐带结扎后一般3～7天就会干燥脱落。在脐带尚未脱落之前，必须保持脐部干燥、清洁。避免被洗澡水及尿液弄湿，随时注意包扎脐带的纱布有无渗血、潮湿。如果包扎脐带的纱布弄湿了，要及时用消毒纱布更换。脐带脱落后，局部仍为创面，尚未结疤，仍需保持脐带的清洁和干净，可用75%的酒精擦拭，再覆盖消毒纱布，一般需持续半个月左右，直到结疤形成肚脐窝。

3 脐带布要经常换洗，脐带布可用一块长形的布条，两端缝上2根带子，这样的脐带布使用方便，应准备数根，便于经常换洗。

4 如果脐带护理不好，可使脐带周围皮肤发红，脐部有黏液，甚至有脓性分泌物，带有臭味，这就是脐炎或脐带感染。脐炎可伴随发热、不吃奶，严重时可致黄疸加深，引起败血症、腹膜炎。因此，如果发现脐部有问题要及早处理，并及时送往医院治疗。

这样给新生宝宝洗澡更轻松

新生宝宝十分娇弱，哪怕是抱着也会觉得不那么安全，给新生宝宝洗澡，新手家长就更是觉得挑战性高，害怕多洗，其实给宝宝洗澡好处很多，而且也并不会很难。

给宝宝洗澡好处多

新生宝宝身上有一股奶腥味，再加上吃奶的时候宝宝会流很多汗，因此，给宝宝洗澡既可以保持皮肤清洁，避免细菌侵入，又可通过水对皮肤的刺激加速血液循环，增强机体的抵抗力，还可通过水浴过程，使宝宝全身皮肤触觉、温度觉、压力觉等感知觉能力得以训练，使宝宝得到满足，有利于宝宝心理、行为的健康发展。

洗澡工具选择

1. 宝宝的澡盆，要专盆专用。
2. 专用的纯棉小毛巾或者直接用消毒纱布。
3. 消毒棉棒、棉球，防止耳朵进水等。
4. 宝宝的浴巾。

什么时候不能给宝宝洗澡

1. 打预防针后暂时不要洗澡。
2. 遇有频繁呕吐、腹泻时暂时不要洗澡。
3. 发热或热退48小时以内不建议洗澡。
4. 当宝宝发生皮肤损害时不宜洗澡。
5. 喂奶后不应马上洗澡，一般应在喂奶后1~1.5小时进行。
6. 低体重儿要慎重洗澡。
7. 如果宝宝的皮肤受到损伤，也不宜洗澡，比如皮肤烫伤、水疱破溃、皮肤脓疱疮及全身湿疹等情况的发生。

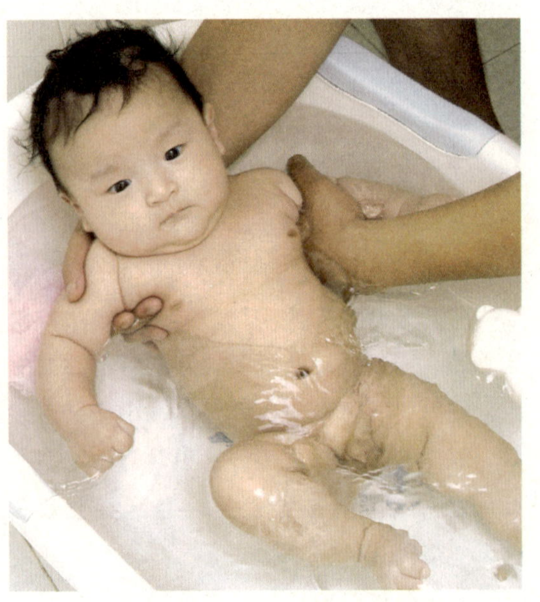

当宝宝的身体状况不适宜洗澡的时候，妈妈可以用柔软的温湿毛巾或海绵给宝宝擦身。擦浴时动作一定要轻，从上到下，从前到后逐渐地擦干净。如某处皮肤较脏，不易擦干净，可蘸宝宝专用肥皂水或宝宝油擦净皮肤，而后再用温湿毛巾把肥皂水或宝宝油擦干净，以防皮肤受到刺激而发红、糜烂。

宝宝多久洗一次澡合适

从医学角度讲，最好是可以每天给宝宝洗澡，但有时由于条件有限，室内温度无法控制到宝宝所能承受的范围，稍有疏忽，宝宝就生病了，特别是在寒冷的冬天。所以，给宝宝洗澡的间隔时间应根据气候来定。

夏天的时候，因为周围环境温度较高，妈妈可以一天给宝宝洗两次澡。春、秋或寒冷的冬天，由于环境温度较低，如家庭有条件使室温保持在24~26℃，也可每天洗一次澡，但是如果不能保证室温，最好每周洗1～2次澡。

如何给新生宝宝洗澡

1 准备好澡盆、毛巾与宝宝换洗的衣物，尿布、浴巾等放在顺手可取的固定地方。

2 洗澡时室内温度在24℃左右即可，水温在38～40℃，可以用肘部试一下水温，只要稍高于人体温度即可，或者可以买宝宝洗澡用的温度计，洗澡时直接放到澡盆里。

3 让宝宝保持良好的情绪，可以在洗澡的时候和宝宝说话，给宝宝唱歌听，也可以将玩具戴在宝宝手腕上或者挂在宝宝头部上方，这些都能让宝宝变得安静，也能让洗澡变得更轻松。

4 手法一定要轻柔、敏捷，把宝宝衣服脱掉，用大毛巾被裹住宝宝，用掌心托住头，拇指与中指用耳郭堵柱耳眼。

5 先洗面部。将一个专用洗脸的小毛巾沾湿，用其两个小角分别清洗宝宝的眼睛，从眼角内侧向外轻轻擦拭；用小毛巾的一面清

洗鼻子及口周、脸部；小毛巾的另外两角分别清洗两个耳朵、耳郭及耳后。

6 用少许清水清洗头部，按摩头皮，冲净，然后用小毛巾擦干。

7 洗完头、面部后，去掉浴巾，妈妈左手掌握住宝宝左手手臂，让宝宝头枕在左臂上；用清水打湿宝宝的上身，让宝宝头微微后仰，右手用洗脸的小毛巾清洗宝宝颈部、前胸、腋下、腹部、手臂上下、手掌，注意皮肤皱褶处的清洗。

8 用洗臀部的小毛巾清洗宝宝的腹股沟、会阴部。换右手托住宝宝的左手臂，让宝宝趴在右手臂上，洗背部、臀部、下肢、足部。

9 用清水将宝宝的全身再冲洗一遍后，将宝宝抱出浴盆，用大浴巾将全身擦干，将宝宝放在铺有干净床单的床上或桌子上，盖上小被子。

10 新生宝宝洗澡的时间不宜过长，一般3～5分钟，时间过长易使宝宝疲倦，也易着凉。

护理新生宝宝的肌肤

新生宝宝皮肤娇嫩，护理新生宝宝的肌肤主要是注意这样几点：

① 新生宝宝的皮肤是预防感染的一道保护屏障，但是新生儿的皮肤非常娇嫩并代谢快，易受汗水、大小便、奶汁和空气中灰尘的刺激而发生糜烂，尤其是皮肤的皱褶处，如颈部、腋窝、腹股沟、臀部等处更容易发生，甚至发生感染，成为病菌进入体内的门户，因此，要经常给新生儿洗澡，保持皮肤干净，减少感染的机会。

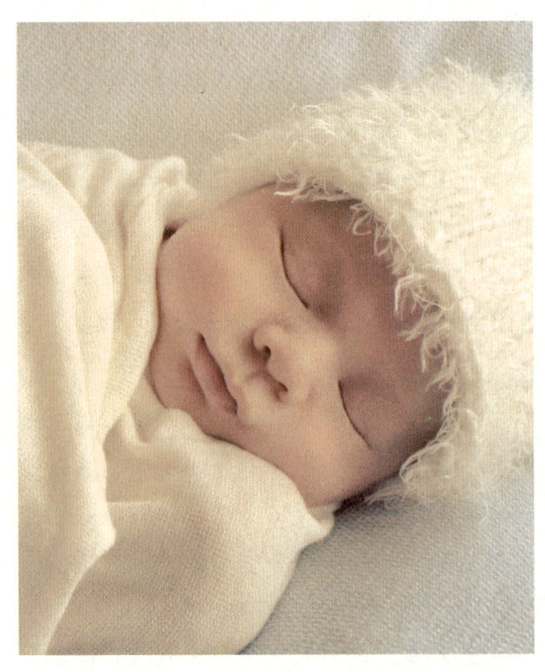

② 新生宝宝皮肤娇嫩，皮肤角化层较薄，皮肤缺乏弹性，防御外力的能力较差，当受到轻微的外力就会发生损伤，皮肤损伤后又容易感染，因此，新生儿的衣着、鞋袜等要得当，指甲过长应用小剪刀剪掉，避免一切有可能损伤皮肤的因素。浴后涂上婴儿润肤露，减低表面摩擦。

③ 新生宝宝皮肤上的汗腺、皮脂腺的分泌功能较强，皮脂易溢出，多见于头顶部(前囟门处)、眉毛、鼻梁、外耳道以及耳后根部等处，如不经常清洗，就会与空气中的灰尘、皮肤上的碎屑而形成厚厚的一层痂皮。妈妈在给宝宝清洗时应当先用植物油涂擦在痂皮上面，浸泡变软后，再用水清洗干净，绝不可用手将痂皮撕下来，以免损伤皮肤。

④ 由于新生宝宝皮肤上的汗腺分泌旺盛，尤其是室温较高、保暖过度时，可使汗

腺的分泌物堆积在汗腺口而形成红色的小疹子，多见于面部、背部或胸部，只要保持适宜的室温，避免过分保暖，及时调节室内温度和增减新生宝宝的衣服或盖被，经常洗脸、洗澡，保持宝宝的皮肤清洁，不需要特殊处理，就会自然好转。

⑤ 新生宝宝的皮肤薄、血管丰富，有较强的吸收和通透能力，因此，不可随意给新生儿使用药膏，必须使用时，待病情缓解后就应停用，绝不可长期使用。给新生儿洗澡时不需要用任何清洗剂，用清水即可。

宝宝哭时试试这样做

哭对宝宝来说，最正常不过了，在宝宝会讲话以前，这是他唯一能让大人感觉到他的方式。在刚开始的时候，妈妈肯定觉得宝宝的各种哭声都一样，但是细心的妈妈会发现，哭声是宝宝的“语言”，宝宝在用他自己的语言来表达他的需要并和周围的人交流：

1 饥饿。当宝宝饥饿时，哭声很洪亮，哭时头来回活动，嘴不停地寻找，并做着吸吮的动作。只要一喂奶，哭声马上就停止。吃饱后会安静入睡，或满足地四处张望。

2 感觉冷。当宝宝冷时，哭声会减弱，并且面色苍白、手脚冰凉、身体紧缩，这时把宝宝抱在温暖的怀中或加盖衣被，宝宝觉得暖和了，就不再哭了。

3 感觉热。如果宝宝哭得满脸通红、满头是汗，一摸身上也是湿湿的，被窝很热或宝宝的衣服太厚，那么减少铺盖或减衣服，宝宝就会慢慢地停止啼哭。

4 便便了。有时宝宝睡得好好的，突然大哭起来，好像很委屈，就可能是宝宝大便或者小便把尿布弄脏了，这时候换块干净的尿布，宝宝就安静了。

5 不安。宝宝哭得很紧张，你不理他，他的哭声会越来越大，这可能是宝宝做梦了，或者是宝宝对一种睡姿感到厌烦了，想换换姿势可又无能为力，只好哭了。妈妈拍拍宝宝告诉他“妈妈在这，别怕”，或者给宝宝换个体位，他又接着睡了。

6 生病。宝宝不停地哭闹，用什么办法也没用。有时哭声尖而直，伴发热、面色发青、呕吐，或是哭声微弱、精神萎靡、不吃奶，这就表明宝宝生病了，要尽快请医生诊治。

7 需要安慰。一些宝宝常常在每天的同一个时间“发作”，或者没有什么原因，宝宝就是想哭。这个时候，要学会安抚宝宝，带宝宝出去散步，给他唱歌，帮助他打嗝等都能有效地让宝宝停止哭泣。

1岁前，每个月都应定期体检

在1岁以前，家长应该每个月都带宝宝到当地的儿童专业医院做全面的身体检查。

给宝宝做定期的健康体检，可以了解宝宝的体格发育情况，并能及时发现宝宝的身体异常情况，以便及早治疗。

同时，给宝宝做定期检查时，还能从医生那里得到一些科学的育儿知识的指导，了解一些日常生活中应该注意的事情。

体检前的准备工作

为了使医生更准确地了解宝宝的生长情况，妈妈应该做一些必要的准备工作：

1. 日常生活中，妈妈最好能记录下宝宝的喂养和添加辅食的情况，如每天的吃奶次数和每次的奶量，添加维生素D和钙的时间、添加辅食的品种、量及时间等。

2. 记录宝宝体格发育情况，如宝宝会笑出声的时候、抬头的时间、发出单字的时间、伸手抓玩具的时间等。

3. 如果发现宝宝有异常的情况，要记录发生的时间、部位、变化等，写出需要咨询的问题，以使体检时医生做出准确的判断。

4. 带宝宝体检时，要带上所有的记录，除以上所说的外，还有新生儿体检记录、宝宝历次体检记录、疫苗接种记录、疾病就诊记录等。

宝宝体检项目

首先，医生会询问宝宝的喂养方法、吃奶量、断奶时间、辅食添加的情况以及相关的一些问题，还会询问疫苗接种和疾病情况（呼吸道感染、腹泻、贫血、佝偻病、湿疹、药物过敏等）。

宝宝做体检时，应检查的项目有：测头围、胸围、身高，称体重，对宝宝进行视觉、听觉、触觉等测试。还要进行一些必要的项目检查，如医生会摸摸宝宝的脖子，看有无斜颈、淋巴结肿大的状况；听听宝宝的心跳速度及规律性是否在正常范围内，以及有无杂音；检查宝宝有无疝气、淋巴结肿胀；男宝宝检查阴囊有无水肿（睾丸下降到阴囊），女宝宝检查大阴唇有无鼓起或有无分泌物；追踪有无关节脱位的状况，等等。

检查皮肤及生殖器官的健康状况时，妈妈可以待在一边逗逗宝宝和他说话，转移一下宝宝对体检“不适”的注意力，省去哭泣的麻烦。

即使宝宝表现得很健康，以上的体检也是必需的，因为很多疾病都是有潜伏期的，体检能及时发现，及时治疗。

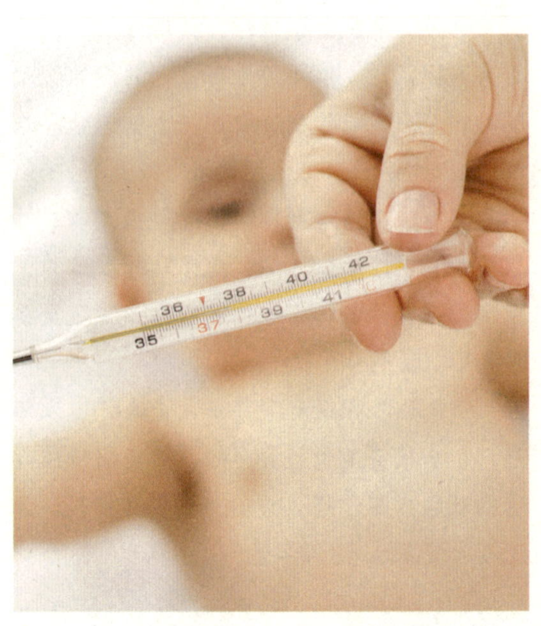

新生儿怎样早教

宝宝从出生起就有学习潜能

过去人们常常认为新生宝宝是无能的、被动的个体。其实不然，现代科学研究证明：宝宝从出生之日起就具有主动探索外部世界的潜在能力，而且还具有相当惊人的反应和学习能力。

新生宝宝来到这个世界不久，就开始独立地进行生理活动，看见亮光就会把头转向亮光之处；听到巨响的声音会有哭叫的反应；当奶头接触他的嘴唇时就张嘴吸吮；自己进行呼吸、营养及排泄等工作。

这些都是天生的本能反应，并和外界事物建立起联系，他们开始和外界联系依靠无条件反射，如吞咽反射、觅食反射、定向反射和防御反射等。新生宝宝为了生存，必须学会适应新的生活环境的一些本领，于是他就在无条件反射的基础上，开始主动地探索他生活的小世界，在接触各种事物时，感受到各种刺激，并在不断地重复、强化的过程中建立起条件反射，增强了学习能力。

只有形成条件反射，新生宝宝才能更好地熟悉和适应环境，如每当宝宝哭时就有人抱他，久而久之，他就学会了要人抱，否则就哭叫；以后又逐步学会了听见成人发出“嘘嘘”声就会排尿；妈妈喂奶时，将宝宝抱起放在怀中，然后把奶头放在他口中，经过10天左右，宝宝一被抱起，就会出现寻找动作和吸吮动作，这就形成了条件反射。

宝宝最早的学习能力，就是建立条件反射的能力。条件反射的形成不仅有赖于大脑的充分发育，还要有适宜的刺激和一定的环境。

宝宝的学习潜力是很大的，如果家长常常认为宝宝什么都不懂而忽视了宝宝的一些反应，就会限制了宝宝潜在能力的发展。

宝宝需要一个有声的世界

婴儿很容易因外界的声响而受到惊吓，偶尔东西掉落地面，或走路脚步声大了些，宝宝就会受惊而大哭起来。有些年轻的家长非常心疼自己的宝宝，生怕一点儿声响惊吓了他，生怕一点儿光线刺激到他，于是努力给宝宝营造了一个安静、谢绝各种“打扰”的环境，殊不知，这样“无声无息”的环境对宝宝的健康发育是不利的。

适量、适当的环境刺激会提高新生宝宝的各种感觉的灵敏性，丰富多彩的环境会促进宝宝的心智发展，因此，宝宝出生后，不应生活在过于嘈杂的环境中，但更不应生活在“与世隔绝的世外桃源”，而是应积极为宝宝创造一个丰富的视、听、触觉环境，才有利于宝宝的健康成长。

生活中，充满着各种各样的声音，人说话的声音、开门关门的声音、电视的声音、风声、水声，要让宝宝有机会常常听到这些声音，学习适应外界的环境。

除了生活中自然发生的声音以外，妈妈还可以为宝宝创造一个充满动人声音的环境。例如，播放柔和的音乐，让美妙的声音自然回荡在空气中，这不仅有刺激宝宝听觉的作用，同时也可以使宝宝保持愉快的情绪。另外，会发出声音的玩具也很适合宝宝，像音乐盒、铃鼓、压了会叫的小球或橡胶娃娃，都会让宝宝转头注视，甚至想伸手去抓，这种玩具对宝宝听觉、视觉的发展都有助益。

当然，最重要的一项，就是爸爸妈妈的声音，即使宝宝还无法响应，却可以听得

到。爸妈多对宝宝说话，唱歌给他听，对他笑，陪他玩，所产生的效果，不只是促进听觉而已，对宝宝将来语言的学习，以及亲子间亲密感情的建立，也会有相当大的帮助。

多和宝宝说话

刚出生的宝宝，还听不懂语言，因此，很多妈妈认为：既然宝宝听不懂，就不用和他说话了，即使和他讲话也没有什么意义。

其实，不对宝宝说话是不对的，因为即使宝宝不会说话，不了解语言，但是，妈妈所说的话也会不断地灌输到宝宝的头脑里，虽然表面上看不出来，但其刺激会对宝宝的脑细胞产生惊人的影响。

妈妈每次给宝宝喂奶、换尿布、洗澡时，都要利用这些时机与宝宝谈话。如“宝宝吃奶了”“宝宝乖，马上就洗得干干净净了”等，以此传递妈妈的声音，增进母子间的交流。

在宝宝睡醒后，妈妈可以用和蔼亲切的语音对他讲话，进行听觉训练。给宝宝唱一些歌;也可以给宝宝听一些柔和悦耳的音乐，但声音要小，以免过强的声音刺激宝宝，使宝宝受到惊吓。妈妈面对面的呼唤、妈妈唱的儿歌、亲切的话语，都会给宝宝丰富的声音刺激。这样宝宝能渐渐熟悉妈妈的语音，并注意到妈妈嘴的动作和声音的联系，也会学习嘴的动作。

在与宝宝的交流中，千万不要忽视爸爸的作用。爸爸和宝宝的交流风格常常不同于妈妈，妈妈可能更多的会使用语言、温柔的抚触和宝宝进行交流，爸爸则更爱在玩耍中与宝宝交流。爸爸的拥抱能使宝宝感受到爸爸有力的臂膀是他安全的港湾；爸爸用带有胡碴的脸轻轻地亲亲宝宝，会让他感受到不一样的皮肤触觉，惊人的感情共鸣会渗透在爸爸与宝宝之间。

将宝宝的床变得更有趣

新生宝宝有最优秀的头脑，拥有最优秀的接受能力，也可以叫作对环境的适应能力，但这种能力如不及早激发就会急速地消失。

宝宝出生时有140亿个脑细胞，细胞会在生长的环境中接受所见所闻的刺激而成长，刺激越丰富，成长就越好。越接近出生的时候脑部接受刺激的能力，适应环境的能力就越高，有无限可延伸性，如果错过了这个时机，事后再弥补就没用了。所以家长要为宝宝创造一个良好的育儿环境，帮助宝宝认识周围的世界，让宝宝最初的学习历程有一个良好的开端。

把卧室布置一下，在宝宝床的上方悬挂一些颜色纯正、鲜艳，大小适宜的玩具，如能发出柔和音响的玩具更好，每次2~3种，3~6天换换花样，以吸引宝宝视觉和听觉的注意。还可以准备一些彩色的塑料环、拨浪鼓、小红球等，放在宝宝眼前约20厘米处引起宝宝注视，然后移动玩具，宝宝的眼睛和头会跟着转动。如果将发出声音的玩具放在宝宝耳边摇动，他会把头转向声音发出的方向，有时还会用眼睛找声源。总之，要充分发挥宝宝学习的能力，让其通过视、听、触等感觉来认识这个陌生的世界。

虽然宝宝生下来就有学习的能力，但是这个时候宝宝的主要任务是睡眠，平均每天要睡14~20小时。在宝宝觉醒时，家长可以播放一些节奏优美、轻松明快的音乐给他听。

看黑白图片

黑白图片对新生宝宝最有刺激性，一般宝宝最喜欢的是模拟妈妈脸的黑白挂图，也喜欢看条纹、波纹、棋盘等图形。

挂图可放在床栏杆左右侧距宝宝眼睛20厘米处，每隔3~4天应换一幅图，妈妈可观察宝宝注视新图的时间，一般宝宝对新奇的东西注视的时间比较长，对熟悉的图画注视的时间比较短。

图书在版编目（C I P）数据

怀孕胎教百科 / 艾贝母婴研究中心编著. -- 成都 ：四川科学技术出版社，2020.9
ISBN 978-7-5364-9922-5

Ⅰ. ①怀… Ⅱ. ①艾… Ⅲ. ①妊娠期－妇幼保健－基本知识②胎教－基本知识 Ⅳ. ①G61②R715.3

中国版本图书馆CIP数据核字(2020)第160963号

怀孕胎教百科
HUAIYUN TAIJIAO BAIKE

出 品 人　程佳月
编 著 者　艾贝母婴研究中心
责任编辑　夏菲菲
封面设计　仙　境
责任出版　欧晓春
出版发行　四川科学技术出版社
地址　成都市槐树街2号　邮政编码　610031
官方微博　http://weibo.com/sckjcbs
官方微信公众号　sckjcbs
传真　028-87734037
成品尺寸　190mm×240mm
印　　张　19.5
字　　数　280千
印　　刷　天津市光明印务有限公司
版次/印次　2020年9月第1版　2020年9月第1次印刷
定　　价　55.00元

ISBN 978-7-5364-9922-5

本社发行部邮购组地址：四川省成都市槐树街2号
电话：028-87734035　邮政编码：610031